Edition Sport & Freizeit
Band 13

Symbolspiel und Bewegungstheater

Meiner Frau gewidmet

Edition Sport & Freizeit
Band 13

Eike Jost

Symbolspiel und Bewegungstheater

Meyer & Meyer Verlag

Herausgeber der Reihe „Edition Sport & Freizeit":
Universitätsprofessor Dr. Walter Tokarski, Deutsche Sporthochschule Köln

Die Deutsche Bibliothek – CIP-Einheitsaufnahme

Jost, Eike:
Symbolspiel und Bewegungstheater / Eike Jost.
1. Aufl.. – Aachen : Meyer und Meyer, 2002
(Edition Sport & Freizeit ; 13)
ISBN 3-89124-274-3

Alle Rechte, insbesondere das Recht der Vervielfältigung und Verbreitung sowie das Recht der Übersetzung, vorbehalten. Kein Teil des Werkes darf in irgendeiner Form – durch Fotokopie, Mikrofilm oder ein anderes Verfahren – ohne schriftliche Genehmigung des Verlages reproduziert oder unter Verwendung elektronischer Systeme verarbeitet, gespeichert, vervielfältigt oder verbreitet werden.

© 2002 by Meyer & Meyer Verlag, Aachen
Adelaide, Auckland, Budapest, Graz, Johannesburg, Miami,
Olten (CH), Oxford, Singapore, Toronto
Member of the World
Sport Publishers' Association (WSPA)
Titelfoto: Wolfgang Tiedt, Köln
Druck: Firma Mennicken, Aachen
Printed in Germany
ISBN 3-89124-274-3
E-Mail: verlag@meyer-meyer-sports.com

Inhalt

1 Einführung 7

2 Symbolspiel und Bewegung 18

3 Die Geste 28
   3.1 Grundlagen 28
   3.2 Gesten des Spiels 38

4 Der Raum 53
   4.1 Der Raum als Bewegungsspielraum 56
   4.2 Die symbolischen Räume der Spiele 62

5 Die Zeit 75
   5.1 Die Zeit als Bewegungsspielzeit 78
   5.2 Die symbolischen Zeiten der Spiele 88

6 Die Spielobjekte 102
   6.1 Begreifen und Gebrauch von Spielobjekten 102

6.2	Spielformen und ihre Objekte	106
6.3	Das Objekt als Requisit und als imaginärer Gegenstand	118
6.4	Bewegungssymbole und Spielobjekte	123

7	Die Handlung	126
7.1	Die Handlung als *Bauplan*	126
7.2	Symbolspiel als kreatives Handeln	130

8	Bewegungstheater – spielen und lernen	136
8.1	Die Geste als Basisthema	137
8.2	Der Raum als Basisthema	162
8.3	Die Zeit als Basisthema	168
8.4	Das Spielobjekt als Basisthema	171
8.5	Das Bewegungsdrama als Ziel	175
8.6	Ausblick	181

Literatur 183

1 Einführung

Dieses Buch beginnt mit einem Blick auf das Kinderspiel. Wir werden es auch in einigen nachfolgenden Kapiteln nicht aus dem Auge verlieren. Dafür gibt es zwei Gründe, wobei der eine methodischer, der andere inhaltlicher Art ist.

Zu einem besseren Verständnis des **Spiels** haben insbesondere solche Untersuchungsmethoden beigetragen, nach denen das Spiel nicht als Spielform (*game*), sondern als eine Tätigkeit (*play*) konzipiert wird.

Wird das Spiel als Form (*game*) aufgefasst und beschrieben, rücken Merkmale in den Vordergrund, die es als Ergebnis von Konventionen und formalen Bestimmungen erscheinen lassen und es als Spielgut absichern. Dessen nehmen sich vor allem Einrichtungen wie der Kindergarten, die Schule und auch Vereine an. Hier wird **Spiel** gewissermaßen selbst zur Institution. Es wird gepflegt und bewahrt, was sich z.B. an der Standardisierung der Spielobjekte, an der Festschreibung von Regeln, am Angebot von Rollen und an der Wertschätzung bestimmter Aktionsmuster und Normen zeigt.

Wie H. B. SCHWARTZMAN in ihren bedeutenden Studien dargelegt hat, besteht bei dieser Betrachtungsweise die Gefahr, den Kern der Spielpraxis – nämlich die „definierenden" Aktivitäten – aus dem Blick zu verlieren. Es kommt zur Selbsttäuschung der Forscher, wenn sie ungeeignete Klassifikationen verwenden, und folglich auch zur „Verzerrung" des Spiels (1978, 329). Daher verlangt SCHWARTZMAN gerade für das Kinderspiel, sich nicht so sehr auf die konservierenden Vorgänge zu fixieren, die zur Stabilisierung von Objekten, Rollen und Aktivitätsmustern führen, sondern mehr auf die „transformierenden" Funktionen zu achten.

Betrachtet man das **Spiel** aus der Perspektive der Handlungen, mit denen die Spieler es ausführen (*play*), geht es offensichtlich weniger um die bloße Bewahrung und Festigung von Strukturen, mehr aber um deren Ausgestaltung. Diese schließt Anspielung, Überschreitung und Veränderung ein. Hier zeigt sich **Spiel** immer als interpretierendes Handeln. – Um **Spiel** zu verstehen, muss der Blick also vor allem auf die Prozesse und auf die handelnden Personen gerichtet werden.

Diese Blickwendung ist nun nicht nur für das Kinderspiel notwendig, weil man hier den generierenden und transformierenden Prozessen eher eine besondere Bedeutung für die Entwicklung junger Menschen zuschreibt. Sie ist ebenfalls bei der Beobachtung und Einschätzung anderer Spiele, auch der Spiele Älterer und Erwachsener, ergiebig. Viele Spieldokumente belegen das, wenn die Aufmerksamkeit des Forschers entsprechend eingestellt ist und die Bereitschaft besteht, auch in scheinbar ungeordneten und strukturabweisenden Vorgängen, etwa im spontanen Wechsel von Themen, Rollen, Aktivitäten, Objekten und Motiven, nach einer eigenen Form von „Produktivität" zu suchen. „... play may be seen to enhance ‚productivity' because of its relation to ‚creativity'" (328). Produktivität lässt sich vor allem in den sozial-emotionalen und expressiven Aspekten des Spiels finden.

Auch das **Bewegungstheater** – und hier sehen wir die inhaltliche Nähe zum Symbolspiel der Kinder – ist eine Form des Spiels, in der diese Art von Produktivität im Vordergrund steht. Um dieses verständlich werden zu lassen, sind zuvor einige allgemeinere Informationen erforderlich.

*Was ist **Bewegungstheater**?* Mit dieser Frage lenken wir unser Augenmerk auf Konzepte und Anknüpfungsmöglichkeiten in der bewegungspädagogischen Praxis, die sich – so stellte BERND 1988 fest – für „Entwicklungen im Bereich des Theaterspielens zu öffnen beginnt" (178). BERND verweist auf Beiträge von SCHMOLKE (1976), TIEDT (1983) und in der Zeitschrift SPORTPÄDAGOGIK (1983, Hefte 1 und 3), denen inzwischen zahlreiche weitere Veröffentlichungen gefolgt sind, sodass nun von einer Intensivierung der „Entwicklungen" gesprochen werden kann.

Dieses **Bewegungstheater** tritt überwiegend als Laienspiel in Erscheinung, kann vom Kindes- bis ins hohe Erwachsenenalter gespielt werden und wendet sich weniger an Spezialisten für künstlerische Ausdrucksgestaltung.

Es beruht auf der Fähigkeit des Menschen und seinem Interesse daran, mit seinen Bewegungen nicht nur etwas zu erkunden und zu explorieren, etwas in Besitz zu bringen, etwas herzustellen, eine Norm zu erfüllen oder den Vergleich mit anderen Menschen zu bestehen, sondern mit den Bewegungen etwas zu zeigen, zu präsentieren, etwas mitzuteilen, dabei Anteilnahme, Zuwendung und Einfühlungsvermögen zu beweisen und dieses alles in eine Stimmung und Atmosphäre zu kleiden, in der die Botschaften nicht als nüchterne Informationen registriert, sondern als „Sinn und Bedeutung" (FLUSSER 1997, 15) erfahren und erlebt werden.

Das **Bewegungstheater** ist vor allem an Universitäten vorangetrieben worden und zwar in verschiedenen Bereichen der Lehrerausbildung (Sportlehrer, Diplomsportlehrer). Es hat inzwischen einen Platz in der Schule wie auch in Einrichtungen der Erwachsenenbildung und in Vereinen eingenommen. Dabei wird das zentrale Ziel verfolgt, neue Formen des Bewegungslebens und Bewegungserlebens zugänglich zu machen, die ihrerseits oft durch eine starke Beziehung zur Lebenswirklichkeit der Spieler gekennzeichnet sind.

Hinter dem **Bewegungstheater** stehen verschiedene Praxiskonzepte. Diese sind alle offen für Elemente und Einflüsse des szenischen Spiels, der Pantomime, der Akrobatik, des Tanzes, des Tanztheaters, der Clownerie, des Schattenspiels, des Schwarzen Theaters und des Sports (verstanden als theaterförmiges Geschehen).

Bewegungstheateraufführungen unterliegen keiner favorisierten *Bauform* und keinen festen dramaturgischen Regeln. Der *Grundriss* ist variabel. So kommen z.B. so genannte *Kurzformen*, kleine *Spielstücke* oder *Bilder* innerhalb eines lockeren thematischen Rahmens zur Aufführung (s. dazu Kapitel 7).

Bewegungstheater ist mimetisches Spiel. Es geht zurück auf das in der menschlichen Natur verankerte Bestreben, die Welt und die Wirklichkeit in Form von Symbolen aufzufassen. Diese werden in Vorstellungen und Fantasien, in Theorien, Bildern und Fiktionen gewissermaßen eingefangen. Dabei verfahren wir aber nicht nur in der Form des Nachahmens, Kopierens, des Wiederholens und des Uns-Ähnlich-Machens. Zur Mimesis gehört vielmehr auch zugleich das Bemühen, die in den Symbolen niedergelegten Bedeutungen weiterzuinterpretieren, sie zu überschreiten und umzudeuten. So wirkt Mimesis wie ein „Scharnier" (GEBAUER/WULF 1998a, 430) zwischen Altem und Neuem, zwischen schon vorhandenen und neuen Interpretationen. Mimesis ist ein Experimentierfeld, auf dem Grenzen getestet und verschoben, auf dem neue Freiheiten gesucht werden, neue Sichtweisen entstehen.

GEBAUER/WULF haben die Entwicklung der Mimesis auf zahlreichen Feldern untersucht, etwa der Politik, der Intersexualität, der Wissenschaft und natürlich auf den klassischen Gebieten der Ästhetik, der Kunst, der Literatur, des Theaters. Sie haben dabei die verschiedenen Motive und Methoden herausgearbeitet, die die Entwicklung der Mimesis vorantrieben.

Innerhalb solcher umfassenden Zusammenhänge mag nun das **Bewegungstheater** eher wie eine Fußnote erscheinen. Betrachtet man aber seine eigenen leitenden Motive, erscheint es ebenfalls als eine Art Experimentierfeld, und zwar als ein ebenso originäres wie originelles, als ein Experimentierfeld für Körper- und Bewegungsdeutungen. Hier treten vor allem drei Motive hervor:
- *Kreativität*, die auch in der ungewohnten Präsentation des Körpers entsteht.
- *Erfahrungen*, die neu organisiert und vermittelt werden.
- *Kommunikation*, die erweitert wird.

Kreativität. Wir werden uns in Kapitel 7 ausführlicher mit diesem Motiv befassen, indem wir uns insbesondere auf die Handlungen der Spieler konzentrieren. In dieser Einleitung wollen wir zunächst kurz auf die Rolle des Körpers eingehen, die ihm im Spiel zufällt. Wo sie eingehender reflektiert wird (BERND 1988, 59 ff.), tritt eine auffällige Nähe zu Theaterentwicklungen zu Tage, die von STANISLAWSKI (^{5}1999), GROTOWSKI (^{2}1999) und BARBA (1985) geprägt wurden.

Etwas zugespitzt können wir den Körper, wie er in der schauspielerischen Vorbereitung gewissermaßen erfunden wird, klar unterscheiden von dem Körper, der uns im Alltag gegeben ist, wie er hier gebraucht und erfahren wird.

Der Alltagskörper ist eingespannt in Funktionsmuster, die der Lebensbewältigung dienen. Er ist diszipliniert und in seinem Gebrauch präformiert worden. Kennzeichnend ist ein „instrumentalistischer Bezug des Handelnden zu seinem Körper" (JOAS 1996, 247). Auf diese Weise können Blockaden entstehen sowie „Widerstände und Hindernisse des eigenen Organismus, sowohl physische als auch psychische (die beiden Komponenten bilden ein

Ganzes) ..." (GROTOWSKI ²1999, 137). Sie versperren den Zugang zu kreativen Prozessen, zu anderen Weisen des Empfindens und des Ausdrucks.

Darum muss der Theaterkörper von diesen Einstellungen getrennt werden, muss in der schauspielerischen Vorbereitung darauf geachtet werden, Blockaden und Hemmungen aufzulösen. Schauspieler müssen lernen, ihren Körper einer „wachen Selbst-Beobachtung" (BERND 1988, 68) zu unterziehen, ihn „durchlässig" zu machen für eigene Formen des Erlebens und Bestrebens. Er muss als Resonanzboden und Akteur zugleich sensibilisiert werden. Die Arbeit des Schauspielers muss in der körperlichen Durchdringung der Aufgaben, „wie einen Schatten, das emotionale und unwiederholbare Universum eines persönlich anwesenden Individuums erkennen lassen" (BARBA 1985, 117f.).

Wo solche Ziele in der Schauspielerausbildung verfolgt werden, kommt es gelegentlich zu radikal anmutenden Formulierungen. Die genannten Autoren sprechen vom „Verbrennen" und „Opfern" des Körpers. Die Bühne wird zur „Werkstatt" bzw. zum „Laboratorium" erklärt. Hier finden Experimente und Erkundungen statt, die in Grenzbereiche führen können. Der entblockte Körper bricht Tabus. Er organisiert neue Wahrnehmungen und Einblicke, testet Belastungsmöglichkeiten und stellt die Identität des Spielers auf die Probe. Erschöpfung und Zusammenbrüche sind bei dieser Arbeit nicht ausgeschlossen.

Auch wenn das **Bewegungstheater**, sofern es an universitären Ausbildungseinrichtungen und inzwischen an Schulen gepflegt wird, so weit nicht geht und einen moderateren Weg beschreitet, hat es doch von der Radikalisierung der Körperthematik in der Entwicklung der Schauspielerausbildung profitiert. Dieses ist insbesondere in der Erwachsenenpädagogik deutlich geworden. Auf die von BERND hierzu vorgestellten Beispiele werden wir in anderen Kapiteln ausführlich eingehen.

Neu organisierte Erfahrungen. Auch hierbei handelt es sich um ein Motiv, das alle Bemühungen des **Bewegungstheaters** durchzieht und in allen Aufführungen spürbar wird. Allerdings erscheint es in so vielen Fassetten, dass keine allgemeine Perspektive bzw. keine dramaturgische Leitlinie abstrahiert werden kann.

Das liegt zum einen an dem vieldeutigen Begriff der *Erfahrung* selbst. Zum anderen bestehen keine Regeln, in welcher Richtung, Reichweite und Intensität auf Erfahrungen angespielt wird, Erfahrungen vermittelt und hergestellt werden sollen. Dieses variiert beträchtlich mit den verschiedenen Praxiskonzepten und mit den Elementen, die aus benachbarten Gattungen stammen und integriert werden, etwa aus dem Tanz, der Pantomime, dem Schwarzen Theater.

In den nachfolgenden Kapiteln ziehen wir viele Beispiele heran, an denen das deutlich wird. Es sind Erfahrungen, die in der Auseinandersetzung mit dem Raum, der Zeit, den Spielobjekten und in den Interaktionen der Spieler entstehen. Auf die spätere Interpretation der Beispiele kann hier nur verwiesen werden.

Zunächst wollen wir uns daher auf eine Überlegung beschränken, [4]die auf das „mimetische" Grundverhältnis des Spiels zurückführt – und zwar auf das Grundverhältnis zwischen der „vorgängigen" Welt, auf die die Anspielungen gerichtet sind, und der „symbolisch erzeugten Welt" (GEBAUER/WULF 1998a, 433), in der vorhandene Erfahrungen quasi neu eingekleidet und dadurch moduliert werden.

Was bedeutet *modulieren*? Es bedeutet z.B., Rhythmen des Körpers, die seiner Erfahrung und seinem Erleben zu Grunde liegen und meist unbewusst bleiben, nunmehr nachzuspüren, sie in gestaltendes Handeln zu übersetzen und als Bewegungsbilder sichtbar zu machen. Es sind Experimente etwa mit Puls- und Atemrhythmen, die nicht mehr verborgen bleiben, sondern in Bewegungsformen und Raum-Zeit-Figuren projiziert werden. Solche Aufgaben stellt etwa HASELBACH (1976, 41), wenn sie ihre Schüler auffordert, körperinnere Vorgänge im Sinnbild äußerer Vorgänge zu präsentieren.

Modulieren bedeutet z.B. auch, die alltäglich erfahrene Welt im scheinbar geordneten Strom der Ereignisse nunmehr als Welt der Fotografie zu reproduzieren und in einen „Zirkus der Augenblicke mit dem Geheimnis der nächsten Momente" zu verwandeln (KERSTEN [2]1996, 132). Was gehört in diesen Welten zusammen und was nicht? Ordnungen schwinden in solchen Präsentationen dahin und werden in Unordnung, Zufälle oder Kontraste verwandelt.

Modulieren heißt z.B., Ereignisse zusammenzuführen, die nach unserer Erfahrung nicht zusammengehören. So experimentiert PINA

BAUSCH in ihrem Tanztheater bei Proben zum Stück „Walzer" „mit Hymnen". Schauspieler tragen und ziehen kleine Papierschiffchen mit gemessenen Schritten und in würdevoller Haltung quer über die Bühne. Dabei sind Nationalhymnen und getragene Begrüßungs- und Abschiedsworte zu hören. Angesichts des Nebeneinanders von rituellen und bombastischen Erwachsenenzeremonien beim Auslaufen großer Schiffe und von Kinderspielen mit Schiffchen verliert der Zuschauer die Orientierung: Was ist Spiel? Was ist Ernst? Ist das vermeintlich Ernste nur ein Spiel – ein Spiel großer Kinder?

Erfahrungen sind mit Empfindungen und Stimmungen verbunden. Werden sie – wie in diesen Beispielen – *moduliert*, können sie auch zu neuen Einsichten und Perspektiven führen. Sie können uns „bereichern" und „unser Unterscheidungsvermögen" „schärfen" (GOODMAN 1973, 74).

Erweiterte Kommunikation. Die Sprache des **Bewegungstheaters** ist vor allem die Sprache der Bewegung. Körperhaltung und Mimik können bedeutsam sein. Gesprochene Sprache kann gelegentlich hinzutreten. Sie ist aber grundsätzlich entbehrlich und übernimmt nicht die Funktion, das Bewegungsgeschehen zu erklären. Schon gar nicht dienen die Bewegungen dazu, Gesprochenes bloß zu illustrieren.

Die *Sprache* des **Bewegungstheaters** kommt zu Stande, wenn es gelingt, Bewegungen in Gesten zu verwandeln. Dabei liegt ein sehr weites Verständnis von Gesten zu Grunde. Wir beziehen

- nicht nur Gesten ein, die aus isolierten Bewegungen der Hände, der Arme, des Kopfs entstehen, sondern prinzipiell alle Bewegungen des Körpers. Wir beziehen ferner
- nicht nur formalisierte Gesten ein, die aus dem täglichen Leben bekannt sind – wie Winken, Nicken, Zeigen, Verbeugen usw.,
- nicht nur rituelle und artifizielle Gesten, wie z.B. solche, die im Zusammenhang religiöser und kultureller Handlungen entstehen (Segnungen, Hand- und Fingerbewegungen wie bei fremden Spiel- und Theaterformen oder Figuren wie beim Ballett usw.),
- sondern auch Bewegungen des Alltagslebens, des Berufs- und des Arbeitslebens.

Das **Bewegungstheater** stützt sich nicht auf eigene artifizielle Gesten – wie etwa der Tanz, das Ballett, die Pantomime oder z.B. asiatische Tanz- und Theaterformen. Üblicherweise nehmen seine Gesten auf Bewegungen Bezug, die verschiedensten anderen Gebieten angehören. Diese Bezugnahmen liefern Anregungen, eine eigene *Sprache* erst zu finden und in einer Aufführung zu präsentieren.

Den Vorgang der Verwandlung von Bewegungen in eine eigene Gestensprache wollen wir etwas genauer betrachten. Wie findet er statt und wie werden die in den Gesten eingefangenen Bedeutungen hervorgebracht?

Grundsätzlich gilt: Wenn Bewegungen auf der Bühne ausgeführt werden, handelt es sich immer um Bewegungen, die zugleich gezeigt bzw. präsentiert werden. Jede Bewegungskomponente unterliegt einer Darstellungsabsicht. Ein Beispiel: Wenn ein Schauspieler links die Bühne betritt und ein anderer rechts und beide aufeinander zugehen und sich begrüßen, können wir daraus nicht schließen, dass sie sich hinter der Bühne noch nicht begrüßt haben und dieses nun nachholen. Vielmehr präsentieren sie eine Begrüßungshandlung; sie spielen sie.

Solche gestischen Handlungen verlaufen auf zwei miteinander verbundenen Spuren.

Die eine Spur folgt im Wesentlichen den bekannten Elementen der Handlungen. Bei der Begrüßung sind es bestimmte Kopf- und Handbewegungen sowie Körperstellungen, anhand derer die Begrüßungshandlung als solche zu identifizieren ist. Diese Bewegungen und Stellungen sind ziemlich genau auszuführen. Sie sind quasi *buchstäblich* zu präsentieren. Sie verweisen auf die gemeinte Handlung, ohne sie aber in allen weiteren Einzelheiten aufzunehmen.

Zur zweiten Spur: Wenn Bewegungen auf der Bühne gezeigt werden, geht es allerdings nur selten darum zu zeigen, wie Bewegungen funktionieren, wie bestimmte Alltags- oder Arbeitsbewegungen aussehen, wie sich Pantomimen bewegen, wenn sie auf eine fiktive Leiter steigen, wie eine Ballettfigur ausgeführt wird usw.. Diese Bewegungen stellten alle Nachahmungen von Bewegungsformen dar, die aus einem konkreten Bedeutungszusammenhang herausgenommen sind.

Zur vollen Geste verwandeln sich Bewegungen erst, wenn die handelnden Personen aus ihrer Anonymität heraustreten. Sie offenbaren Empfindungen und Gefühle, Einstellungen und Absichten, Stärken und Schwächen, Eigenschaften und Charaktermerkmale. – So zeigt sich in der beschriebenen Begrüßungshandlung, wer da auf wen trifft: z.B. zwei Freunde; zwei, die sich nicht grün sind und sich lieber aus dem Wege gegangen wären; zwei, die sich zufällig begegnen und sich darüber freuen oder denen das unangenehm ist; zwei, die einen unterschiedlichen Rang bekleiden und es zum Ausdruck bringen; zwei, die überrascht sind; zwei, die sich beiläufig begrüßen usw. – All das müsste in den Gesten zum Ausdruck kommen.

Bewegungen verwandeln sich in *Gesten*, indem sie – wie FLUSSER (1997, 15) es formuliert – in eine „Stimmung" getaucht und „mit Bedeutung aufgeladen" werden.

Wir verstehen diesen Prozess der Verwandlung von Bewegungen in volle Gesten als einen *metaphorischen* Prozess. Im **Spiel** entstehen Metaphern, die uns in Form von Anspielungen an das menschliche Leben heranbringen, uns Personen vor Augen führen und deren Erlebnisse, Einsichten, Erfahrungen und Träume zugänglich machen.

Die Möglichkeiten des **Bewegungstheaters**, solche Metaphern zu dramatisieren, sind – trotz seiner verbalen Sprachlosigkeit – unbegrenzt. Es kann sowohl gewissermaßen *große Themen* bearbeiten als auch gleichsam *kleine Themen*.

Große Themen sind z.B. solche, wie sie BERND verfolgt. Alltagsmenschen, Bewohner eines hessischen Dorfs, bringen im Spiel ihre jüngere – z.T. noch von einigen erlebte – Geschichte zur Sprache, verkörpern Leid, Schmerz und Scham, die aus einer schuldhaften Verstrickung entstanden sind und die Gegenwart belasten. Hierbei hadelt es sich um ein sehr anspruchsvolles Theaterprojekt.

Andere Ansätze verfolgen weniger ambitionierte Ziele. So hat sich gezeigt, dass das **Bewegungstheater** dann besonders wirkungsvoll ist, wenn es hinter dem Alltagsgeschehen allzu Menschliches aufdeckt, Komisches, Schrulliges, Typisches, Überraschendes, Erheiterndes, Bedenkenswertes zum Vorschein bringt.

Im letzten Kapitel dieses Buches befassen wir uns auch mit der Frage, welcher Weg bei der Einführung in das **Bewegungstheater** gewählt werden soll. Dabei achten wir darauf, dass die einzelnen Ebenen auf dieselben Anliegen bezogen bleiben, nämlich
- eine Spannung zwischen bekannten Versionen von Wirklichkeit

und neuen Interpretationen mit den Mitteln der Bewegung herzustellen.
- diesen Prozess mit spielgemäßen Verfahren zu fördern (Erkunden, Erproben, Experimentieren) und
- dabei offene Spielformen zu verwenden, die der jeweiligen Spielidee gerecht werden.

Die erste Ebene ist die *Ebene des gestischen Spiels*, in dem *buchstäbliche* und *metaphorische* Elemente miteinander verbunden werden. Der Schwerpunkt in diesem Abschnitt liegt darauf, auf welche Gegenstände sich Gesten beziehen können, wie Gesten ausgearbeitet werden und wie ihre *metaphorischen* Eigenschaften, wie ihr Ausdruck, entwickelt werden können.

Das gestische Spiel der ersten didaktischen Ebene wird auf anderen Ebenen fortgesetzt, ausgedehnt und gewinnt dadurch an Weite, Intensität und Verwandlungskraft.

Die nächste Ebene ist die des *Raums*. Aus dem konkret vorhandenen, sichtbaren Spielraum entsteht Zug um Zug der erfundene und der fantastische Raum. In welchem Raum das Bewegungsspiel stattfindet, können wir am Ende nicht mehr den gegebenen Verhältnissen entnehmen, sondern nur noch den gezeigten Bewegungen und den Absichten der Spieler. Welche Bedeutung der Raum hat, ist also eine Projektion, die im Wechselspiel zwischen den Bewegungen der Spieler und den Vorstellungen und Fantasien der Zuschauer entsteht.

Die nächste Ebene, die thematisiert und ausgestaltet wird, betrifft das *Spiel mit der Zeit*. Vergangenheit kann lebendig, Zukünftiges gegenwärtig gemacht werden. Aber auch die Welt der Geschichten, Märchen, Fabeln und Träume, also quasi Zeitloses oder – im Gegenteil – sehr Flüchtiges, kann in Bewegungen übersetzt und präsentiert werden.

In den gleichen Transformationsprozess werden auch die *Spielobjekte* miteingezogen. Nicht der gewöhnliche Gebrauch bestimmt die Bedeutung der Objekte. Sie verlieren ihre Dingeigenschaften und gewinnen *dramatische* Qualitäten. Ihre Bedeutung liegt in den Bildern und Fantasien, die sie hervorbringen. Größtenteils sind sie nicht einmal im physischen Sinne sichtbar, sondern bleiben imaginär, sind nur von den Bewegungen der Spieler ablesbar.

Insbesondere aus der Pantomime ist uns diese illusionshafte Objektproduktion bekannt. Pantomimen schauen über nicht konkret vorhandene Mauern, steigen auf imaginäre Leitern, betasten, heben, tragen, rollen und schieben unsichtbare Gegenstände. – Objekte kommen auch im Traum des Puppenspielers vor, beginnen zu leben und entfalten eine zauberische Kraft, die sich – wie beim Besen im „Zauberlehrling" – noch ins Dämonische steigern kann.

Am Ende erreicht der didaktische Aufbau die *Ebene des Bewegungsdramas*. Hier geht es nicht um einen feststehenden, formal bestimmten Typus von Szenen oder Stücken, sondern um eine frei entwickelte, vollständig erarbeitete und auch aufführbare Form. In dieser sind die gestischen, die Raum-, Zeit- und Objektbezüge durchgestaltet, sind die Figuren, Situationen und Begebenheiten in den Rahmen einer Handlung nach einem selbst entwickelten *Bauplan* integriert, sind die Prozesse des Erkundens, Erprobens und Experimentierens zu einem vorläufigen Abschluss gekommen. Das aufgeführte Bewegungsdrama erhebt den Anspruch, ein ernst zu nehmender Beitrag zu dem gewählten Thema zu sein, der die Zuschauer für sich einnehmen und ihnen eine bestimmte Botschaft vermitteln soll.

2 Symbolspiel und Bewegung

In der **Spieltheorie** nimmt das **Symbolspiel** seit langem breiten Raum ein. Vor allem anthropologische, entwicklungspsychologische und pädagogische Forschungen haben es ausführlich untersucht. Als Beispiele seien hier die Arbeiten von SCHWARTZMAN (1978), BRETHERTON (1984) und EINSIEDLER (1991) angeführt, die auch eine gute Übersicht über die Forschungslage liefern. In diesen Wissenschaftsgebieten werden **Symbole** meist als kognitive Funktionen behandelt. Bei den Beschreibungen und Analysen von Spielen werden sie dann in den verschiedensten Handlungen aufgespürt, z.B. des Sprechens, Malens, Zeichnens, in damit verbundenen Zweckbewegungen und auch manchen gestischen Handlungen der Kinder. Im Vergleich zum Sprechen und zu den bildlichen Darstellungen wird dabei den Bewegungen allerdings kaum besondere Beachtung geschenkt.

Wenn wir uns hier im Rahmen von Bewegungsspielen mit der Symbolfunktion befassen, bedeutet das: Auch in diesen Spielen sind Verbindungen mit anderen Handlungen möglich und womöglich auch notwendig. Aber die **Bewegung** rückt in den Vordergrund des Interesses und wird als ein eigenes, symbolfähiges Geschehen betrachtet. D.h. nicht erst die Sprache, das Bild oder andere Symbolsysteme erhellen die Bedeutung von Bewegung. Vielmehr erzeugt die **Bewegung** aus sich selbst **Symbolkraft**. Bewegung drückt etwas aus, dem wir ohne Vermittlung durch andere Systeme nachgehen können. Wir verstehen es, ohne dass es uns jemand erklären muss. Wir sind davon berührt. Es bewirkt etwas in uns. Und wir müssen uns nicht darüber Rechenschaft geben, warum das so ist.

In der Praxis ist dies keine neue Erkenntnis. Produktionen, Veröffentlichungen und Erfahrungen vieler Künstler und Pädagogen legen davon Zeugnis ab. – In der fachwissenschaftlichen Diskussion ergibt sich allerdings ein differenzierteres Bild, weil die verschiedenen Symbolsysteme – wie die der Sprache, der bildlichen Darstellung

2 Symbolspiel und Bewegung

und der Bewegung – stärker in ihren Unterschieden herausgearbeitet werden.

So wollen wir darauf hinweisen, dass der Vergleich der Bewegung mit anderen Symbolsystemen – insbesondere der mit der Sprache und mit „höheren" symbolisierenden „Formen", wie z.B. der Mathematik, meist mit hierarchisierender Absicht erfolgt und Bewegungssymbole auf niedrigerer Stufe ansiedelt. Denn die Bewegung wird den Formen zugerechnet, die nur durch einen „sinnlich wahrnehmbaren Ausdruck" gekennzeichnet sind. Es erscheint nicht möglich, ihr „in einer eindeutigen Weise Inhalte zuzuordnen". Da der Inhalt allein von dem bestimmt wird, was im Ausdruck eingeschlossen bleibt, verweist die Bewegung nur auf sich selbst. Sie ist „autoreflexiv".

Dieser von SCHLIEBEN-LANGE (1994, 26f.) vertretenen, streng semiotischen Interpretation entsprechen auch andere Erklärungen (vgl. schon BUYTENDIJK 1972, 76ff. sowie SEEWALD 1992). SEEWALD kommt nach einer ausführlichen Diskussion verschiedener symboltheoretischer Positionen zu dem Schluss, dass das Bewegungssymbol nicht die Ebene der Sprache und etwa algebraischer Formeln erreicht (SEEWALD 1992, 121ff.).

Der Inhalt lässt sich nicht in der Weise herauslösen, wie dies z.B. für das Wort gilt und für das, was es bezeichnet. Schon gar nicht ist das Bewegungssymbol zu vergleichen mit Symbolen auf der Ebene der „reinen Bedeutung", etwa mit geometrischen Figuren oder Notationen, bei denen die Anschaulichkeit der Zeichen ganz hinter dem zurücktritt, worauf sie verweisen.

Geht man nun davon aus, dass das Bewegungssymbol unauflösbar „mit den Sinnen verwoben" bleibt (SEEWALD 1992, 63), erreichen nur wenige Bewegungen einen höheren Status. Das gilt für virtuelle, d. h. absichtsvolle und entworfene, Bewegungen, für Zeigebewegungen und für signifikante Gesten (z. B. Grußgesten), also Bewegungen, wie sie aus der Gebärdensprache, dem Ausdruckstanz, der Pantomime und dem Bewegungstheater bekannt sind. Aber auch diese Symbole sind allenfalls einem Übergangsbereich zwischen dem von seiner sinnenhaften Basis „ungeschiedenen" Ausdruck und der auf Inhalte verweisenden sprachlichen Darstellung zuzurechnen.

Wir wollen uns hier auf einen Ansatz stützen, der in der Kunsttheorie unter dem bezeichnenden Thema „Sprachen der Kunst" entwickelt wurde und für die Interpretation auch von Bewegungen gute Ansatzpunkte liefert. Vor allem interessiert uns die Auffassung, dass „bedeutsame Verwandtschaften" zwischen „nonverbalen Symbolen" und verbalen Symbolen bestehen (GOODMAN 1973; GOODMAN/ ELGIN 1989, 16). Danach können wir im Bereich der Bewegung – wie bei anderen Symbolsystemen auch – drei „Spielarten" von Symbolen unterscheiden. Bewegungen können

- etwas bezeichnen, auf etwas Bezug nehmen („denotieren").
- von etwas ein Beispiel geben, eine „Probe" liefern („exemplifizieren")
- oder auf etwas „anspielen".

Der Unterschied zwischen *exemplifizierenden* und *anspielenden* Symbolen liegt darin, wie auf den Gegenstand, um den es geht, Bezug genommen wird.

So muss eine Bewegung, die *exemplifiziert*, in den relevanten Aspekten übereinstimmen und relativ genau sein. Sie muss – wie GOODMAN es ausdrückt – „buchstäblich" übereinstimmen. Am Beispiel eines Sportlehrers, der Bewegungen vormacht, wird dies deutlich: Seine Bewegungen demonstrieren Eigenschaften, die in den Bewegungen der Schüler ausgeführt werden sollen. Handelt es sich z. B. um eine Kniebeuge, dann ist „die angemessene Reaktion auf seine Kniebeuge .. eine Kniebeuge", die die Schüler ausführen (GOODMAN 1973, 73).

Exemplifizierende Bewegungssymbole finden wir auch etwa in den Bewegungen eines Dirigenten. Sie haben einige Merkmale, die zugleich auch Merkmale der Musik sind – wie z.B. das Tempo oder Kadenzen. – Viele Bewegungen im modernen Tanz haben den Charakter von Beispielen. Sie stimmen zwar normalerweise nicht mit irgendwelchen vertrauten Handlungen, z.B. des Alltags, überein. Aber dafür exemplifizieren sie bestimmte Rhythmen und dynamische Figuren.

Auch bei der Pantomime sprechen wir von exemplifizierenden Bewegungen. Am Beispiel des pantomimischen Leitersteigens lässt sich das deutlich machen. Wenn der Pantomime auf eine Leiter steigt, handelt es sich um eine spezielle pantomimische Technik, nämlich um ein Steigen, ohne vom Boden wegzukommen. Erreicht wird das, indem die Bewegungen solche Teilhandlungen des Leitersteigens exemplifizieren, die beim Leitersteigen vorkommen und besonders relevant sind. Das betrifft einige Teilbewegungen der Knie, Arme und Hände. Sie stimmen in der Richtung und in der Koordination mit dem Alltagsvorgang überein, doch eben nur in einigen der Merkmale. Diese pantomimische Version des Leitersteigens besteht aber auch aus dem Weglassen anderer wichtiger Merkmale. Üblicherweise

2 Symbolspiel und Bewegung

beabsichtigen Pantomimen nämlich nicht, Beispiele von Alltagsbewegungen zu liefern.

Im Unterschied zu diesen Bewegungen müssen Bewegungen, die den Charakter der *Anspielung* haben, zwar erkennen lassen, worauf sie bezogen sind. Aber sie müssen es nicht in allen ihren Teilen *buchstäblich* genau tun. Ähnlich wie wir von einer *schreienden Krawatte* sprechen und auf ihre grelle Farbe anspielen, können wir auch mit Bewegungen übertreiben, karikieren, verzerren, verfremden usw..

Was verstehen wir nun unter Bewegungssymbolen, die etwas bezeichnen (*denotieren*)? Solche Bewegungssymbole sind z.B. Gesten wie *zustimmendes Nicken oder Kopfschütteln, Begrüßungen, Verneigungen, Fingerzeigen*. Sie sind Kennzeichen, die auf Dinge *zutreffen*, denen man z.b. zustimmt oder die man ablehnt (GOODMAN 1973, 71).

Im Unterschied zu den exemplifizierenden und den anspielenden Bewegungen gehören die Bewegungen des Bezeichnens nicht zu den Dingen, auf die sie Bezug nehmen. Sie stimmen mit ihnen nicht überein. Wenn sich z.b. ein Dirigent seinem Ersten Geiger zuwendet und mit dem Taktstock den Beginn des Geigenspiels anzeigt, endet seine Bewegung in etwa dann, wenn die ganz andere Bewegung des Geigers beginnt. Schon gar nicht haben die Bewegungen des Dirigenten wesentliche Übereinstimmungen mit den Tönen, die jetzt erklingen. Dasselbe gilt auch für die Handlungen eines Pantomimen. Denn in Wirklichkeit steigt er *keine Leitern hinauf*. Er putzt auch keine Fenster. Vielmehr *portraitiert, repräsentiert, denotiert* er *durch seine Handlungen Leitersteigen und Fensterputzen*. Während also einige Merkmale der Bewegungen mit den Alltagsbewegungen übereinstimmen und „buchstäblich" genau sein müssen, stimmt das pantomimische Bewegungsgeschehen als Ganzes mit diesen nicht überein. Die Alltagsbewegungen werden nur bezeichnet, aber nicht ausgeführt.

Auch beim Tanz finden wir neben anderen, viele „primär denotative" Bewegungen. GOODMAN versteht darunter „Gesten des täglichen Lebens (z.B. Verbeugungen, Winke) oder des Rituals (z.B. Zeichen der Segnung, die Handstellungen im Hindukult) ..."; Beispiele, s. GOODMAN 1973, 71-74).

Den symbolischen Kern des Tanzes, der Pantomime, des Bewegungstheaters und anderer Formen des Symbolspiels bilden allerdings die *Anspielungen*. Wenn ein Symbol auf etwas anspielt, z. B. auf Traurigkeit, geschieht dieses nicht „buchstäblich" wie bei Exemplifikationen. GOODMAN verwendet hier gern den Begriff „metaphorisch" (GOODMAN 1973, 94f.; GOODMAN/ELGIN 1989, 37). —

Wie kann man nun *metaphorisch* traurig sein? GOODMAN ist der Ansicht, dass man Gefühle, wie Traurigkeit, durchaus in einer Bewegung zum Ausdruck bringen kann. Dabei muss der Mensch aber nun keineswegs von Traurigkeit befallen sein. Entscheidend ist vielmehr, dass diese „Eigenschaft zum Symbol selbst gehört ... Die Eigenschaften, die ein Symbol ausdrückt, sind seine eigenen Eigenschaften." GOODMAN stellt sie sich als „erworbenes Eigentum", „als metaphorische Importe" vor (1973, 95).

Folglich bekommen wir die Traurigkeit, wenn wir auf sie *nur* anspielen, nicht aus erster Hand. Erst in der Bewegung eignen wir uns diese Traurigkeit an. Das kann ein mühsamer Prozess sein. Welche Merkmale meiner Bewegung drücken Traurigkeit aus? Was muss ich tun, damit diese Traurigkeit real erscheint? – Ich kann mich ja nicht darauf verlassen, dass sie irgendwie aus der Tiefe meines Empfindens aufsteigt und sich in meinen Bewegungen wie selbstverständlich abbildet. Ich muss sie im Bewegungssymbol einfangen und *in Besitz* nehmen. Ich muss die Eigenschaft *Traurigkeit* erwerben und vielleicht auch hart erarbeiten. Eigenschaften zum Ausdruck zu bringen, bedeutet auch, dass sie „zur Schau gestellt, typisiert, vorgewiesen" werden (GOODMAN 1973, 96).

Wir wollen das jetzt an zwei sehr unterschiedlichen Beispielen verdeutlichen. Das eine Beispiel stammt aus dem Tanztheater. Das andere rührt aus einem spontanen Kinderspiel, das beobachtet und protokolliert wurde. Wir stellen einen Vergleich an, um zu zeigen, dass, trotz aller Unterschiede, Gemeinsamkeiten im Wesentlichen bestehen. Die Spieler drücken ihre Beziehung zu einem Gegenstand, zu einem speziellen Thema, aus, indem sie neben einigen *buchstäblichen* Elementen vor allem *anspielende* Symbole benutzen und deutlich zur Schau stellen.

Walzer (Tanztheater PINA BAUSCH)

Im Verlauf der Proben zum Stück „Walzer" fordert P. BAUSCH die Tänzer auf, einen Bezug „zu Hymnen" herzustellen. Nach einer längeren Experimentierphase kommt es zu einer Szene, die folgende Symbole zusammenführt: Tänzer tragen und ziehen

2 Symbolspiel und Bewegung 23

kleine gefaltete Papierschiffchen quer über die Bühne. Dazu wird eine Nationalhymne eingespielt. Eine Lautsprecheransage übermittelt Informationen über ein Schiff (Typ, Klasse, Tonnen usw.). Zum Schluss der Einspielung gibt es eine Abschiedsmelodie. Die Bewegungen der Tänzer sind ruhig, gemäßigt, ausgeglichen.

Interpretation: Die Bewegungssymbole der Tänzer drücken sowohl Bewegungen von Schiffen aus als auch zugleich Spielen mit Schiffchen. Wir kennen solche Spiele aus dem Kinderspiel. Darum erscheint es angemessen zu formulieren: Die Bewegungen der Tänzer enthalten metaphorische Bezugnahmen auf Schiffsbewegungen. Die Bewegungen der Tänzer beinhalten außerdem metaphorische Bezugnahmen auf entsprechende Spiele von Kindern.

Die nächste Überlegung richtet sich auf die Funktion von *Hymne*, *Ansage* und *Melodie* im Kontext der Szene. Offenkundig können wir dabei nicht mit dem Gedanken spielen, dass die tänzerischen Bewegungen im Verhältnis zu Hymne, Ansage und Melodie eine bloß illustrative Funktion haben. Es wird kein bestimmter Vorgang symbolisch vervollständigt, bei dem eine Hymne abgespielt wird, bei dem Ansagen stattfinden und bestimmte Melodien erklingen. Es geht nicht darum, diese Vorgänge nur zu veranschaulichen. Dagegen sprechen die gewählten Mittel und die Koinzidenz mit der metaphorischen Bezugnahme auf ein Kinderspiel.

Papierschiffchen, die die Tänzer hinter sich herziehen, können eine zeremonielle Aufwertung z.B. von Taufen, Begrüßungen und Verabschiedungen von Schiffen, auf die hier angespielt wird, nicht illustrieren. Und das assoziierte Kinderspiel wird der zeremoniellen Ernsthaftigkeit solcher Ereignisse ebenfalls nicht gerecht. Eher stehen sich die motorischen Symbole des Kinderspiels der Alltagswirklichkeit solcher Zeremonien fremd und konstrastierend gegenüber. Für den Zuschauer scheint sich ein Widerspruch zu ergeben. Er ergibt sich aus seinen eigenen gegensätzlichen Realitätserfahrungen – mit Kinderspielen auf der einen Seite und mit würdigen, zeremoniellen Ereignissen auf der anderen.

Das Beispiel zeigt, dass die Bewegungssymbole des Tanzes in der Art, wie verschiedene Symbole miteinander verknüpft werden, weit mehr als bloße Illustrationen sind. Sie können – wie hier geschehen – „normalerweise nicht miteinander assoziierte Erfahrung miteinander in Beziehung setzen" (GOODMAN 1973, 74). Sie drücken also auch eine neue Erfahrung aus, die im gegebenen Beispiel als Kontrast,

Widerspruch, Spannungsverhältnis erscheint. Diese Spannung zwischen den Symbolen des Kinderspiels und den Ernstsymbolen der Hymnenzeremonie wird durch den Tanz vermittelt. Nach GOODMAN ist der Tanz in der Lage, durch solche ungewöhnlichen Verknüpfungen verschiedener Erfahrungen neue Erfahrungen und eine Schärfung unseres „Unterscheidungsvermögens" (GOODMAN 1973, 74) zu bewirken.

Vielleicht sind wir Zuschauer der beschriebenen Tanzszene geneigt, die empfundene Spannung zwischen den Ausdruckssymbolen als Herausforderung zu verstehen. Wir sollen unsere bisherigen Erfahrungen in einem neuen Licht sehen – nämlich, dass so etwas wie Schiffsparaden, Schiffstaufen und Verabschiedungen von Schiffen und ihre zeremonielle Inszenierung nichts anderes als Spiele großer Kinder sind.

Bewegen und Singen (Kinderspiel)
Wir beobachten das Spiel zweier Kinder von fünf (A.) und sechs (M.) Jahren. Sie haben den Schauplatz in das Wohnzimmer verlegt, in dem es ausreichend Bewegungsmöglichkeiten und geeignete Objekte gibt, die man in das Spiel einbeziehen kann: u.a. zwei nebeneinander stehende Sessel vor zwei Couchtischen, dahinter ein langes Sofa und in kürzerem Abstand dahinter ein Wandschrank. Die Kinder wählen einen Rundkurs, der durch vier imaginäre Punkte gegliedert scheint. Es geht von P 1 zunächst zwischen den Sesseln und den Tischchen hindurch zu P 2, der den Anfang der Gasse zwischen Sofa und Schrank markiert, dann zu P 3 am Ausgang der Gasse. Die Kinder erreichen danach wieder P 1. Hier verlassen sie den Rundkurs, bewegen sich einige Meter in den Raum hinein und kommen schließlich an einer bestimmten Stelle vor der Zimmerwand zum Stehen (P 4). A. bringt das Spiel in Gang. M. folgt interessiert und lachend. A. ist energisch, fröhlich. Sie bemüht sich, bestimmte – stark akzentuierte – Worte und eine Art Gesangsmelodie auf den Rhythmus der Bewegungen abzustimmen. Die Melodie erinnert an die Melodie eines Kinderliedes („tra la la la laa la").

Die Kinder stellen sich bei P 1 hintereinander auf. A. steht vorn und spricht mit starken Betonungen: „Komm hierher oder nix!" Die Akzente liegen auf „komm", „her" und „nix". Während die beiden ersten Worte gesprochen werden, weist A. mit dem rechten Zeigefinger zweimal vor sich auf den Boden. Bei „oder nix" schnellt der Finger zweimal nach vorn. Der ganze Satz wird insgesamt dreimal gesprochen, fast schon gesungen.

Dann setzen sich die Kinder in Bewegung. Sie steuern auf P 2 zu. Sie hüpfen mehrmals auf demselben Fuß. Während das Knie des vorschwingenden Beins etwas kräftiger angehoben wird, kommt das andere Bein in einem kürzeren Schritt nach. Die

2 Symbolspiel und Bewegung

Hüpfbewegungen folgen ungefähr der Melodie des Kinderliedes. Sie wird auf dem Weg zu P 2 wiederholt.

Sind die Kinder früher angekommen, wird der Gesang am Ort beendet. Dabei klatschen sie in die Hände. Insgesamt werden Melodie und Hüpfen nicht gleichförmig ausgeführt. Es gibt Abweichungen und Variationen. M. hüpft hinterher und sucht, sich A. anzupassen.

Während des Hüpfens und Singens hält jedes Kind ein kleines Kissen vor dem Körper. Wenn der Gesang abgeschlossen ist, werfen es die Kinder auf den Boden. Sie fallen nun auf die Knie und krabbeln auf allen vieren an der Rückseite des Sofas entlang. Dabei schieben sie das Kissen vor sich her. Bei den verschiedenen Durchgängen kommt es vor, dass M. in überschwänglichem Vergnügen auf A.s Füße und über ihren Rücken hinwegkrabbelt. A. gibt aber weiter den Ton an und singt die Melodie.

A.: „Schnuffel, schnuffel, schnuffel!" – Auch das wird wiederholt. Der Gesang wird jetzt weniger kontrolliert. Es gelingt nicht, ihn ganz mit dem Krabbeln zu koordinieren. Gelegentlich kommt es zu einer vergnüglichen Verfolgung.

Bei P 3 stehen die Kinder auf, nehmen das Kissen wieder vor den Körper und hüpfen singend weiter zu P 1. Hier gibt es eine kleine Pause. Die Kinder stehen jetzt nebeneinander.

A. (singt dreimal): „Komm hierher oder nix!" Sie betont wie am Anfang. Am Ende folgt unmittelbar das zweimalige „tra la la la laa la", wobei die Kinder in Richtung P 4 hüpfen. Dort wenden sie sich der Wand zu und verharren. Plötzlich stößt A. den Satz aus: „Wer zuletzt bei Klippo ist, der macht nicht mehr mit!"

Starke Akzente liegen auf „macht" und „mit". Das letzte Wort kommt laut und kurz. In diesem Moment stoßen die Kinder ihre Kissen mit beiden Händen gegen die Wand. A. fügt beim ersten Durchgang hinzu: „Der kann aber trotzdem wieder mitmachen."

Die Runde wird viele Male wiederholt. Nur das Krabbeln wird dabei verschieden geregelt. Jedes Kind ist abwechselnd vorn oder hinten, auch unten oder oben. Der gesamte Vorgang läuft ohne größere Pausen ab. Nur jeweils vor dem letzten Satz entsteht eine bewusste Zäsur. Hier erreicht die Spannung ihren Höhepunkt.

Interpretation: Die Handlungen der Kinder in diesem Spiel sind offensichtlich von Fröhlichkeit und anhaltender Hochstimmung getragen. Sie werden im Fluss der Bewegungen moduliert. Aus der Sicht der Kinder sind ihre Handlungen spontane Bezugnahmen auf die genannten Empfindungen. Das Beobachtungsprotokoll legt dar, wie dieser Fluss strukturiert wird. So kommen bestimmte Bewegungsformen, auch Worte, Rhythmen und Melodien, zum Einsatz. Fröhlichkeit und Hochstimmung erfassen wir, indem wir auf alle Komponenten der Handlung, vor allem aber auf die Bewegungen achten.

Können wir nun sagen, wie das seinerzeit STREICHER formuliert hat, dass diese Symbole als Ausdruck eines Inneren, als „'eine Regung der Seele'" (1949, 37) verstanden werden müssen? Auf den ersten Blick scheint manches diesen Schluss nahe zu legen. So finden wir auf Anhieb jedenfalls keine eindeutigen Anhaltspunkte dafür, dass hier auf bestimmte Rhythmen von Kindertänzen, auf bestimmte Singspiele oder auf bestimmte Bewegungsspiele „buchstäblich" Bezug genommen wird. Solche Elemente kommen nicht vor. Alles scheint spontan entwickelt zu werden und mehr *aus dem Herzen* zu fließen.

Trotzdem sollten wir nicht versucht sein, in dem Beispiel einen solchen „direkten Innenbezug" (SCHLAEGER 1973, 280) herzustellen oder die Bewegungen als „reine Ausdrucksbewegungen", d.h. als solche zu begreifen, „die nur den persönlichen Anteil enthalten" (STREICHER 1949, 37). Wir schauen den Kindern nicht in die Seele. Ihre Bewegungen sind Symbole, mit denen sie spielen. Und so verstehen wir die von ihnen zum Ausdruck gebrachten Empfindungen in erster Linie, weil wir sie von den Symbolen selbst ablesen. Diese sind u.a. durch Spannungsmomente gekennzeichnet – wie etwa durch die Bewegungsakzente und durch alternierende, dehnende und beschleunigende Elemente und durch den Rhythmus der Bewegungen und natürlich auch durch Melodie und Wortwahl. All diese Eigenschaften sind zuallererst Eigenschaften der Symbole selbst. Auch wir, die wir dann – nachempfindend – von „Fröhlichkeit und anhaltender Hochstimmung" reden, wählen solche Begriffe, die diese Eigenschaften der Symbole kennzeichnen.

Die beiden Beispiele entstammen zwei unterschiedlichen Situationen und Bereichen. Das eine enthält eine ausgearbeitete und durchkonstruierte Szene, die sich bereits in der Nähe der Bühnenreife befindet. Das andere steht für ein locker verbundenes und nur einmalig so in Erscheinung tretendes Kinderspiel. Es überlässt vieles dem spontanen Einfall und dem willkürlichen Zugriff. Die Symbole des Kinderspiels werden nicht so intensiv erarbeitet und so prägnant dargestellt wie im Bühnenspiel.

Allerdings stimmen beide Beispiele in wichtigen Punkten überein. Sowohl die Akteure im Tanztheater als auch die Kinder in ihrem Spiel bringen im Sinne GOODMANs Inhalte oder Empfindungen „metaphorisch" zum Ausdruck. Sie nehmen sie gewissermaßen *in Besitz*, indem sie sie nach eigenen Vorstellungen ausformen und modulieren.

So geht es im ersten Beispiel nicht um eine getreue Darstellung von Abschiedszeremonien beim Auslaufen von Schiffen. Und im zweiten Beispiel, in dem Empfindungen ausgedrückt werden, lassen sich die Kinder nicht etwa von einer inneren Bewegung bloß treiben, die sich dann in den äußeren Handlungen niederschlägt. Vielmehr nehmen die Kinder – in und mit ihren Bewegungen – auf die beschriebenen Empfindungen Bezug und bringen sie absichtsvoll spielgestaltend hervor. Das Gestalten und Modulieren von Empfindungen sind der wesentliche Inhalt dieses Kinderspiels. Die benutzten Objekte und die verwendeten Regeln ordnen sich diesem Inhalt unter.

Beim Gestalten des Bewegungsausdrucks eröffnen sich in den Symbolspielen vielfältige Möglichkeiten. Diese sind mit Kommunikation, Erkunden und Experimentieren verbunden. Es entstehen Variationen, Nuancen und eine fortschreitende Verfeinerung der Sensibilität. Geben wir das Modell der Verbindung eines Inneren und eines Äußeren beim Hervorbringen von Ausdruck auf, können wir das Geschehen als eine spielerische Kommunikation verstehen. In ihr findet ein ständiges Bemühen um den treffenden Ausdruck statt. Somit lässt sich das Bewegungssymbol auch nicht mehr auf das pure Ergebnis eines Prozesses reduzieren.

Symbolspiele, die auch Bewegungsspiele sind, entstehen und bestehen aus **Gesten**. Die Bewegungswelt dieser Spiele ist eine gestische Welt. Alle wesentlichen Spielfunktionen wie Inhalt, Kommunikation und Interaktionen, Ziele und Handlungsaufbau werden über Gesten vermittelt. Auch Faszination und Imagination, die diese Spiele auslösen, beruhen zuallererst auf der Qualität und Intensität des gestischen Spiels.

3.1 Grundlagen

Körperaktionen als Träger von Gesten. Die gestische Funktion von Bewegungen lässt sich u.E. nicht auf bestimmte Körperaktionen begrenzen, wie das z.B. von VON LABAN gesehen wird. Für ihn sind Gesten „Aktionen der Extremitäten, in denen es zu keiner Gewichtsverlagerung oder -unterstützung kommt" (^{2}1996, 38). Damit schließt er von vornherein Fortbewegungen des Körpers aus. Zwar können solche Bewegungen auch Ausdrucksbewegungen sein. Offensichtlich hat VON LABAN aber als Gesten insbesondere Bewegungen der Arme und Hände (Winke, Zeigen, Drohen), aber auch Fingerzeige, Achselzucken und bestimmte Fußbewegungen (Wippen) angesehen. Begünstigt wird diese scharfe Abgrenzung der Gesten noch dadurch, dass etwa Zeigen, Winken, Abweisen, Verneinen, Nicken o.Ä. – also mit den Händen, Armen oder dem Kopf durchgeführt – zu den allgemein verständlichen Alltagsbewegungen zählen, deren Gebrauch auf der Grundlage „kultureller Codes" (ECO ^{8}1994, 21f.) nicht unsicher ist.

Deutlich formuliert wurde das von GEBAUER (1996, 187), für den Gesten „ein formelhafter Gebrauch des Körpers" sind. Sie sind

„stilisierte Umformungen von aus der sozialen Praxis stammenden Prototypen, wie das anzeigende Heben eines Arms, die verächtliche Wegwerfbewegung, der Händedruck ... Sie sind Aufführungen von ursprünglich im Alltagshandeln vorkommenden Bewegungen; als Gesten haben sie einen ausdrücklichen

Zeigecharakter, bestimmte stilistische Kennzeichen, eine besondere Rhythmik, eigene Tempi der Beschleunigung, der Verlangsamung oder sogar des Stillstands."

In ihrer umfassenden Studie über die **Geste** präzisieren GEBAUER/WULF (1998b, 80ff.) deren Bedeutung. Danach reichen gestische Bewegungen

„von kaum wahrnehmbaren Bewegungen einzelner Körperteile bis zu Bewegungen, an denen der ganze Körper beteiligt ist. Beim Vollzug von Gesten spielen die Körperteile, die sich frei bewegen können, wie die Hände und Arme, Füße und Beine und das Gesicht, eine besondere Rolle" (85).

Reichweite von Gesten. Das Symbolspiel kann auf alle gestischen Bewegungen Bezug nehmen, die in anderen Lebensbereichen entwickelt wurden. Es integriert zunächst die eben genannten „formelhaften" Gesten, die wegen ihrer allgemein verständlichen Bedeutung leicht rekonstruiert werden können. – Darüber hinaus erreicht es „Grundformen des gestischen Ausdrucks",

„die eine *lingua franca* bilden, die von allen Menschen unabhängig von Alter, Rasse, Religion, sozialem Status, mentalem oder kulturellem Niveau verstanden wird. Diese Gesten können eine Fülle von Gefühlen ausdrücken. Die Verbreitung solcher ‚ikonischen' Gesten reicht weiter als die Verbreitung verbaler Sprachen. Ein Stirnrunzeln, ein starrender Blick, eine erhobene Faust scheinen eine überregionale transkulturelle Bedeutung zu haben" (GEBAUER/WULF 1998b, 88).

Ferner liegen auch die kulturellen Gesten in der Reichweite des Spiels. „Um sie zu verstehen, bedarf es ... eines kulturspezifischen Wissens und gestischen Vorverständnisses" (GEBAUER/WULF 1998b, 90). Hier spielt dann vor allem die Beziehung der Geste zum Raum eine hervorragende Rolle, insofern in den verschiedenen Räumen menschlichen Handelns (Intimraum, persönlicher Raum, sozialer Raum, öffentlicher Raum) spezifische soziale und kulturelle Differenzen zum Tragen kommen (GEBAUER/WULF 1998b, 88-92).

In entwickelten Formen des Symbolspiels, wie im Bewegungstheater, wird gelegentlich auch auf hochartifizielle Bewegungsformen angespielt, wie sie sich im Tanz, Ballett oder in bestimmten Theaterformen herausgebildet haben.

Und schließlich liefern noch weitere Bereiche des menschlichen Bewegungslebens Anknüpfungspunkte für Gesten, auf die das Symbolspiel zurückgreifen kann: Alltags-, Arbeits- und Berufsbewegungen, Funktions- und Zweckbewegungen, Bewegungen des Sports usw.

Allgemein formuliert haben Gesten des Symbolspiels die Eigenschaft, Gesten und Bewegungen *zur Sprache* zu bringen, die in anderen Lebensbereichen bereits in Formen gebunden sind. Dieses scheint prinzipiell unbegrenzt möglich zu sein.

Zusammengefasst sind Gesten des Symbolspiels also weder auf bestimmte Körperaktionen und Körperteile festgelegt noch unterliegen sie Einschränkungen hinsichtlich der Bewegungswelten und Bewegungsbedeutungen, auf die sie sich beziehen könnten.

Gesten und Bedeutung. In den hier untersuchten Symbolspielen sind Gesten Auslöser und zentraler Inhalt zugleich. D.h., sie sind nicht auf bloß illustrative Funktionen begrenzt, sondern, unabhängig von durch sprachlichen Ausdruck hinzugefügten Sinngebungen, sich selbst genügend, Sinn aus sich selbst hervorbringend.

Dieses schließt ein, gestische Sinnproduktion nicht auf „natürliche" Prozesse (FLUSSER 1997, 15) zurückzuführen. Vielmehr zeigen sich in der Geste auch die Freiheit eines gestaltenden Subjekts sowie Konventionen und Kodifizierungen, die in kulturellen Kontexten hinterlegt sind.

Wie entsteht die Bedeutung einer Geste? Unsere Antwort stützt sich auf Argumente, die von FLUSSER (1997) vorgetragen und am Beispiel der Geste des Schmerzes veranschaulicht wurden:

„Eine Weise der Definition von ‚Geste' besteht darin, sie als eine Bewegung des Körpers oder eines mit ihm verbundenen Werkzeugs aufzufassen, für die es keine zufriedenstellende Kausalerklärung gibt. Um die so bestimmten Gesten verstehen zu können, muß man ihre ‚Bedeutungen' aufdecken. Genau das tun wir fortwährend, und es macht einen beachtlichen Aspekt unseres alltäglichen Lebens aus" (10).

Zunächst setzt diese Definition voraus, dass eine Geste als eine „symbolische Bewegung" (FLUSSER 1997, 10) verstanden wird. Sie ist scharf abgegrenzt von Bewegungen, die z.B. durch Rückgriff auf „natürliche" Ursachen ausreichend erklärt sind. Wenn etwa jemand nach einem Stich in den Arm und aufgrund der eintretenden Schmerzempfindung den Arm bewegt, drückt diese Bewegung Schmerz unmittelbar aus. Sie ist damit Symptom, Äußerung des erlittenen Schmerzes. Diese Erklärung ist „zufriedenstellend" und bedarf keiner Ergänzung.

3 Die Geste

Zur Geste wird die Bewegung erst, wenn sie eine „spezifische Struktur" im Sinne eines Codes ausprägt,

„so daß sie für diejenigen, die den Code kennen, als angemessen gilt, um die ‚Bedeutung' von Schmerz mitzuteilen. Diese Kenntnis des Codes ... gibt dem Beobachter das Recht zu sagen, daß die Bewegung den Schmerz ‚ausdrückt', den ich empfunden habe. Meine Handlung stellt den Schmerz dar, sie ist sein Symbol, und der Schmerz ist ihre Bedeutung" (FLUSSER 1997, 11).

Hier handelt es sich also nicht um beliebige Bewegungen des Arms, sondern um eine Bewegung, die als Hochreißen oder Wegreißen in der Praxis üblich ist und verstanden wird. Sie vermittelt eine „Stimmung" (FLUSSER 1997, 12), die auf die entsprechende Empfindung des Schmerzes verweist.

Die Bedeutung dieser Geste kann nun sowohl auf eine Empfindung Bezug nehmen, die der Ausführende tatsächlich gehabt hat, als auch auf eine Empfindung, die er nicht gehabt hat. Die Verkettung der Geste mit der verursachenden Tat (Stich in den Arm) kann, muss aber nicht bestehen. In diesem zweiten Fall handelt es sich um eine artifizielle Geste. Sie drückt eine „Stimmung" aus. Sie spielt auf eine Schmerzempfindung an. Sie gibt der Bewegung einen spezifischen Sinn.

Hier nähert sich die Definition der Geste der bereits im letzten Kapitel erörterten Definition von *metaphorisch-exemplifizierenden* Bewegungen. Artifizielle – aus der Verkettung mit *natürlichen* Ursachen gelöste – Gesten sind *metaphorisch*. Sie spielen auf etwas an.

Klassifikation von Gesten. Die bisherigen Ausführungen erlauben noch keine befriedigende Klassifikation von Gesten, obwohl gewisse Zuordnungen auf den ersten Blick evident erscheinen.
- So haben z.B. Gesten des Symbolspiels die Eigenschaft, auf Gesten anderer Lebensbereiche Bezug zu nehmen. Dazu gehören auch Theater- und Tanzformen, die durch eine fortgeschrittene kulturelle Entwicklung gekennzeichnet sind und eigene Ausdrucksformen und artifizielle Gesten hervorgebracht haben.

Gesten einfacher Symbolspiele nehmen nun allerdings selten auf solche Formen Bezug. Im Bewegungstheater ist dieses aber keine Seltenheit, da die Grenze zu anderen Darstellungsformen – wie wir schon anfangs andeuteten – fließend ist.
- Gesten des Symbolspiels haben grundsätzlich eine kommunikative Funktion. So ist es nach VON LABAN die „Aufgabe des Mimen,

uns, sein Publikum, durch seinen Körperausdruck und seine Gesten in die Welt seines Dramas hineinzuziehen ..." (^{2}1996, 118).

- Bewegungen anderer Lebensbereiche unterscheiden sich von Gesten des Symbolspiels durch andere Kontexte, in denen sie definiert werden. Gehen wir zunächst nur von der alltagssprachlichen Praxis aus, müssten wir z.B. deutlich differenzieren zwischen einem Gehen, das dazu dient, unter konkreten Umständen einen konkreten Zielort zu erreichen, und etwa dem pantomimischen Gehen. Funktion und Zweck beider Bewegungen unterscheiden sich. Die eine nennen wir üblicherweise eine Alltagsbewegung, die andere eine Geste. Die eine hat nur für diejenigen eine kommunikative Bedeutung, die den Fußgänger beobachten und seine Bewegung hinsichtlich ihres Zweckes identifizieren wollen, nicht aber für den Fußgänger selbst. Die andere erfüllt vor allem eine kommunikative Bedeutung, weil Pantomimen ihren Zuschauern etwas mitteilen wollen.
- Die gleichen Überlegungen gelten auch für andere Arten von Bewegungen, etwa für Rituale, für kommunikative Gesten des Alltags (Begrüßungen, Winke usw.) und Bewegungen des Sports.

Eine kommunikative Geste des Alltags übt nach G. H. MEAD auf das „ausführende Individuum die gleiche Wirkung" aus „wie auf das Individuum, an das sie gerichtet ist oder das ausdrücklich auf sie reagiert" (1973, 85). Und nach semiotischer Interpretation beruhen Gesten auf „kultureller Übereinkunft" über „Regeln" oder „Codes", an die sie gebunden sind. „... sobald ich an jemanden ... eine Geste ... richte (damit dieser etwas erfährt, was ich vorher erfahren habe und den anderen wissen lassen will)", muss „ich mich auf eine Reihe von irgendwie verabredeten Regeln" stützen, die meine Geste „verständlich machen" (ECO ^{8}1994, 20).

Bewegungen des Sports werden in verschiedenen Ansätzen als **Bewegungsfertigkeiten** definiert und z.B. nach morphologischen, physikalischen oder biomechanischen Kriterien beurteilt. Bewegungsfertigkeiten dienen dazu, Leistungen zu erreichen und zu verbessern, um etwa Objekte zu befördern, sich an Geräten zu bewegen bzw. sich gegen andere Personen in einem geregelten Wettkampf durchzusetzen, wobei formal-ästhetische oder metrisch-quantitative Anforderungen gestellt werden. In Bezug auf derartige Zwecke oder Ziele sprechen wir auch von **Bewegungstechniken**, weil sich Zwecke und Ziele in den Bewegungen selbst als Formen und Funktionen vermitteln und rationalisieren.

Allerdings gilt hier wie bei Bewegungen des Alltags oder bei Arbeitsbewegungen, dass auch Bewegungen des Sports als Gesten aufgefasst werden können. Sofern sie Regeln bzw. durch Regeln definierte Formen erfüllen, haben sie kommunikative Eigenschaften. Diese kommen in Situationen zur Geltung, in denen entschieden werden muss, ob die Ausführung einer Technik (z.B. bei den Gehern) in Grenzfällen noch zulässig ist oder welchen künstlerischen Wert eine Bewegung z.B. beim Eiskunstlauf hat (B-Note).

Die soeben angedeuteten Klassifikationen beruhen im Wesentlichen auf zwei Kriterien. Sie ordnen Gesten zum einen nach ihrem Vorkommen in verschiedenen Lebensbereichen. Sie ordnen sie zum anderen nach wissenschaftlichen Theorien, die für sie kompetent sind. In Frage kommen hier Kultur-, Kommunikations-, Alltags-, Arbeits-, Spiel-, Sport- und Theatertheorien (vgl. hierzu auch GEBAUER/ Wulf 1998b, 80ff.).

In der bereits zitierten Arbeit von FLUSSER (1997) wird nun ein Klassifikationsvorschlag unterbreitet, der von einem anderen Standort aus organisiert ist: Gesten werden – anknüpfend an die etymologische - Bedeutung des Wortes (gesta: Taten) – als Formen des „aktiven In-der-Welt-Seins des Menschen" verstanden, die zugleich „Ausdruck einer Freiheit" sind (222, 224). Diese Kennzeichnung erlaubt die Ausgrenzung von solchen Aktivitäten, die sich z.B. als Reflexe, als mit „natürlichen" Ursachen „verkettet" oder – bei Arbeitsbewegungen – als „entfremdende" Arbeit erweisen und mit „objektiven Erklärungen" befriedigend erfassen lassen (FLUSSER 1997, 226f.).

Eine Theorie der Geste hat demgegenüber die Aufgabe, Gesten als „Ausdrücke von Freiheit zu untersuchen und zu systematisieren". Sie behandelt ihre „phänomenalen, sichtbaren Ausdrücke" und definiert sich damit als eine „Bedeutungslehre" (FLUSSER 1997, 220).

Lebensbereiche und wissenschaftliche Theorien kommen erst bei der Analyse konkreter Gesten ins Spiel. Sie kann ergeben, dass sich eine Geste erst aus der Sicht verschiedener kompetenter Theorien erschließt und sich gegebenenfalls auch verschiedenen Lebensbereichen zuordnen lässt.

FLUSSER teilt Gesten in vier Gruppen ein, die man als verschiedene Bedeutungsfelder verstehen kann. Gesten unterscheiden sich darin, ob sie sich „an andere richten", „auf ein Material richten", „sich an nichts richten" oder „auf sich selber (zurück)richten" (1997, 224). An einer Reihe ausführlich untersuchter Beispiele wird demonstriert, wie die Fragen nach der Bedeutung, nach der Zuordnung und nach wissenschaftlichen Begründungen in eine „dialektische Beziehung" geraten, aus der sich schließlich eine sehr differenzierte Behandlung jeder einzelnen Geste ergibt (u.a. der Geste des Machens, der Arbeit, des Liebens, des Zerstörens, des Malens, des Fotografierens, des Pfeiferauchens).

Wir nehmen die Klassifikation von FLUSSER auf und insbesondere das dabei verwendete Kriterium der Bezugnahme auf verschiedene Gegenstände (im weitesten Sinne verstanden). Wir erinnern daran, dass diese Frage nach dem Bezug eines Symbols auf einen Gegenstand im letzten Kapitel nur knapp behandelt wurde.

- So unterscheiden wir zunächst „'**kommunikative Gesten** im strengen Sinn'" (FLUSSER 1997, 224). Sie werden auf Personen gerichtet und beziehen sich zugleich auf irgendeine Art von Verhältnis, das die Geste zwischen ihnen begründet oder bestätigt.

Die Geste des Grußes ist eine Geste, die sich an jemanden richtet, dem man begegnet, und die zugleich auf Fremdheit oder Vertrautheit, Freude (über die Begegnung) oder Ablehnung (der Person), Interesse oder Desinteresse, Rangordnung und dergleichen Bezug nehmen kann. Wer grüßt, verlässt seine Anonymität, bezieht Stellung und lässt z.B. eine Einstellung, eine Erwartung, Überraschung, Zuneigung erkennen. Man sieht, dass die Formulierung „ist auf eine Person gerichtet" erst Farbe gewinnt, wenn die Arten der Bezugnahme, die in einer Geste noch verborgen sind, zum Vorschein gebracht werden.

- Die zweite Gruppe enthält Gesten, „die sich auf ein Material richten". Wir können diese Gesten auch **Objektgesten** nennen, wobei dieser Begriff auf Objekte mit physikalischen Eigenschaften oder auf Materialien gemünzt ist.[1]

---

[1] Zur Terminologie s. dazu die Definitionen in Kapitel 6

3 Die Geste

FLUSSER hebt hier insbesondere die so genannten **Arbeitsgesten** heraus, die er nach „'echten' und Pseudogesten" unterscheidet. „Bewegungen, wie sie an Fließbändern, Bankschaltern und Autobahnen zu beobachten sind", fallen heraus, da sie nicht „Ausdruck einer Freiheit" sind und durch „objektive Theorien völlig zufriedenstellend erklärt werden können" (FLUSSER 1997, 226).

Als Beispiel untersucht er die „Geste des Machens" (FLUSSER 1997, 49ff.), auf der sich Arbeitsgesten aufbauen (vgl. auch GEBAUER/WULF 1998b, 108-110). In der „Geste des Machens" werden Gegenstände ergriffen, ihrer Umgebung entrissen, in ihren Gegebenheiten wahrgenommen. Im Zugriff der Hände und im Wechselspiel zwischen wahrgenommenen und bewerteten Eigenschaften und intendierten Formgebungen verändert sich der Gegenstand. Er wird neu „geschaffen". Es entsteht ein „Werk". Dieses ist Ergebnis des Machens und geht aus einem handgreiflichen Prozess hervor. Das „Werk" beendet diesen Prozess, wenn es zufrieden stellt.

Die „Geste des Machens" ist aber dennoch „eine unendliche Geste", weil ein „Werk" „nie vollkommen" geschaffen werden kann (FLUSSER 1997, 70). Diese Formulierung impliziert, dass auch die „Geste des Machens" mehrfach bezogen ist: auf ein „Werk", das geschaffen werden und hervorgehen soll; auf eine Form, die diesem Prozess eine Richtung auf ein immaterielles Ergebnis gibt (das „Werk" als Beispiel einer mehr oder weniger vollkommenen Form); auf ein Ineinandergreifen verschiedener Phasen im Schaffensprozess.

Völlig offen bleibt bei dieser Beschreibung, welchen Wert die Bezugnahmen für das handelnde Subjekt haben und in welchen Kontexten die „Geste des Machens" von Bedeutung ist. Als Arbeitsgeste z.B. käme dem geschaffenen „Werk", also dem Produkt, eine besondere Bedeutung zu. In einer therapeutischen Situation würde der größere Wert bei den gelingenden Phasen, bei der formenden Begegnung zwischen Hand und Material liegen. Ähnliche Aufmerksamkeit für Prozessmerkmale findet sich bei spielenden Kindern, denen es nichts ausmacht, wenn das eben fertig gewordene „Werk" – z.B. eine Brücke, ein Haus, eine Kugelbahn – gleich wieder in sich zusammenfällt.

- Die dritte Gruppe enthält die von FLUSSER so bezeichneten **„rituellen Gesten"** (1997, 224). Wie bei den materialbezogenen

Gesten sind auch hier „echte" Gesten und „Pseudo"-Formen zu unterscheiden.

„Ein Pseudo-Ritual (zum Beispiel beim Anblick einer schwarzen Katze dreimal auf den Boden zu spucken ...) scheint zwar auf den ersten Blick ... eine zwecklose Geste zu sein, ist aber in Wirklichkeit eine auf einen bestimmten Zweck abzielende Handlung" (1997, 228).

„Ein 'echtes' Ritual" ist demgegenüber „seinem Wesen nach" „zweckfrei", besitzt keine „starre Struktur" und ist „zirkulär" (FLUSSER 1997, 228). D.h., es ist auf sich selbst zurückgerichtet. Die ausgeführten Tätigkeiten innerhalb des Rituals werden nicht stereotyp wiederholt, sondern variieren innerhalb einer gewissen Bandbreite. Sie werden allein mit der Absicht ausgeführt, die Geste selbst zu „vollführen" (FLUSSER 1997, 167f.).

Ein besonders treffendes Beispiel für eine rituelle Geste ist die Geste des Pfeifenrauchens. Zwar kann sie insgesamt als eine stereotype Handlung gelten. Allerdings ist diese aber nicht in jeder „einzelnen Phase mehr oder weniger ‚vorgezeichnet'". Sie zeigt eine wiederkehrende Struktur, innerhalb derer Menschen zum einen freiwillig handeln und zum anderen dabei auf eine „eigene", für sie „charakteristische Weise" (FLUSSER 1997, 165). Jeder Pfeifenraucher produziert also diese Geste und verwirklicht in ihr zugleich seine speziellen Gewohnheiten (wie er den Tabak auswählt und vorbereitet, stopft, Rauch einsaugt, die Pfeife reinigt usw.).

Entscheidend ist nun das leitende Motiv. Es richtet sich nicht in erster Linie auf das Einsaugen von Rauch, sondern vor allem darauf, dem Raucher ein Vergnügen zu bereiten. Dieses konkurriert nicht mit anderen Tätigkeiten bzw. Gesten – z.B. des Schreibens, Sichunterhaltens, der Arbeit. Es begleitet sie. Der Pfeifenraucher taucht diese „in die spezifische Stimmung des Pfeifenrauchens".

Es „freut" die Raucher, „daß sie in Spezialgeschäften zwischen verschiedenen Pfeifenformen und verschiedenen Tabakqualitäten auswählen können, und es freut sie, daß sie besondere Pfeifenformen (zum Beispiel kurze gebogene) und besondere Tabaksorten (zum Beispiel kleingeschnittene bittere) bevorzugen können. Es freut sie, daß sie sich eine Pfeifensammlung anlegen können und daß sie darin zwischen täglich benutzbaren und für feierliche Augenblicke geeigneten Pfeifen unterscheiden können. Die Liste dieser Freuden, die alle ‚klein' sind, kann lange fortgesetzt werden, und diese Länge erklärt, warum, trotz der ‚Kleinheit' der Freuden, für manche Menschen das Pfeifenrauchen eines jener Vergnügen im Leben ist, auf das sie ungern verzichten würden" (FLUSSER 1997, 171f.). Das Pfeifenrauchen ist eine Geste, „in der man sich

„auslebt'" und sich selbst „gleichsam von außen" erkennen kann (FLUSSER 1997, 172f.).

Wie bei den anderen Gruppen zeigen sich auch bei den rituellen Gesten erhebliche Varianzen und Annäherungen an andere Typen. So lässt sich z.b. beim Maskenschnitzen und beim Trommeln eine Verbindung zu Arbeitsgesten bzw. zu kommunikativen Gesten herstellen. Bei beiden Gesten werden Zwecke verfolgt, die außerhalb ihrer selbst liegen. Aber die rituellen Bezüge bleiben trotz dieses Unterschieds bei beiden bestehen, weil sie wie das Pfeifenrauchen ästhetische Gesten sind, bei denen es „vor allem auf den Stil, also aufs ‚Ausleben' ankommt" (FLUSSER 1997, 178).

- Die vierte Gruppe bilden die so genannten „**interessefreien Gesten**", die sich nach FLUSSER „an nichts richten" (1997, 224). Sie unterscheiden sich von den „rituellen Gesten" offensichtlich in ihrem größeren Gestaltungsspielraum. Rituelle Gesten sind in ihrer Struktur mehr oder weniger eng ausgelegt, stabiler, klarer zu identifizieren und „zirkulär" in ihrem Verlauf. Die „interessefreien" Gesten sind demgegenüber offen.

Mit diesen Bestimmungen ist das Bedeutungsgebiet „interessefreier" Gesten freilich erst vage abgesteckt. Wir können zunächst nur feststellen, das sich die Gesten dieses Gebiets wegen ihrer Offenheit von den anderen Gesten unterscheiden. Sie sind ungerichtet, während sich alle anderen auf etwas richten, sei es auf andere Menschen, Werke oder auf sich selbst. Während diese Gesten auf einer strukturellen Grundlage beruhen, sind „interessefreie" Gesten strukturell nicht festgelegt.

Unsere zweite Überlegung gilt der bereits festgestellten Tatsache, dass Gesten als „symbolische Bewegungen" immer auf etwas Bezug nehmen müssen. Dieses betrifft auch „interessefreie" Gesten. Hier eröffnet sich scheinbar ein Widerspruch zur ersten Überlegung. Wie ist dieser Widerspruch aufzulösen?

Wir wollen dieser Frage auf dem Wege über einige Beispiele nachgehen, die aus Beobachtungen von Spielen stammen. Die Beispiele legen nahe, „interessefreie" Gesten als eine Domäne des Spiels zu verstehen.

3.2 Gesten des Spiels

Bauen

In ihrem Buch „Psychomotorische Elementarerziehung" zeigen KIPHARD/LEGER auch kleine Kinder, die mit Schaumstoffquadern spielen (^{3}1986, 17). Auf vier Fotos erkennen wir, wie sie einzelne oder auch mehrere Quader mit den Händen greifen, festhalten, transportieren, sie absetzen, in eine entstehende Wand einfügen, sie abstützen und ausrichten. Andere Quader liegen in unmittelbarer Nähe, noch ungeordnet, und bilden einen Vorrat.

Unzweifelhaft zeigen alle fotografierten Bewegungen die Physiognomie der Geste des Bauens: die typischen Bewegungen der Hände, ansatzweise typische Phasen des Bauens und ein entstehendes Werk. Eine genauere Betrachtung der Bilder enthüllt allerdings auch dieses: Die *Bausteine* reichen nicht aus, um das *Werk* zu vollenden, wenn es etwa eine Mauer aus mehreren Schichten, ein Haus aus mehreren Wänden oder irgendein anderes geschlossenes Bauwerk werden soll. Die Bausteine sind zudem instabil, nicht gleichförmig, ungleich groß und können nicht fest verbunden werden. Offensichtlich bauen die Kinder auch nicht nach einem Plan, der zu einem Bauwerk hinführen könnte, sondern einzelne Steine zusammen, von denen nicht mehr als drei nebeneinander und zwei aufeinander gestellt werden können, dann wieder auseinander fallen und neu ergriffen bzw. ausgerichtet werden müssen. Der Mimik entnehmen wir, dass die Kinder mit ihren Tätigkeiten zufrieden sind und mit Freude *ans Werk* gehen.[2]

Dieses Spiel enthält offensichtlich eine Arbeitsgeste, wie wir sie in der zweiten Gruppe beschrieben haben. Dennoch ist sie „interessefrei", weil der Bauzweck – aus verschiedenen Gründen – weit in den Hintergrund rückt. Im Vordergrund steht die Bautätigkeit selbst. Die Kinder spielen *Bauen*. Genauer: Sie spielen die Arbeitsgeste *Bauen* und sie spielen *Baumeister*, „... vor allem, wenn die Backsteine aus Schaumstoff sind", so die treffende Bildunterschrift. Wir können ergänzen, dass die Spielgeste des Bauens wohl gerade deswegen so intensiv verwirklicht wird, weil die Bausteine nicht aus echten Backsteinen bestehen.

---

[2] Einzelheiten zu Bauspielen s. Kapitel 6.

(Mit) Marionetten spielen

Ein Spieler steht oben auf einer Sprossenleiter und beugt sich über die letzte Sprosse nach vorn. Ein anderer steht – in sich zusammengesunken – unten vor der Sprossenleiter. Der obere Spieler hält drei schwache Wollfäden in den Händen, die mit den Schultern, Ellbogen und Handgelenken des unteren Spielers verbunden sind. Dieser Spieler schaut nach vorn, ins Leere. Der obere Spieler zieht an den Fäden. Zuerst reißt hin und wieder ein Faden, der neu geknüpft werden muss. Manchmal bewegt sich der untere Spieler, ohne dass er an der Schulter, am Ellbogen oder am Handgelenk gezogen wird. Bald aber spürt er den leichten Zug der Fäden. Er richtet sich auf, bewegt die Arme, die Hände. Er ist eine Marionette. Der andere spielt mit einer Marionette.

Wenn der obere Spieler einen Faden zieht, bewegt sich der Faden. Wenn der untere Spieler z.B. den Arm hebt, bewegt sich ein Körperteil. Was geschieht, wenn der obere Spieler am Faden zieht und zugleich Bewegung in die Marionette kommt? – Was heißt das: Der Spieler unten lässt die Illusion einer Marionettenbewegung entstehen?

Wir wollen das am Beispiel der Armbewegung der Marionette verdeutlichen. Der Spieler imitiert diese Bewegung, indem er den Eindruck erweckt, der Arm werde gezogen, indem er also sein Armheben in eine scheinbar passive Bewegung verwandelt. – Diese Illusion gelingt in unserem Beispiel aber nur, wenn auch der Mitspieler an der Täuschung mitwirkt. Er muss den Zug an den Fäden im dosierten Kraftaufwand und im präzisen zeitlichen Ablauf auf den Zweck abstimmen. Er muss so an den Fäden ziehen, dass es erscheint, der Arm würde von ihm mittels der Fäden gezogen, als sei er es, der den Arm der Marionette hebt. Faktisch handelt es sich bei ihm allerdings nur um das Anheben des eigenen Arms, ohne jede Funktion des Ziehens.

Im gemeinsamen Spiel geschieht also Folgendes: Der untere Spieler verändert eine faktische Hebebewegung in eine gezogene. Der obere Spieler verändert eine faktisch hebende Bewegung in eine ziehende. Die Fäden sind im Prinzip sogar überflüssig, weil die Zuschauer ohne sie die Verbindung der beiden Spieler erkennen, sofern sie genau hergestellt wird. – Was geschähe, wenn der untere Spieler mit stärkeren Bändern tatsächlich gezogen würde? In diesem Falle würde er sicher kaum aussehen wie eine gezogene Marionette, sondern wie ein gezogener Mensch. Die Täuschung könnte nicht zu Stande kommen.

Dieses Spiel wird im Wesentlichen von kommunikativen Gesten getragen. Sie konstituieren ein gemeinsames Spiel von zwei Personen. Diese kommunizieren mittels Bewegungen, die – funktionell gesehen – Hebebewegungen sind. Allerdings verwandeln sich diese Bewegungen in Spielbewegungen, bei denen es auf die gesendeten Botschaften ankommt: Die Bewegung des Fadens signalisiert dem vermeintlich gezogenen Mitspieler, wann die Hebebewegung seines Arms beginnen und mit welcher Dynamik sie gestaltet werden soll. Die gemeinsame Gesamtbewegung aus zwei Hebebewegungen gelingt, wenn sich die Hebebewegungen wie beschrieben verwandeln. Diese vorgetäuschten Bewegungen enthalten eine zweite Botschaft, die sich an die Zuschauer richtet: Zwei Spieler spielen Marionettenspieler und Marionette.

Spielkämpfe I (SLUCKIN 1981)
In einer Untersuchung über das Spiel von Kindern auf Schulspielplätzen in Oxford befasst sich SLUCKIN auch mit der Frage: Wie schwierig ist es für Kinder, zwischen ernsten Kämpfen und Alsob-Kämpfen (pretend fighting) zu unterscheiden (40)? Zunächst stellt er fest, dass 3-5-jährige Kinder hier keine Probleme haben, weil in den beiden Bereichen jeweils andere Aktivitäten stattfinden – Aktivitäten eines eher sanfteren Typs in dem einen und eher aggressive in dem anderen Bereich. Auch Vorschulkinder trennen diese Bereiche noch klar voneinander, indem sie nämlich ihre Absichten kundtun und Fantasie- bzw. Nichtfantasiespiele kennzeichnen. Anders sieht es bei 12-Jährigen aus, weil sich bei ihnen die Aktivitäten in beiden Bereichen ähneln. Daher kann es schneller geschehen, dass sie umschlagen, weil ihre Interpretation, ihre Zuordnung labil ist. SLUCKIN stößt gelegentlich auf Situationen, in denen Kinder diese Abgrenzung nicht durchhalten und falsch auf „rough and tumble (pretend) and real aggression" reagieren.

SLUCKIN befragt auch Lehrer und Lehrerinnen, die die Kinder gut kennen und mit ihren Spielen vertraut sind. Sie antworten:

„Boys do enjoy pretend fighting, but very easily it can go over the edge to real fighting. It's part of playing and it looks as if nobody's getting hurt and then somebody comes yowling and obviously looks upset and then at that point you have to admit it's become real fighting." „Sometimes they have their little games and it would appear that they're fighting and I go up and say 'What's happening here?', and they say, 'Oh, it's only play, we're not fighting'. And you just keep your eyes open to make sure it's playing, and invariably it is" (SLUCKIN 1981, 41).

Offensichtlich haben Kinder wie zuschauende Erwachsene gewisse Schwierigkeiten mit dem Problem, die Erwachsenen aber noch mehr als die Kinder. So war z. B. eine Lehrerin
„so concerned about the possibility of pretend turning into real fighting, that she was unwilling to accept any 'horseplay' at all at playtime" (SLUCKIN 1981, 41).
Eine Erklärung der Schwierigkeiten findet sich bei SLUCKIN leider nicht, nur Hinweise auf Vermeidungsstrategien. So müssen Situationen und Aktionen aufgeklärt und transparent werden. Es müssen Strategien entwickelt werden, wie sich Spieler zu verantworten haben. Und es müssen Schlüsselworte verabredet werden, die eine Situation abrupt beenden. SLUCKINs Vorschläge zielen also auf die Verbesserung des Spielkontextes ab, der regulative und kommentierende Funktionen wahrnimmt. Wir vermissen jedoch Versuche, auf die Bewegungen selbst näher einzugehen.

Das Beispiel der Spiel- bzw. ErnstKämpfe ist an sich sehr geeignet, die Zerbrechlichkeit des Symbolspiels deutlich zu machen. Typische Bewegungsaktivitäten beim Kämpfen, wie z.B. Tritt, Schlag, Druck oder Zug dürfen im Als-ob-Spiel nicht zu Ende gebracht und nicht so kraftvoll durchgeführt werden, sondern sind erkennbar abzustufen oder gar nur anzudeuten. Denn es reichen manchmal minimale Veränderungen bzw. Fehleinschätzungen und der Schlag trifft, der Druck schmerzt, der Zug schnürt ein. Die Grenze ist unversehens überschritten. D.h., der Rückfall aus der mimetischen Geste in die instrumentell erfolgreiche Bewegung ist schnell geschehen.

Während eine pantomimische Bewegung risikolos bleibt, wenn sie ungenau oder misslungen ist und höchstens nicht verstanden wird, kann die nur in Nuancen missglückte Spielkampfgeste Schmerzen zufügen. Das Beispiel dieser Spiele ist also insofern besonders aufschlussreich, als es die Aufmerksamkeit des Beobachters eigentlich auf die Bewegungen selbst und ihre mimetischen Bedeutungen ziehen müsste. Können Kinder und Zuschauer Spiel- und Spielkampfbewegungen nicht dann besser unterscheiden, wenn sie mehr auf die Einzelheiten in den Bewegungen und Gesten achten?

Das Spielkämpfen ist von ALDIS (1975) gründlich untersucht worden. Kinder können danach erstaunliche Fähigkeiten entwickeln, das Spiel durch Feinheiten und Techniken der Ausführung und durch „self-handicapping" (1975, 187) auch ausgeglichen zu gestalten. Es kommt dann nur selten zu Gewaltsamkeiten. Es geht offensichtlich darum, den Reiz zu verspüren, der sich in der Nähe des Ernstkampfs als Umgang mit der potenziellen Gefahr einstellt, aber eine bestimmte Grenzlinie nicht zu überschreiten. Aus dieser Spannung lebt das Spiel. Wenn sie kontrolliert werden kann, wird es in eine Stimmung von „playfulness" getaucht, in der freundschaftliche Beziehungen erhalten werden und in der viel gelacht wird (ALDIS 1975, 178).

Spielkämpfe II (Kung-Fu oder Karate)
Zwei Jungen, M. (6) und N. (8), kämpfen, wie sie es nennen. N. hat schon des Öfteren bei den Größeren zugeschaut, wie sie bei Kung-Fu oder Karate *kämpfen*. Er beherrscht es aber selbst nicht. M. kennt weder das eine noch das andere. N. zeigt M., wie das geht. M. ahmt einige Bewegungen nach. Es kommt auch zu Kämpfen, die aber nach kurzer Dauer zu einem einfachen Ringkampf geraten. Bei diesem geht es darum, den anderen zu Boden zu bringen. Allerdings wird es dem Beobachter manchmal nicht klar, wer gewinnt. Er erfährt es aber, wenn einer feststellt, dass der Kampf zu Ende ist. Auch bei einem „Aua", das laut gerufen wird, gibt der eine den anderen sofort frei.

Das Beispiel verdeutlicht einige charakteristische Merkmale gelungener Spielkämpfe. Es zeigt die speziellen Etikettierungen der Bewegungen als Kampf- bzw. als gestische Bewegungen und die feinen Unterschiede, die hier gemacht werden müssen. Es vermittelt auch einen Eindruck, wie alle Aktivitäten von einer gelassenen und spielerischen Grundstimmung getragen werden.

Viele Bewegungen der beiden Jungen lassen sich eindeutig nach Kampftätigkeiten und Spielkampftätigkeiten unterscheiden. Kampftätigkeiten sind ersichtlich in erfolgreichen Zweckbewegungen (Ziehen, Drücken, Aus-dem-Gleichgewicht-bringen, Umklammern) sowie in der mimischen Anspannung. Spielkampfbewegungen haben gestischen Charakter. Diese werden nur gezeigt. D.h., es wird auf bestimmte Bewegungsmuster Bezug genommen, wie sie sich als Kung-Fu oder Karate in der Fantasie von N. darstellen. Die Elemente der Bewegungen, die auf die einschlägigen Kampfbewegungen zielen, sind erkennbar.

Bei den gestischen Bewegungen lassen sich verschiedene Typen herausfiltern. So gibt es *exemplifizierende* Bewegungen, ohne dass

3 Die Geste

der Spielpartner unmittelbar eingreift. N. zeigt, wie es gemacht wird. Seine Bewegungen sind relativ genau. Sie haben viele Elemente, die auf Originalbewegungen Bezug nehmen. Die Bewegungen werden von M. nachgemacht.

Schließlich zeigt N. auch *exemplifizierende* Bewegungen, bei denen zwar der demonstrative Charakter im Vordergrund steht. Es handelt sich um Angriffsbewegungen, die vorsichtig und mehr andeutend durchgeführt werden. Aber M. soll diese Bewegungen offensichtlich nicht nachmachen, sondern auf sie entsprechend antworten bzw. zeigen, wie er etwa auf sie antworten müsste. Es geht also darum, den Spielpartner allmählich in das Spiel hineinzuziehen. Dies gelingt auch in Ansätzen. M. reagiert zunächst etwas unsicher, weicht aber nicht aus.

Schließlich sind beide Jungen in den Spielkampf mit aufeinander abgestimmten Bewegungen involviert. Diese haben Anspielungscharakter – bei N. mit vielen Elementen, die auf die aus seiner Sicht richtigen Bewegungen von Kung-Fu oder Karate zielen, bei M. mit einigen Elementen, die er aus den Bewegungen von N. gelernt hat.

Einige Sequenzen zeigen Bewegungen von Ringkämpfen. Aber es handelt sich nicht um einen Ernstkampf. Die lachenden Gesichter sind als „Spielgesichter" (EIBL-EIBESFELDT 1984, 172ff.) zu verstehen und deuten daraufhin, dass die Bewegungen der Gegner gut dosiert und kontrolliert werden (Umklammern ohne Einschnüren, Auf-den-Boden-drücken ohne Gewalt). Der Umklammerte spielt den Umklammerten, wie er am Ende auch den Besiegten spielt. Die Grenze zum Ernstkampf wird nicht überschritten, obwohl auf etliche seiner Elemente Bezug genommen wird.

In einer Situation wird diese Grenze leicht überschritten. Es wird gezogen und es wird, unter Anstrengung, standgehalten. Dennoch kommt es nicht zum Umschlagen des Spiels in Kampf, weil entsprechende Signalwörter eingesetzt werden.

Das Spiel der Jungen enthält zahlreiche kommunikative Gesten. Diese sind auf die andere Person gerichtet und auf ein bestimmtes Verhältnis zwischen ihnen, das geschaffen bzw. aufrechterhalten werden soll. Das Spiel soll Freude bereiten. Es soll nicht einen Sieger und einen Besiegten hervorbringen. Es respektiert die Rolle des Könners und die Rolle des Nichtkönners.

Es enthält ebenfalls etliche Aspekte ritueller Gesten. Die Bewegungen nehmen auf originale Kämpfe und deren Techniken Bezug, die in einer gewissen Bandbreite ausgereizt werden (Stoßen, Ziehen, Schlagen, Aufeinanderliegen). Und es wendet bestimmte Verfahren an, wie die Grenze zum Kampfspiel aufgezeigt wird. Diese Muster haben eine *zirkuläre* Struktur.

In den bisher behandelten Beispielen wurden Bewegungen dargestellt, die einen Bezug zu Gesten haben, die als **Arbeitsgesten**, als **kommunikative** und als **rituelle Gesten** gekennzeichnet sind. Von diesen Gesten her wurden die Spielbewegungen erschlossen. Wir können sie auch als **Spielgesten** im engeren Sinne definieren, weil sie in einer Weise (von den Spielern selbst) markiert werden, die sie klar als *Als-ob-Gesten* zu erkennen gibt. Dabei sind leichte Differenzen zu beachten.

Das Vergnügen des Spielbauens kann entstehen, weil die Spieler gewiss sein können, in einer geschützten Situation zu handeln: Sie müssen kein *Werk* abliefern, das einer strengen Prüfung unterzogen wird.

Das Marionettenspielen lebt vor allem von den beiden Ebenen, auf denen Botschaften ausgetauscht werden: der Ebene, auf der sie gemeinsam agieren, und der Ebene, auf der sie vor einem (vorhandenen oder fiktiven) Publikum spielen.

Das Spielkämpfen findet ebenfalls auf zwei Ebenen statt. Es wird ein Kampf aufgeführt, auf dessen Regeln und Anforderungen die Spieler sehr wohl Bezug nehmen. Und sie spielen zugleich in einem selbstkontrollierten Rahmen, in dem Maßnahmen getroffen werden müssen, den Übertritt zum Ernstkampf zu vermeiden.

Unsere nachfolgenden Beispiele erweitern wir um einige auch emotionale, identitätsstiftende, soziale und kulturelle Aspekte des gestischen Spiels.

Mit dem Gleichgewicht spielen
Gleichgewicht ist für den Menschen immer eine Situation, in der der gesamte Körper – ob liegend, stehend, sitzend, gehend, laufend, im Kopfstand, im Handstand usw. – auf die Erde gezogen wird. Gelingt es ihm, eine stabile Position zu finden, ändert sich daran trotzdem nichts. Gleichgewicht ist immer eine Bewegung – für das Auge nicht

immer sichtbar, wohl aber im Körper zu „spüren" (CHRISTIAN 1963, 31) und als Bewegung biologischer Prozesse zu beschreiben und zu messen.

Gleichgewicht ergibt sich, entsteht und verschwindet, im Widerspiel von Kräften, in der Verteilung von Energie, die der Körper mobilisiert, um es herzustellen, zu erhalten, aufs Spiel zu setzen, um es unter veränderten Bedingungen und Lagen zurückzugewinnen.

Gleichgewicht ist eine zentrale Bedingung für die Entwicklung des Menschen, die in der leiblichen Auseinandersetzung des Menschen mit seiner Umwelt beginnt und sich auch in Dimensionen wie etwa der emotionalen, kognitiven und sozialen Entwicklung zeigt.

Gesten des Gleichgewichtens finden sich in sprachlichen Metaphern, die auf seine überragende Bedeutung für den Menschen hinweisen: *Gleichgewicht haben, Gleichgewicht verlieren, seinen inneren Halt verlieren, aus dem Gleichgewicht geraten, mit beiden Beinen fest auf der Erde stehen* usw.

Derartige Ausdrücke beziehen sich auf körperliche Aspekte und überschreiten sie zugleich: Unsere Positionen, Haltungen und Bewegungen spiegeln sich in dem fortwährenden Bestreben um Balance. Ob in körperlichen, seelischen oder geistigen Prozessen um sie gerungen wird, gleich, auf welchen Ebenen unserer Existenz also, enthalten sie Spielarten des Gleichgewichts, mit denen wir uns als „Leib" den Dimensionen von Raum und Zeit „anheften" können (MERLEAU-PPONTY 1966, 170) und unser Leben am „'roten Faden'" des Gleichgewichts bewältigen und gestalten (HIRTZ/ HOTZ/LUDWIG 2000, 17).

Die Geste des Gleichgewichts erkennen wir auch in allen bisher behandelten Gesten wieder:
- **In Alltags- und Arbeitsgesten**, z.B. bei der Suche nach sicheren Körperpositionen. Das gilt etwa für Obstpflücker und Fensterputzer in luftiger Höhe. Sie werden in ihrem Bemühen um Gleichgewicht durch Gurte und sonstige Absicherungen unterstützt. Aber auch Spreewälder Gurkenpflücker werden trotz ihrer erdverbundenen Arbeit auf besondere Weise unterstützt. Sie liegen bäuchlings auf einer langsam durch die Felder gezogenen Plattform, von der aus sie in die Beete hineingreifen können. Wahrscheinlich wären sie überfordert, ohne solche Unterstützung, also gehend und

sich beugend, effizient zu arbeiten, in dem schwierigen Gelände das Gleichgewicht zu halten und dabei keine Pflanzen und versteckte Früchte zu zertreten.
- Wir erkennen die Geste des Gleichgewichts auch in **kommunikativen Gesten** wieder. Hier spielen z.B. Körperverlagerungen bzw. Verlagerungen des Körperschwerpunkts oft eine große Rolle. So erfordert die Zuwendung zu einem Gesprächspartner immer auch Zu-Neigung. In ihr erkennt man die Bereitschaft, ein bestimmtes Maß an Sicherheit aufzugeben, um sich dem Partner zuzuwenden. Gleichgewicht stellt sich in solchen Gesten her, indem es als ein Gemeinsames geformt wird.
- Auch in **rituellen Gesten**, sei es in profanen Gesten wie etwa dem Pfeiferauchen oder in religiösen Gesten wie etwa bei Liturgien, ist das souveräne Erhalten des Gleichgewichts nicht ein auf den Körper begrenzter Prozess, sondern mit dem Eintauchen in eine umfassende Situation verbunden. Diese erfordert die Balance von Körperhaltungen und -bewegungen, aber zugleich auch von Stimmungen, Gewohnheiten und Motiven.

Die gleichen Überlegungen treffen für Tätigkeiten in Bewegungsspielen zu. Als „interessefreie" Geste im Sinne FLUSSERs erkennen wir die Geste des Gleichgewichts hier aber erst an ihrer Verselbstständigung. Sie vollzieht sich in Situationen, in denen sie selbst zum Gegenstand des Spiels wird. Wir finden sie z.B.:
- im spontanen Balancieren und Hüpfen kleiner Kinder.
- in Spielen der Jugend, wie z.B. beim Skaten.
- in den Zirkuskünsten, wie z.B. beim Seiltanzen.
- in der Clownerie, wie z.B. beim Spiel mit dem Stolpern und Fallen
- und in verschiedenen Tanzformen.

Die Geste beruht auf einer eigenen Spielidee, die anderen Tätigkeiten nicht untergeordnet ist. Wichtigstes Merkmal der Spielidee ist es, den Körper in eine Lage zu versetzen, in der sein Gleichgewicht höchst unsicher und bedroht ist und durch intensives Handeln erhalten werden muss. Dieses kann auf sehr unterschiedliche Weise bewirkt werden.

Im *Kinderspiel* z.B. geschieht es, indem der Kontakt zwischen Körper und Boden extrem erschwert wird (etwa durch zwischengeschaltete

Geräte, die zum Boden hin beweglich sind und auf kleinste Gewichtsverlagerungen reagieren, wie Halbscheiben, Balancekreisel oder Rollgeräte). Gleichgewicht lässt sich hier kaum als Standgleichgewicht erreichen, sondern nur in abgestimmten, geringen oder auch ausgreifenden Bewegungen des Drehens, Neigens, des Hin und Her und des Kreisens.

Bei *jugendlichen Skatern* wurde beobachtet,
„daß sie sich phasenweise völlig auf das eigene Tun zentrieren und sich – nahezu mit ihrem Board oder den Skates verwachsend – nur mit einer noch nicht ganz beherrschten Figur beschäftigen" (SCHWIER 1998, 54).

Inlineskater modulieren das Thema Gleichgewicht mit verschiedenen Tricks, die es ihnen erlauben, auf Mauervorsprünge, Betonborde und abschüssige Geländer zu springen, darauf zu hüpfen, sich zu drehen, zu rollen und zu gleiten. Zugleich ist dieses Bewegen und Spielen mit dem Gleichgewicht in soziale Handlungsmuster und Interaktionen eingebettet, in denen die Jugendlichen sich „sozial beachten, anerkennen und zum Teil sogar bewundern", ferner in einen sprachlichen Code, in Kleidungsvorstellungen und -vorschriften, in bestimmte Körper- und Bewegungsbilder, in eine Suche nach Selbsterfahrungen und Glückserlebnissen (SCHWIER 1998, 54ff.).

Die Geste des Gleichgewichts verbindet sich hier mit schnellem Fortbewegen, bewunderungsheischenden Bewegungskunststücken und wagemutiger Wege- und Raumnutzung. Sie bildet den Kern der Kommunikation und das zentrale Symbol eines jugendlichen Lebensgefühls, in dem sich Abgrenzung, Selbstbestimmung und Gruppenzugehörigkeit entwickeln, immer neu herausgefordert und gesichert werden. SCHWIER nennt die Spiele dieser Jugendlichen „Spiele des Körpers".

Zwei andere aufschlussreiche Beispiele für das „Gleichgewicht in Aktion" und seine gestische Bedeutung liefert BARBA (o. J., 81ff.). Die Bewegung tritt hier als Geste der Selbstrepräsentation in Erscheinung, allerdings in einer für uns ungewöhnlichen Variation.
Japanische Schauspieler setzen in bestimmten Situationen eine Technik ein, die Hüften während des Gehens zu blockieren, die Knie etwas zu beugen und dann in der Bewegung „die Wirbelsäule in Anspruch zu nehmen, die nach unten drückt". So werden oben und unten neue Spannungen geschaffen, die auch „einen neuen

Gleichgewichtspunkt erforderlich machen" (BARBA o. J., 82). Diese deutliche Veränderung des Gleichgewichts kann als eine „Deformation der Alltagstechnik des Gehens, des Sichbewegens im Raum und der Art und Weise, wie der Körper unbeweglich gehalten wird", zur Schau gestellt werden – und zwar mit dem Ziel, ein „anhaltend labiles Gleichgewicht" zu demonstrieren. Indem der Schauspieler „das ‚natürliche' Gleichgewicht verwirft", bewegt er sich „mit einem 'Luxus-Gleichgewicht' im Raum: komplex, scheinbar überflüssig und mit exzessiver Energie bezahlt" (BARBA o. J., 83).

Warum wird dieser scheinbar so komplizierte Weg, das Gleichgewicht aufs Spiel zu setzen, gewählt?[3] BARBA sieht dahinter die Absicht des japanischen Darstellers, eine bestimmte Form der Selbstdarstellung zu realisieren, sein Selbst zu repräsentieren. Indem er weder seine Anwesenheit in einer bestimmten Rolle des Stücks zum Ausdruck bringt noch einfach die Rückkehr seiner Person zur „alltäglichen Identität" verkörpert, verweist er auf seine Fähigkeit, „Abwesenheit zu repräsentieren" (BARBA o. J., 81), etwas nicht zum Ausdruck zu bringen, was das Stück erfordert, ohne selbst in seine alltägliche Situation zurückzukehren – also ein Drittes, zwischen der Gegenwart der Aufführung und der Alltagswirklichkeit. Damit verweist er in einer bewegungstechnisch anspruchsvollen Weise auf sich selbst zurück.

Ähnlich interpretiert BARBA auch die Absichten jenes Pantomimen,
„der zwischen Marceaus Nummern für ein paar Sekunden allein auf der Bühne erscheint und ein Schild mit dem Titel des nächsten Stücks hochhebt.

Pierre Verry, der Mann, dessen Aufgabe es ist, Marceaus nächste Nummer anzuzeigen, beschrieb, wie er versuchte, in der kurzen Zeit, in der er auf der Bühne war, ein Maximum an Bühnenexistenz herauszuholen, ohne daß er etwas tun mußte – was er ja auch nicht durfte. Um in den wenigen Sekunden auf der Bühne dieses Ziel zu erreichen, konzentrierte er sich darauf, ein ‚prekäres Gleichgewicht' zu finden. Dadurch verwandelte sich seine statische Haltung in eine dynamische Unbeweglichkeit. Verry mußte sich auf das Wesentliche beschränken, und er fand dieses Wesentliche in der Veränderung des Gleichgewichts" (BARBA o. J., 83f.).

Die Geste des Gleichgewichts findet sich in vielfältiger Form ebenfalls in Bewegungsspielen, die als *Gemeinschafts- oder Regelspiele*

---

[3] Vgl. ausführlich BARBA 1985, 125ff.

3 Die Geste

bestimmt werden. So geht es etwa in Verfolgungs- und Abschlagspielen nicht nur um Schnelligkeit, sondern auch um das Einnehmen von Körperhaltungen, aus denen heraus spontan und sehr schnell Angriffs- oder rettende Ausweichbewegungen eingeleitet werden können. Je erfolgreicher solche Haltungen eingenommen werden, je schneller also solche Änderungen erfolgen, desto näher können sich die Spieler gegenübertreten und die Spannung der Auseinandersetzung erhöhen.

In indonesischen Bewegungsspielen haben wir derartige Fähigkeiten besonders ausgeprägt vorgefunden, nämlich Nähe herzustellen und trotzdem in der Enge Distanz zu wahren. Es handelt sich um eine gerade in asiatischen Kämpfen und Spielen gepflegte Form, spannungsreiche Bewegungen und Auseinandersetzungen auf engstem Raum zu erzeugen. Dieses ist immer auch mit der Fähigkeit verbunden, das Gleichgewicht nicht nur zu kontrollieren, sondern es flüssig und gekonnt zu manipulieren, es als wichtigen Spielfaktor einzusetzen. Mit diesen Gleichgewichtshandlungen erzielen die Spieler eine hoch entwickelte Balance der Spielrisiken: zu entkommen oder abgeschlagen zu werden, anzugreifen oder selbst angegriffen zu werden, wenn die Balance nicht mehr gelingt (JOST 1990, 188f.).

Ist ein Spiel an diesem Punkt angekommen, gehen die Spieler noch einen Schritt weiter und demonstrieren ihre Fähigkeit nicht mehr nur in Bewegungs- und Körperhandlungen, sondern auch in Gesten ihrer emotionalen Übereinstimmung und sozialen Verbundenheit in der Gesamtgruppe. Die gegnerischen Spieler stehen sich nun so nahe gegenüber, dass sie ohne weiteres abschlagen oder abgeschlagen werden könnten. Aber sie wechseln die Kommunikationsebenen. Sie lachen sich an, necken sich und spielen symbolisch das Gelingen ihres Spiels aus. Die erreichte Risikobalance der entgegengerichteten Bewegungen und Haltungen wird so in einer neuen Form präsentiert, als Geste der Freude und Beherrschung des gemeinsamen Spiels. Wer in dieser Situation die Gelegenheit ergriffe, den Erfolg durch einen Abschlag herbeizuführen, würde als Spielverderber abgestraft werden.

Dieser Ebenenwechsel ist nur kulturell erklärbar. Indonesische Akteure in traditionellen Spielen suchen die Gruppenbindung, das gemeinsame Erleben ihres Gelingens. In diesem Rahmen definiert der

Einzelne seine Identität. Er ist jemand, der zum Erfolg der Gruppe beitragen kann, der nicht aus Konkurrenzbestreben, sondern aus Bindungsabsichten handelt und dieses auch in den gemeinsamen Ritualen bestätigt sehen will.

Die erreichte Balance der Bewegungen und Haltungen aller Spieler ist das zentrale Symbol des gelingenden gemeinsamen Spiels. Die daran angeschlossene überhöhende rituelle Geste der Freude bestätigt es.

Resümee. Unsere Beispiele zeigen, wie „interessefreie Gesten" entstehen:
- etwa im Spiel mit Arbeitsgesten, als kommunikative Gesten durch Verwandlung von Funktionsbewegungen, im Spiel mit Ritualen des Kampfs und im Spiel mit dem Gleichgewicht. „Interessefrei" sind diese Gesten, weil sie selbst nicht vollends in den Rahmen eintreten, den sie repräsentieren, sondern einer „internen Ordnung des Spiels" unterworfen werden, die ihrerseits ein „mimetisches Verhältnis" zur „sozialen Ordnung der Gesellschaft" aufrechterhält (GEBAUER/ WULF 1998b, 192). „Interessefreie Gesten" sind also nicht einfach nur aus ihrem ursprünglichen Bezugsrahmen herausgefallene und nun isolierte Bewegungen. Sie sind vielmehr Mittel und Ausdruck zugleich, wie sich in der „Ordnung des Spiels" das „mimetische Verhältnis" zum anderen Rahmen ausformt.

Wie zeigt sich das in den gewählten Beispielen?
- Im Bauspiel ist das Spiel eine Arbeitswelt mit untypischen Merkmalen.

Nicht die Konstruktionen, Werke und verwertbaren Produkte zählen, sondern nur die Vorgänge selbst. Das Spiel mit der Welt der Arbeit betont das Können, aber nicht die im Resultat gespiegelte Perfektion.
- Angesichts der Körperkommunikation des Marionettenspiels kommt vielleicht die Frage auf, ob die „Ordnung des Spiels" nicht einen tieferen Sinn enthält, wie Menschen mit ihren eigenen Geschöpfen verbunden sein können. Im Spiel jedenfalls ist es die Puppe, die den Spieler führt.
- Wenn Spieler *Kämpfen* spielen, nimmt das Spiel auf zwei andere Kontexte Bezug, und zwar auf Wettkämpfe, die ihrerseits auf reale gesellschaftliche Modelle agonaler Auseinandersetzungen zwischen

Personen bezogen sind. Die Spielvorgänge zeigen eine Variante, die weder in dem einen noch in dem anderen Bereich vorkommt: die Geste, das Ritual zu vollziehen, ohne dass ein Interesse an dem Erfolg besteht, den die Kampfbewegung erreichen soll.
- Im Kinderspiel mit dem Gleichgewicht bewältigen Kinder nicht nur die alltäglichen Beanspruchungen des Körpers. Vielmehr stellen sie sich selbst erzeugten zusätzlichen Schwierigkeiten. Die Welt des Spiels besteht hier aus kippligen, wackligen und unsicheren Objekten, also in der Überhöhung einer fundamentalen Herausforderung, nämlich auf den Beinen zu bleiben und die Übersicht zu behalten.
- In den letzten Beispielen formt sich das Spiel zu einer Welt der Stücke und Dramatisierungen.

Alle Beispiele liefern Interpretationen physisch-materieller, sozialer und kultureller Umgebungen und von Identität. Sie arbeiten bestimmte Aspekte der einen oder der anderen Richtung heraus. Tatsächlich sind diese Aspekte in den Spielen miteinander verwoben.

In den Spielen mit Gesten anderer Lebensbereiche findet die körperliche Auseinandersetzung zugleich als Auseinandersetzung mit sozialen und kulturellen Tätigkeiten und Formen statt. Der *Als-ob-Charakter* der Bewegungen macht dies deutlich.

Erst recht sind die Handlungen der anderen Spiele an solche Kontexte geheftet. So spiegelt sich im indonesischen Spiel mit den risiko-balancierenden Bewegungen aller Gruppenmitglieder und in der Demonstration der emotionalen Balance, die in einem eigenen emotionalen Ritual vorgezeigt wird, die umfassendere Vorstellung einer gruppenorientierten Identität.

Und selbst noch der in der Ankündigungsrolle agierende Pantomime in BARBAs Beispiel gestaltet seine scheinbar unbedeutende Aufgabe in einer Art und Weise, die über die auffällig dargebotenen Gleichgewichtsbewegungen als solche hinausweist. Über die Demonstration von „Abwesenheit" sucht er nicht den Ausschluss aus dem künstlerischen Geschehen, sondern das Gegenteil, nämlich „Anwesenheit" zu verwirklichen – wenn auch auf scheinbar absonderliche Weise. Aber nun gehört er zu diesem Ereignis, ist Teil von ihm und erhält so seine Identität.

Körperliche Aktivitäten, soziale Interaktionen und kulturelle Bezugnahmen sind in den „interessefreien Gesten" des Spiels eng miteinander verbunden und spiegeln sich in vielfältigen Formen. Das Geheimnis der „interessefreien Geste" liegt in der Methode, auch mit dem Rahmen zu spielen, in dem sie sich zeigen.

4 Der Raum

Wir gehen zunächst auf eine Position ein, die eine nachhaltige Wirkung auf die Tanzpädagogik entfaltet hat. Sie ist von VON LABAN und HASELBACH entwickelt bzw. fortgeführt worden.

Stellen wir uns vor, wie ein Pferd oder ein Hirsch – dieses Beispiel führt VON LABAN (^{2}1996) an – „wunderschön in die Luft springen" und wie die Tiere ihren Körper dabei „angespannt und konzentriert" zum Einsatz bringen. Den Tieren ist es auferlegt, sich auf diese oder eine bestimmte andere Weise im Raum zu bewegen. Demgegenüber ist es aber dem Menschen gegeben, „wenn er will", zu „springen wie ein Hirsch oder wie eine Katze" (VON LABAN ^{2}1996, 19).

Das Besondere liegt in der Fähigkeit des Menschen, einer „bewußten inneren Einstellung zu den Bewegungsfaktoren Schwerkraft, Raum, Zeit und Fluß" (VON LABAN ^{2}1996, 19) zu folgen und sich dabei für bestimmte „Antriebselemente" zu entscheiden, sie willentlich zu kontrollieren und sie zu steuern. Diese Elemente bestehen immer aus zwei Komponenten. Eine ist „nach außen wirksam und objektiv meßbar, die andere persönlich und klassifizierbar" (VON LABAN ^{2}1996, 80).

Am Beispiel der imitierten Tierbewegungen hieße das: Wir können die bogenförmige Bewegung objektiv erfassen (etwa Weite und Höhe), aber auch erspüren, welche Eleganz, Kraft und Schönheit ihr zukommt. Die Verbindung zwischen äußeren Aspekten der Raumausbreitung einer Bewegung und dem Motiv des sich Bewegenden bzw. seiner Bewegungsempfindung muss nach VON LABAN als eine geregelte Wechselwirkung aufgefasst werden. So deklariert er z.B. folgende Verbindung als gegeben:

„Das Antriebselement ‚direkt' besteht richtungsweise aus einer geraden Linie und aus der Bewegungsempfindung von fadenartiger Raumausbreitung oder einem Gefühl der Enge" (^{2}1996, 80).

Ganz ähnlich argumentiert HASELBACH (1976):

„Jede Bewegung führt in eine bestimmte Richtung, zeichnet einen Raumweg und findet in verschiedenen Flächen oder auf unterschiedlichen Ebenen statt. Dieselben räumlichen Gesetzmäßigkeiten prägen auch die menschliche Bewegung. Der Mensch kann jedoch eine bewußte Verwendung des Raumes hinzufügen, die zu einer beabsichtigten Verbindung von Ausdruck, Bewegung, Form und Raum führt" (52).

Aus der Korrespondenz von Raumgesetzlichkeiten des Bewegens und der Einstellung des sich Bewegenden ergeben sich konsequent die Themenbereiche der pädagogischen Arbeit: *geradlinig – kurvig, Richtungen, Raumebenen, Körperebenen* usw.

Der Vorteil solcher Gliederungen für das pädagogische Vorgehen liegt in der Stringenz und Klarheit, in der Raumerfahrungen systematisch erzeugt und bearbeitet werden können. Problematisch erscheint diese Raumauffassung, wenn Raum und Subjekt gleichsam als sich gegenüberstehend aufgefasst werden und eine regelhafte Beziehung eingehen sollen, in der Rationalität und Empfindung zu einer Einheit verschmolzen werden.

Wir wenden uns nun einer Position zu, die Raum vor allem als Gegenstand von offenen Erfahrungen und Deutungen auffasst. Fragen nach *Gesetzen, Strukturen* und *Formen* werden zurückgestellt. Im Vordergrund steht das Interesse, wie das Subjekt in der Auseinandersetzung mit seiner Wirklichkeit Raum erfährt und auch erschafft. Es knüpft immer an bestehende Räume an, in denen es lebt, die es erlebt, in denen es handelt und sich orientiert. Im Sinne von GEBAUER/WULF sprechen wir auch hier von einer „vorgängigen" Welt, die immer schon interpretiert ist und in der sich das Subjekt wie selbstverständlich bewegt. Der *vorgängige* Raum ist der gesicherte Raum unserer Alltagswirklichkeit.

Demgegenüber steht der *mimetische* Raum. Unser Interesse richtet sich nicht auf die gegebenen Räume, um sie als das zu erschließen, was sie für uns schon immer waren und bedeuten. Vielmehr unterwerfen wir sie einer neuen Wahrnehmung und Interpretation. So kennen wir etwa die Straße als einen Raum, der als Verkehrsweg mit bestimmten Verhaltensvorschriften in Verbindung gebracht wird. Ein *mimetischer* Raum entsteht durch eine neue Interpretation. Sie geht in diesem Fall von der gegebenen Deutung aus, schafft aber eine veränderte Wirklichkeit. Beispielsweise können wir uns von dem Gedanken leiten lassen, die Straße als einen Schauplatz gefährlicher, potenziell mörderischer Begegnungen zu zeigen und sie im Symbolspiel mit geeigneten szenischen und schauspielerischen Mitteln zu re-inszenieren.

Wie wir schon oben dargelegt haben, verstehen GEBAUER/WULF „Mimesis" als eine Konstruktion neuer Wirklichkeit. Sie bedeutet nicht das Erschaffen einer fiktiven Welt aus den Erfahrungen der Realität. Vielmehr weisen die Autoren ausdrücklich darauf hin, dass es hier nicht um Wiederholung von Wirklichkeit geht, sondern um Neuinterpretation eines bereits Interpretierten, nicht um Nachschaffen und Imitation, sondern um eine neue Version von Realität aus einem anderen Blickwinkel.

Um beim Beispiel zu bleiben: *Straße* erscheint in diesem Zusammenhang zwischen *vorgängigem* Raum und *mimetisch* erzeugtem Raum nicht als die bekannte materiale Realität, etwa als schmales, richtungsbestimmtes, seitlich abgegrenztes Asphaltband, sondern als ein sozialer und wirtschaftlich definierter Raum menschlichen Tuns und menschlicher Zwecke. In der *Mimesis* kann diese Realität sozusagen zum paradigmatischen Ort menschlicher Dramen und menschlichen Scheiterns werden. Statt Entfernungen schnell zu überwinden, statt bequemer Mobilität, effektiven Transports und Austauschens wird der *Straßenraum* nun im anderen Extrem erlebt: als Stau, Gefangensein, Risiko, Verletzung und Tod. Eine solche dramatische Interpretation dieses Orts kann neue Einstellungen prägen.

Es ist bereits verschiedentlich dargestellt worden, wie sich die Deutung von *Straße* im Laufe der Zeit verändert hat, auch für Kinder. Diese erfahren z.B. täglich, wie sich ein ehemals attraktiver, ausgelebter Spielraum zur unüberwindbaren Barriere und Grenze für Spieltätigkeiten entwickeln kann.

In Anlehnung an GEBAUER/WULF verstehen wir *mimetische* Räume des Symbolspiels als Räume, die geschaffen werden, um sie „so zu zeigen, daß sie als ... bestimmte gesehen" und erlebt werden (1998a, 433).

Was bedeutet das im konkreten Fall einer pädagogischen Situation? Als Beispiel führen wir hier einen Versuch von BANNMÜLLER an, „die Hauptstraße und ihre Eigenheiten" zu thematisieren (1979, 98ff.). Sie beschreibt, wie das „Bild ‚Hauptstraße'" durch verschiedene Reize „akzentuiert" wird und welche „Grundsituationen" (Raum, Zeit, Dinge) sich ergeben. Dieses wird nun im Einzelnen ausgearbeitet. Die Spieler sollen Situationen beobachten und schließlich typisches Verhalten von Benutzern darstellen. Dabei gibt es eine Steigerung und Vertiefung von „Etüden" bis hin zum szenischen Spiel.

Das Beispiel steht für eine bestimmte Interpretation des Raums *Straße*. Sie ist Rahmen und Bühne für typische Tätigkeiten und Ereignisse, die im Wesentlichen immer gleich ablaufen. Sie ist ein Raum der Geschäftigkeit und kurzen Begegnungen von Menschen, die in ihren Rollen, als Typen und als Träger charakteristischer, wiederkehrender Bewegungsabläufe, aber auch als Handelnde, die spontanen Einfällen folgen, gesehen werden.

Der Straßenraum wird bei BANNMÜLLER einerseits aus der Vogelperspektive erschlossen, die das Zusammenwirken vieler kleiner Ereignisse und die Verwobenheit des Einzelnen in diese Ereignisse deutlich macht. In sorgfältig geplanten Schritten arbeitet sie diese Perspektive aus. Und andererseits wird dafür gesorgt, dass auch individuelle Entfaltungsmöglichkeiten – z.B. von spielenden Kindern – entdeckt werden.

BANNMÜLLER hat das Thema für Grundschüler angemessen ausgelegt. Diese können an eigene Erfahrungen mit Straße und auf Straßen anknüpfen, müssen diesen engeren Horizont aber auch überschreiten, indem sie sie als bedeutsame Orte sozialer Ereignisse rekonstruieren.

4.1 Der Raum als Bewegungsspielraum

In systematischen Spielbeobachtungen werden räumliche Aspekte meist in Form alltagssprachlicher Beschreibungen wiedergegeben: wo das Spiel stattfindet, welche Orte gewählt werden, auf welchen Wegen und in welchen Grenzen es sich bewegt, welche Objekte einbezogen werden, wie der Raum ausgestattet ist bzw. welche Dinge sich in ihm anfinden usw. Bei Beobachtungen in speziellen Räumen, wie z.B. Spielplätzen, werden auch fachsprachliche Ausdrücke gebraucht, wie z.B. *Klettergerüst*, *Sitzschaukel*.

Bevorzugt wird also eine allgemein verständliche, wirklichkeitsnahe und topografische Form der Darstellung, die bei den beobachteten gegebenen Verhältnissen ansetzt. Diese gegebenen Verhältnisse eröffnen Spielräume für das Bewegen. Sie können sich sowohl auf Ortsveränderungen von Individuen und Gruppen beziehen, als auch auf physische und soziale Entwicklungen, die mit diesen

Veränderungen einhergehen. KRUSE/GRAUMANN haben diesen Raum im Anschluss an LEWIN als „Bewegungsspielraum" bezeichnet (KRUSE/GRAUMANN 1978, 192, 178f.; LEWIN 1969, 62ff.).

Von den **Bewegungsspielräumen** sind die **symbolischen Räume des Spiels** zu unterscheiden. Wir benutzen diese Abgrenzung, um eine gewisse Pointierung der gegensätzlichen Merkmale zu erreichen. **Bewegungsspielräume** enthalten Orte, an denen das Spiel stattfindet. Es wird lokalisiert und damit in den Rahmen eines größeren Gebiets gestellt, das der Lebenswelt angehört. Unter **symbolischen Räumen** wollen wir Prozesse verstehen, die an diesen Orten stattfinden und Eigenschaften des Spielraums erst hervorbringen. Symbolische Räume sind also in Beziehung zu setzen zu erlebenden, handelnden und sich orientierenden Individuen, die zusammen spielen.

Bei den **Bewegungsspielräumen** unterscheiden wir zwischen **offenen** und **geschlossenen Spielräumen**.

Der offene Spielraum als Ort des Geschehens

Den Ausgangspunkt unserer Überlegungen bildet eine Beobachtung des freien Spiels von zwei Kindern im Vor- bzw. im beginnenden Grundschulalter.

Sandgrube und Weltthron

Sie spielen in einer Sandgrube außerhalb ihres kleinen Heimatorts. Die Grube ist ca. 50 m lang und hat ca. 5-6 m hohe, ziemlich abschüssige Wände. Sie sind an einigen Stellen frei, an anderen zugewachsen. Oben befinden sich einige überhängende Kanten. Es gibt kleine Pfade, die von unten die Wände hinauf in kleine Ausbuchtungen führen. Auf der Sohle der Grube gibt es zahlreiche größere Steine, herabgefallene Äste, auch einiges Gerümpel.

Das Wortprotokoll weist aus, dass die Kinder schon des Öfteren an diesem beliebten Ort gespielt und *gebaut* haben. Es macht ihnen Spaß, „von oben herunterzurutschen".

Ein Kind krabbelt flink hinauf und sagt: „Ich bin in meiner Welthöhle." Es krabbelt zu einer anderen Ausbuchtung weiter und sagt: „Hier ist unser zweiter Weltthron." – Die Kinder springen und rutschen von dort abwärts, krabbeln wieder hinauf.

Diese motorische Aktion ist lange beherrschendes Thema. Man sucht verschiedene Möglichkeiten, Variationen und gesteigerte Schwierigkeiten, die z. T. eigens vorher hergerichtet werden.

In einer neuen Spielphase werden diverse Steine hinaufgewälzt. Sie werden von Versuch zu Versuch größer und unhandlicher. Von oben werden sie dann nach unten gestoßen, was die Kinder mit großer Aufmerksamkeit betrachten.
    Ein Kind: „Achtung! Atombombe!" Das andere Kind schiebt unter großer Anstrengung einen Stein nach oben und sagt: „Hier ist der Weltrekordstein!"
    Auf Nachfrage des Beobachters, wozu die Steine dienen, antwortet ein Kind: „Bomben. Für Feinde. Riesenbomben!"

Je größer die Steine werden, desto intensiver scheinen die Kinder mit der Objekthandlung und ihren physischen Anforderungen beschäftigt zu sein. Die begleitenden Kommentare der Kinder legen aber die Schlussfolgerung nahe, dass die Anstrengungen bereits im Dienste einer Vorstellung stehen, die die materialen Eigenschaften der Objekte überschreitet. Aus dem Objektspiel ist ein Symbolspiel geworden, in dem beherrschende Plätze eingenommen und immer größere Bomben geworfen werden.
==Räume können Orte eines symbolischen Spielgeschehens werden, wenn sie Formen und Materialien zur Verfügung stellen, die spontanen Deutungen zugänglich sind, Anreize zur Verwandlung von Objekten liefern und wenn ein Zusammenwirken zwischen Objekteigenschaften, Raumverhältnissen, Handlungsmöglichkeiten und Interessen der Kinder stattfindet.== Kinder suchen derartige Räume auf und loten ihre Möglichkeiten aus, indem sie ihren Fantasievorstellungen folgen.

Diese Räume sind aber nicht mit Bühnen vergleichbar. Sie sind nicht klar abgegrenzt von ihrem Umgebungsraum. Ihre Strukturen und Objekte werden nicht durchgängig für das Spiel umgedeutet. Raum- und Objektdeutungen erfolgen vielmehr spontan, folgen keiner Handlungsvorgabe und können jederzeit zurückgenommen werden.

Orte des Spielgeschehens im Symbolspiel sind aus diesen Gründen als offene Spielräume anzusehen.

Die Bühne als geschlossener Spielraum
Bühnen werden hergerichtet, um die Wahrnehmung der Zuschauer zu beeinflussen. Sie haben außerdem die Funktion, den Spielern Aspekte ihrer Handlungen vorzugeben.

Der Zuschauer „bekommt die Dinge anders zu sehen als außerhalb des Theaters" (BRECHT 1968, 259). Die Bühne ist ein Ort, der für bestimmte „Zwecke" definiert und „bis zu einem gewissen Grade durch Wahrnehmungsschranken begrenzt" wurde. Auch für die Spieler, die auf der „Vorderbühne" agieren, enthält das Bühnenbild „einige Aspekte der Darstellung", die ihnen selbst „vorgespielt" werden. Die Bühne bezweckt damit den Eindruck, dass sich die Tätigkeiten der Spieler „an gewisse Normen" halten (GOFFMAN ²1973, 99f.). [4]

Im Unterschied zum *Ort des Geschehens* ist die Bühne ein geschlossener Spielraum. Sie grenzt das Spielgeschehen ab, sodass Vermischungen von Alltagsrealität und Spielgeschehen vorgebeugt wird. Die Bühne enthält ein Ensemble von Zeichen, die wenig dem Zufall überlassen. Man erfährt, wie man die Dinge und den Ort der Handlungen wahrnehmen soll bzw. welche Deutungen nicht in Frage kommen. Man erfährt durch diese Zeichen, in welchem Rahmen die Handlungen gesehen werden sollen.

Bühnen können dann entstehen, wenn Handlungsabläufe vorgegeben sind, denen die Darstellung folgt. – Bei einer weniger strengen Sichtweise gilt dies aber auch schon in Symbolspielen von Kindern, in denen einfache, „schematisierte" und „kulturell standardisierte" „'Drehbücher'" vorkommen (vgl. OERTER 1993, 69). Hierzu zählen wir etwa Tätigkeiten des „Kochens, Fütterns, Badens, Zu-Bett-bringens". Solche Skripts haben nicht durchgängig, aber doch in einem gewissen Maße zur Voraussetzung, dass Objekte und Raumverhältnisse arrangiert werden müssen. Auf diese Weise können die Wahrnehmungen gelenkt und Missverständnisse vermieden werden.

Auch dieses Modell wollen wir anhand einer Spielbeobachtung von drei Kindern im beginnenden Schulalter demonstrieren.

---

[4] Elemente des *geschlossenen* und des *offenen Spielraums* werden in jenen Bühnenkonzeptionen verbunden, die die Bühne und den Zuschauerraum nicht gegeneinander abgrenzen, sondern ineinander übergehen lassen. Die Zuschauer können sogar in die Handlung einbezogen und als „spezifische Elemente der Aufführung" betrachtet werden (GROTOWSKI ²1999, 168ff.). Die „szenographischen Anordnungen" von BARBA (1985, 28ff.) weisen eine ähnliche Integration auf. Darüber hinaus sind Elemente des Bühnenaufbaus während der Aufführung zerlegbar und können anders zusammengesetzt werden, um eine neue Bedeutung zu erhalten.

Rutschen und Schlafen
In einem – von den Kindern so genannten – „Turnzimmer" von etwa 13 qm Größe befindet sich eine 1 m breite Sprossenwand. Von dieser führt eine ziemlich steile Rutsche auf einen etwas höheren Tisch, hinter dem ein etwas niedriger Tisch aufgestellt ist. Von dort springt man in eine durch ca. 50 cm hohe Wände (Bauteile eines Spielsatzes) abgegrenzte Kammer mit einer Türöffnung und einem runden Loch, durch das man gerade hinauskrabbeln kann. In der Kammer liegt eine Turnmatte, auf der gerade drei Kinder liegen können. Verlässt man die Kammer durch das Loch, kann man einen Stuhl erreichen und von diesem wieder die Sprossenwand.

Das Ganze stellt also eine Art Rundkurs dar mit verschiedenen Stationen, geeignet für ganz unterschiedliche Bewegungen, die hinunter- und wieder hinaufführen. Einen Ruhepol bildet die Kammer zwischen den Wänden.

Ein Mädchen landet auf dem zweiten Tisch und springt nun „ins Schlafzimmer".

Das zweite Mädchen sagt: „Ich bin ein Baby." Es sucht nach „Schätzen" und nimmt dabei „zwei" imaginäre „Schlüssel" mit. Es verlässt das „Schlafzimmer".

Das erste Kind: „Ich weiß nicht, wo du bist." Das zweite Kind kommt „mit Schätzen" wieder hereingekrabbelt.

Das erste Kind: „Liebes Kind!"

Der Junge kommt auf allen vieren als „Hund" herein. Er darf „im Bett" liegen und „sich zudecken". Nun geht der Hund auf „Schatzsuche". – Das zweite Kind holt die „Feuerwehr".

Das Beispiel zeigt zunächst, wie schnell Kinder die Spielform wechseln und verschiedene Formen miteinander verbinden können. In diesem *Turnzimmer* werden überwiegend motorische Herausforderungen arrangiert: Gleiten, Rutschen, Fallen, Landen, Springen, Balancieren, Steigen, Klettern. Die Objekte lassen sich entsprechend einsetzen und in ihrer Kombination variieren. Die Form des Objektspiels wird aber in dem Moment aufgegeben, in dem die Kinder im *Schlafzimmer* landen. Das Aktivitätsniveau wird reduziert. Die Kinder legen sich sogar zum Schlafen nieder.

Von dem Gesamtarrangement des Bewegungskurses ist das *Schlafzimmer* trotz seiner Integration in den Kurs zugleich auch abgegrenzt: Wer hier landet, spielt ein anderes Spiel. *Zu-Bett-gehen*, *Haus-verlassen*, *Haus-betreten*, *Auf-Schatzsuche-gehen*, *Als-Hund-hereinkommen* und *Hund-ins-Bett-nehmen* sind skriptartige, schematisierte Symbolhandlungen. Die Arrangements (Wände, Türen, Decken, Matte) signalisieren allen Mitspielern in diesem Zimmer, wie sie die Handlungen auf dieser *Schlafzimmer*-Bühne wahrnehmen sollen.

In Symbolspielen, in denen Bewegungen eine besondere Rolle spielen, können Bühnen sehr unterschiedliche Bedeutungen haben. – So verzichten z.B. in Publikationen über die Pantomime viele Autoren darauf, dieses Thema besonders zu würdigen. Das ist auch einzusehen, da der Raum hier im Wesentlichen durch die Bewegungen des Pantomimen „evoziert" wird (NICKEL 1997, 557ff.) und die Zuschauer den Rahmen der Handlung in den Bewegungen selbst erkennen müssen.

Ein entgegengesetztes Beispiel liefert das so genannte Schwarze Theater. Hier wird der gesamte Bühnenraum schwarz ausgekleidet. Auch die Spieler sind schwarz maskiert und schwarz angezogen. Die Bühne enthält nun keine Zeichen mehr, die die Wahrnehmungen der Zuschauer und die Handlungen der Spieler lenken könnten. Vielmehr ist es die Funktion der Bühne, den Spielraum nicht nur abzugrenzen, sondern ihn sogar verschwinden zu lassen. Der dunkle Raum wirkt wie ein schwarzes Loch, in dem nun aber Objekte auf scheinbar magische Weise hervorgebracht werden können. In der Regensburger Version des Schwarzen Theaters (PAWELKE 1995) sind es z.B. Hände, Beine, Füße, Stäbe, Kugeln, Reifen, Bänder und Tücher. Sie sind so präpariert, dass sie schwarzes Licht hellweiß reflektieren.

Das Bühnenarrangement wie auch die Verhüllung der Spieler tilgen Wahrnehmungsmöglichkeiten radikal. Andererseits wird dadurch die Aufmerksamkeit ausschließlich auf die reflektierenden Objekte gezogen, auf ihre Bewegungen, Kombinationen und Handlungen, die bis zu kleinen Stücken entwickelt werden können.

Ohne dieses spezielle Bühnenarrangement und die Verhüllung der Spieler wäre es für die Zuschauer kaum möglich, sich vom Eindruck der produzierenden Bewegungen der Spieler zu lösen und sich auf den Eindruck der produzierten Handlungen zu konzentrieren. So würde z.B. der Eindruck tanzender Stäbe sofort verblassen, wenn der Zuschauer die geschickten und schwierigen Hantierungen, durch die die Spieler die Stäbe tanzen lassen, zu sehen bekämen.

Jedes Spiel benötigt einen Spielraum. Im offenen Spielraum lassen sich die Spieler anregen, bestimmte Objekte und Raumverhältnisse, die sie vorfinden, spontan so zu verwandeln, dass sie ihren Spielabsichten und Spielhandlungen dienen. Dem vorhandenen Raum wird ein Spielraum gewissermaßen überlagert. Diese Überlagerung kann sich von Situation zu Situation veränderten Handlungsintentionen schnell anpassen. Im geschlossenen Spielraum sind die Objekte und Raumverhältnisse arrangiert. Wenn das Spiel beginnt, bietet sich der Raum bereits als Spielraum an.

4.2 Die symbolischen Räume der Spiele

Wenn wir von **symbolischen** Räumen sprechen, beziehen wir uns nicht mehr auf Eigenschaften offener oder geschlossener Spielräume. Vielmehr meinen wir die Fähigkeit der Spieler, Raum gewissermaßen im Spiegel ihrer Bewegungen hervortreten zu lassen. Mit topografischen oder gar metrischen Merkmalen lassen sich diese Räume nicht mehr erschließen. MERLEAU-PONTY (1966) beschreibt diese Fähigkeit als ein

„Vermögen, in der gegebenen Welt Grenzen zu ziehen, Richtungen festzuhalten, Kraftlinien abzuzeichnen, Perspektiven zu eröffnen ..., auf die geographische Umgebung ein Milieu des Verhaltens und ein Bedeutungssystem zu gründen" (138).

So kennzeichnet NICKEL beispielsweise den pantomimischen Raum als einen durch Bewegungen entweder direkt oder indirekt dargestellten Raum (1997, 558). Der Pantomime benötigt keine Requisiten, wenn er zeigt, wo die Wand steht, wie hoch sie ist und wo sie endet. Er kann dorthin gehen, wo er die Wand haben will und nimmt Kontakt mit den Händen auf. Die Handinnenflächen legen sich an die imaginäre Mauer, fahren an ihr entlang. Wenn die Hände nach oben geführt werden und die Kante nicht erreichen können, ist das an der Streckung der Arme und des ganzen Körpers zu erkennen. Aber wenn sie in Kopfhöhe die Kante erreichen, legen sich die Hände auf sie. Der Pantomime kann nun, wenn er sich auf die Zehen stellt, über die Mauer hinwegsehen.

Bei der indirekten Darstellung ergibt es sich während einer anderen Handlung – wie zufällig und selbstverständlich –, wo die Mauer steht oder wo der Pantomime die Tür erreichen, sie öffnen und schließen kann. Bei beiden Darstellungen ist es wichtig, die Kontinuität des imaginären Raums zu erhalten.

Symbolische Räume sind – genau genommen – Prozesse der Raumproduktion. Sie lassen Deutungen und Gestaltungen erkennen, bei denen die Intentionen und das Erleben der Beteiligten eine Rolle spielen wie auch das unbewusste Einwirken gesellschaftlicher und kultureller Faktoren.

So ist der Spielraum zunächst ein Prozess der Formung durch das Subjekt. Der Raum steht dem Spieler nicht äußerlich gegenüber, sondern ergibt sich in der „streng wechselseitigen Implikation zwischen Raum und Raumerleben". Der Raum seines Spiels wird einerseits durch den Spieler selbst geschaffen, wie andererseits das „Erleben" des Spielers durch den Raum entsteht (STRÖKER ²1977, 51).

Darüber hinaus ist der Spielraum nicht nur das Ergebnis einer autonomen Gestaltung des Subjekts. Vielmehr gehen in diese Verbindung von Subjekt und Raum auch soziale Bedingungen und die soziale Praxis ein, die vom Spieler „einverleibt" worden sind (GEBAUER/WULF 1998b, 45f.).

In kultureller Sicht können wir ferner feststellen, dass das Handeln im und zum Raum auch bestimmten „Vorstellungsstrukturen" folgen kann, „die fremdartig und zugleich ungeordnet und verborgen", aber kulturell tief verankert sind und die die Bewegungen, Wahrnehmungen und Deutungen der Spieler nachhaltig beeinflussen (GEERTZ 1987, 15).

Wie sich solche kulturellen Aspekte in räumlichen Konzepten von Bewegungsspielen unbewusst niederschlagen, haben wir anhand einiger traditioneller indonesischer Spiele ausführlich dargestellt (JOST 1990, 29ff., 77-126; 1996, 119-132).

Der Spielraum als Raum des gestaltenden Subjekts

Der Spielraum als Raum des Erlebens. Wir stellten oben anhand der Beobachtung eines Kinderspiels („Bewegen und Singen", s. S. 24f.) Emotionen wie „Fröhlichkeit und anhaltende Hochstimmung" fest. Offensichtlich konnten wir diese Eigenschaften den Dingen und Verhältnissen nicht so zuordnen, dass sie als objektive oder typische Eigenschaften des Orts – eines Wohnzimmers – erschienen. Vielmehr konnten sie nur mit der spontanen und eigenwilligen Umdeutung dieses Orts durch die spielenden Kinder in Verbindung gebracht werden.

Die Kinder prägen ihn als einen Bewegungsraum, in dem eine besondere „Atmosphäre" (STRÖKER ²1977, 30) herrscht, die aus dem Bewegen und Singen hervorgeht. Wir beobachteten auch, wie die Kinder in ihrem Spiel an dieser *Atmosphäre* arbeiten.

Sie variieren ihre Bewegungen in Form, Richtung und Dynamik. Sie stimmen sie aufeinander ab und bringen sie zur Übereinstimmung mit den Gegebenheiten des Raums.

Der Spielraum als Handlungsraum. Neben *Atmosphäre* und *Erleben* werden in diesem Beispiel zwei weitere Aspekte deutlich, in denen sich das Wirken der Spieler räumlich widerspiegelt. Der eine betrifft den Raum als Raum möglicher Spielhandlungen. Hier treten die atmosphärischen Eigenschaften in ihrer Bedeutung zurück. Es geht jetzt um die Frage, ob die Kinder ihre Spielabsichten in Handlungen verwirklichen können.

Diese Frage schließt konkrete Eigenschaften der Dinge ebenso ein wie etwa ihre Lage und Abstände sowie die Wege zwischen ihnen und um sie herum. Auch die dinglichen Eigenschaften, die Lage, Abstände, Wege und Richtungen stellen keine objektiven Merkmale des Spielraums dar. Sie sind es nur in Relation zu den Intentionen der Spieler, d.h. in welcher Weise sie Spielmöglichkeiten eröffnen.

In unserem *Wohnzimmer*-Beispiel ist offenkundig, dass dieser Ort – normalerweise ein Ort des Sitzens und des Gesprächs – auch Handlungsmöglichkeiten für das Kinderspiel versteckt hält und dass diese erst durch die Kinder geschaffen werden.

Der Spielraum als Anschauungsraum. Der dritte Aspekt betrifft den Spielraum als einen von STRÖKER so genannten „Anschauungsraum" (^{2}1977, 96), der sich vom Handlungsraum wesentlich unterscheidet. – Solange wir den Spielraum als Handlungsraum betrachten, ergibt sich seine Bedeutung aus der Möglichkeit, Dinge und Verhältnisse durch Bewegungen umdeuten zu können.

So erscheint der Ort in beiden verglichenen Situationen – als Ort des Sitzens und Sprechens und als Ort des Spielens – zwar irgendwie derselbe zu sein, nämlich das Wohnzimmer. Dennoch verändert er sich in der Spielsituation entscheidend. Die Gegenstände müssen dabei nicht einmal ver-rückt werden. Sie werden aber anders behandelt. So kann man wie durch eine schmale Gasse zwischen ihnen krabbeln und hüpfen, sich von ihnen fort, zu ihnen hin oder um sie herum in vielfältigen Varianten bewegen.

Wie der Raum der *Atmosphäre* und der *Handlung* überschreitet nun auch der *Anschauungsraum* die vorgefundenen, die gegebenen Verhältnisse in einer besonderen Weise. In ihm können die Dinge niemals – wie im Handlungsraum – *zu dicht* oder zu weit entfernt stehen, können die Wege niemals zu beschwerlich, Hindernisse niemals unüberwindlich sein, kann es niemals im Raum *ein Loch* geben, können die Dinge in noch größerer Vielfalt in Beziehung gesetzt werden. Die Anschauung kann Entferntes mühelos nahe bringen, Fremdes bekannt machen, Hohes leicht überwinden und Verdecktes ins Auge fassen.

Als *Anschauungsraum* ist der Spielraum ferner immer zugleich *Vornraum*, wird nur relativ zum jeweiligen Standpunkt des Spielers gesehen. In dieser Relation zum Standpunkt ist der Raum geordnet.

„Die Topographie dieses Raumes ... ist Ortsbeschreibung im Rahmen eines leiblichen Beziehungssystems, dessen Ausgangspunkt zwar frei wählbar ist, in dem aber auch jede Ortsangabe verankert bleibt" (STRÖKER [2]1977, 102).

Aus diesem leiblichen Beziehungssystem ergeben sich die Ordnungsstrukturen rechts und links, oben und unten, vorn und hinten.

Dieses trifft für alle Spielformen gleichermaßen zu. – Bezogen auf den *Anschauungsraum*, eröffnet sich in ihnen allen eine subjektive Topografie. Im Symbolspiel bieten sich aber darüber hinaus Möglichkeiten, diese Topografie noch ins Fiktive zu erweitern. Dem Beobachter solcher Spiele bereitet es üblicherweise große Schwierigkeiten, solche Steigerungen nachzuvollziehen, da sie sich von den gegebenen Verhältnissen weit entfernen und auch aus der Logik der Spielhandlungen nur mühsam zu rekonstruieren sind.

An unserem Beispiel „*Sandgrube*" (s. S. 57f.) können wir solche Steigerungen gut nachvollziehen. – Zunächst erkennen wir aus der Perspektive eines unbefangenen Betrachters eine relativ geschlossene Welt für sich, die topografisch gut zu beschreiben ist. Die Abgeschlossenheit nach außen, die Fülle von Strukturen an diesem Ort sind leicht auszumachen: hohe Kanten, unregelmäßig steile Abbrüche, freie Sandbahnen, bewachsene Abhänge, Bäume, Büsche, Gräser, diverse abgelegte Objekte. Ein Spaziergänger findet hier keinen geeigneten Weg nach unten und wandert daher um die Grube herum.

Die Kinder dagegen suchen andere Möglichkeiten und finden zahlreiche Herausforderungen an ihr Bewegungskönnen (Rutschen, Gleiten, Klettern, schwere Gegenstände wälzen und -hinaufstemmen, im Sand graben). Diese Herausforderungen zu handeln, sind aber zugleich auf bestimmte Möglichkeiten begrenzt. Nicht jede Stelle ist geeignet für das Hinunterspringen oder Hinaufklettern. Manche Abrisse sind zu tief, manche Sandbahnen zu steil, manche Steine zu groß, manches Gestrüpp zu dicht. Einige Stellen sind also für das Spiel zu sperrig und müssen ausgeklammert werden. – Im Handlungsraum des Spiels können die Kinder diese Hindernisse also nicht überwinden.

Auch bei der für das Symbolspiel besonders charakteristischen Grenzüberschreitung im *Anschauungsraum* knüpfen die Kinder zunächst an Handlungsmöglichkeiten an, die sich aus der Situation ergeben. Allerdings führt diese Steigerung weit darüber hinaus.

Die Möglichkeiten, die sich die Kinder in ihrer Anschauung erschließen, sind mit den konkreten Handlungen nur in Assoziationen verbunden. Das kommt in den Schlüsselworten *Weltrekordstein*, *Bomben*, *Atombomben*, *Feinde*, *Welthöhle* und *Weltthron* deutlich zum Ausdruck. So sehen die Kinder, die den *Weltthron* erreicht haben, die Welt vor und unter sich. Sie haben den *Thron* erobert und befinden sich in einer optisch zentralen Position.

Der Abgeschlossenheit und übersichtlichen lokalen Struktur der Sandgrube entspricht die Welt vor den Kindern, die sie einerseits von oben beherrschen, vor der sie sich andererseits in der *Welthöhle* auch verbergen können. Ebenso liegt das kriegerische Bombenszenario *nur* in der Anschauung. Die Überschreitung ist offenkundig, wenn auch eine gewisse Übereinstimmung zwischen *Anschauungsraum* und den gegebenen räumlich-dinglichen Verhältnissen nicht zu verkennen ist.

Die Spielraumeigenschaften des *Anschauungsraums* werden in Spielbeobachtungen oft übersehen. Es genügt nicht, die Atmosphäre und die Handlungsmöglichkeiten des Spielraums herauszufinden. Erst wenn wir auch auf den *Anschauungsraum* achten, können wir sicher sein, den Spielraum in allen seinen subjektiven Dimensionen zu erschließen.

Die vorgestellten Beispiele und ihre Interpretation sind geeignet, MOGELs Ansicht vom Spielraum als „Raum für alltägliche Selbstentfaltung" zu unterstützen. Gegen oft zu hörende Forderungen, „für das Kinderspiel gesonderte Räume und Plätze zu reservieren", wendet er ein:

„Nach meinem Gefühl ist es eine sonderbare Einstellung zum kindlichen Leben und zur kindlichen Entwicklung, wenn versucht wird, die hauptsächliche Lebensform und Lebensweise des Kindes – sein Spiel – durch Sonderräume zu gewährleisten und die alltäglichen Räume des Lebens möglichst für andere Tätigkeiten zu reservieren" (MOGEL ²1994, 119).

Es darf vermutet werden, dass die Kinder, wenn sie ihre Bühnen selbst suchen und in Alltagsräumen verwirklichen dürfen, im Sinne STRÖKERs die gewünschten Spielräume des Erlebens, Handelns und Anschauens eher finden als in Räumen, die vorwiegend nur als Handlungsräume entworfen wurden und oft nicht einmal hier besondere Vielfalt anbieten.

Der Spielraum als Raum sozialer Praxis
Unter räumlichen Gesichtspunkten können Gesten innerhalb eines „Territoriums" von Gesten innerhalb eines „personalen Raumes" unterschieden werden (KRUSE/GRAUMANN 1978, 206).

So sind Gesten territorial bestimmt, wenn sie den Vorschriften, Regeln und Gewohnheiten angepasst werden, die in der jeweiligen Region und in der jeweiligen räumlichen Situation gelten (z.B. Kirche, Behörde, Eingangsflur, Sprechzimmer). *Territorien* sind als soziale Kontexte aufzufassen, in deren Kraftfeld unsere Handlungen beeinflusst, unsere Gesten auf bestimmte Muster hin ausgerichtet werden. Solche Räume sind „relativ invariant, geographisch lokalisierbar". Sie können von mir aufgesucht, verlassen oder gemieden werden.

Der *personale Raum* ist dagegen der Raum, der durch meine Handlungen definiert wird und den ich nie verlassen kann. Er ist also „leibzentriert" (KRUSE/GRAUMANN 1978, 206) bzw. als mimetisch-gestischer Raum immer auch „Körperraum" (GEBAUER/ WULF 1998b, 90). Gesten werden „vom Körperraum bestimmt". Hinzugefügt werden muss aber auch, dass der „Körperraum" nicht ausschließlich der Raum ist, in dem das Subjekt über seine Handlungen frei verfügt. In ihm werden nämlich „abhängig von der Entfernung zu anderen Körpern unterschiedliche Gesten vollzogen" (GEBAUER/WULF 1998b, 90). In dieser Abhängigkeit stehend, können die Gesten ihren Sinn nur im Hinblick auf die Gesten anderer Personen erhalten.

Territorium und *Körperraum* sind im Symbolspiel von besonderer Bedeutung.

Im *Territorium* findet das Spiel seinen Ort, seine Bühne oder seine virtuellen, vom Spieler gewissermaßen veröffentlichten Eigenschaften. Wir können nun beschreiben, wo das Spiel stattfindet, was man dort tun kann, was man unterlassen muss und in welche sozialen Bezüge es eingebettet ist.

In der Spielforschung begegnen wir dem Raumaspekt oft in der Form von territorialen Zuordnungen oder territorialen Metaphern. Beispiele liefern die Untersuchungen ELKONINs (1980) und OERTERs (1993; 1995), die wir hier kurz behandeln wollen.

ELKONIN hat eine Fülle von Beobachtungen und Experimenten herangezogen, die aus der territorialen Bindung der Kinder interpretiert werden. Dabei wendet er sich zunächst den Spielen mit Objekten zu, die als Gebrauchsgegenstände vorhanden sind – wie etwa Stöckchen, Steinchen, Würfel, Schere, Schüssel, Löffel und Möbelstücke – oder die als Spielobjekte angeboten werden – wie etwa Ball, Puppe, Stofftier. Ferner untersucht er zahlreiche Spiele, denen bestimmte „Sujets" zu Grunde liegen und in denen Rollenspiele gespielt werden (z.B. Köchin, Erzieherin, Polizist, Mutter und Kind, Lastwagenfahrer, Straßenbahnfahrer).

In den Spielhandlungen äußert sich nach ELKONIN die „Beziehung zur Umwelt, insbesondere zur sozialen ..." (1980, 221). In dieser Welt kommt den Erwachsenen eine zentrale Bedeutung zu. Zum einen stellen sie die Materialien zur Verfügung und beeinflussen die Kinder, wie sie die Materialien spielerisch gebrauchen sollen. Alltags- und Spielobjekte werden im Sog der Interpretation der Erwachsenen erschlossen. Zum anderen funktioniert die Übertragung der „gesellschaftlich erarbeiteten Gebrauchsverfahren der Gegenstände" (1980, 234) besonders gut, weil sich die Kinder lebhaft und mit Freude an den Vorschlägen der Erwachsenen orientieren. Hiermit ist nun die Basis geschaffen für die weitere Entwicklung des Spiels zum Rollenspiel, das nach ELKONIN als „Grundeinheit des Spiels" angesehen werden muss (1980, 11). In der „eingebildeten Situation" des Rollenspiels, in der Erwachsenenrollen durchgespielt werden, sichern die Kinder die relevanten Handlungsmuster ab und verinnerlichen schließlich Regeln und Gewohnheiten, die sie mit der realen Umgebung verknüpfen.

Das Spielterritorium ist bei ELKONIN also der Ort intensiver Durchdringung durch alltagspraktische Deutungen. In den Spielhandlungen werden sie aufgenommen und einverleibt, begrenzen aber angesichts dieser engeren Bindung naturgemäß die

Möglichkeiten für ein Ausgreifen der Spielfantasie in ungewöhnliche Richtungen.

Auch OERTERs Raumdeutungen des Kinderspiels muten als territoriale Lokalisierungen an, wenn es u.a. um Beziehungsthemen geht, mit denen sich Kinder im Spiel auseinander setzen. Was im Grunde eine schwierige psychische Situation ist, in der das Kind steckt, wird nun im Spiel räumlich-territorial versinnbildlicht und dann aufgearbeitet. Beziehungsthemen, wie *Trennung von einer geliebten Person*, bewältigt das Kind, indem es die Themen räumlich transformiert: z.B. durch fiktives Zusammenschließen in diversen Spielsituationen (so etwa beim spielerischen Telefonieren, beim gemeinsamen Schlafen in einem Bett, beim Zusammensein in einem Grab oder einem Gefängnis). Auch andere Themen, wie z.B. Schutz suchen und Geborgenheit herstellen, finden ihren räumlichen Ausdruck. Kinder schaffen sich Höhlen und bauen sich Häuser, wo sie sich abschirmen und wo sie Sicherheit finden können (OERTER 1993, 232).

Auch der von GEBAUER/WULF so genannte „Körperraum" ist von sozialen Einflüssen bestimmt. Obwohl er ganz an uns gebunden ist und von uns nicht verlassen werden kann, ist er dennoch nicht in einem subjektivistischen Sinne autark, sondern von einverleibten soziokulturellen Faktoren abhängig. Beispiele liefern die häufig zitierten Distanzzonen, die HALL (1976, 118ff.) untersucht hat. Sie beeinflussen, wie sich das Individuum in der Situation verhält. Die Zonen können zwar in gemessenen Distanzen ziemlich exakt angegeben werden (Intimdistanz von 0-45 cm; persönliche Distanz von 45-120 cm; soziale Distanz von 120-360 cm; öffentliche Distanz ab 360 cm). Von Interesse ist aber vor allem ihre soziale, ihre „kommunikative Relevanz" (KRUSE/GRAUMANN 1978, 206). Räumliche Abstände modulieren insbesondere die Beziehungen der in Verbindung kommenden Personen und verändern Art, Intensität und Vertraulichkeit der gegenseitigen Wahrnehmungen und Gesten. GEBAUER/WULF zeigen, wie in diesen Räumen Gesten und die ihnen entwicklungsmäßig vorgelagerten Haltungen „sozial konstruiert" werden (1998b, 90-95).

Das nachfolgende Beispiel scheint auf den ersten Blick eher den Charakter eines Objektspiels zu haben. Kinder setzen sich mit

Herausforderungen auseinander, die der sehr konkreten Situation des Radfahrens entstammen. Bei genauerem Hinsehen zeigt sich aber, dass am *Ort des Geschehens* vor allem soziale Rollen *aufgeführt* werden.

Radfahren

Zwei Kinder, A. (Mädchen; 5 Jahre, 9 Monate) und M. (Junge, 6 Jahre, 11 Monate), begleiten ihre Eltern an einem hellen und freundlichen Wintertag auf einem Spaziergang außerhalb ihres Wohnorts. Nur die Kinder haben ihre Fahrräder dabei. Sie beherrschen das Radfahren sicher, auch auf den unebenen und nichtasphaltierten Strecken des Wegs. Beim Auf- und Absteigen hat A. noch ein paar geringfügige Schwierigkeiten. Beim Anfahren muss sie zuweilen zwei Versuche anstellen.

Ansonsten gelingen beiden Kindern schon kleine Kunststückchen. So fahren sie bewusst breitbeinig. Die Knie werden betont nach außen abgewinkelt. Manchmal treten die Kinder aus dem Stehen in die Pedale. M. fährt kurze Strecken freihändig.

A. hat auf ihrem Gepäckträger einen kleinen Stoffaffen eingeklemmt, ihr Lieblingsspielzeug. Er muss dabei sein. Ab und zu steigt sie vom Rad und küsst ihn. Im Fahrverhalten fallen einige Unterschiede zwischen den beiden auf. Wenn es der Weg erlaubt, legt M. an Tempo zu, fährt so schnell wie möglich bis zu 200 m voraus, wendet und kehrt in ebenso schneller Fahrt zurück. – A. lässt sich aber von M. nicht anstecken. Sie fährt gelassener, gleichmäßiger, gemächlicher.

Es fällt auf, dass M. einen Zusammenhang mit A.s Fahrverhalten herstellen möchte, dass er sie womöglich sogar herausfordern will.

So lässt er sich, nachdem beide eine kurze Strecke nebeneinander gefahren sind und dabei auch ein paar Sätze ausgetauscht haben, unvermittelt zurückfallen. Er wird gerade so langsam, dass er nicht absteigen muss, und lässt A. 5-10 m vorausfahren. Dann erhebt er sich von seinem Sattel, tritt mit aller verfügbarer Kraft in die Pedale, beugt sich über die Lenkstange nach vorn und überholt A. mit großer Geschwindigkeit. Er fährt zunächst in ihrer Spur. Als er sie erreicht hat, reißt er das Rad nach links und überholt sie in einem zwar knappen, aber gerade noch sicheren Seitenabstand.

Ebenso energisch schwenkt er wieder ein und prescht weiter vor. Manchmal genügt ihm dies. Nach wenigen Metern schaut er sich um, prüft, ob A. folgt, ob sie die Herausforderung annimmt. Es kommt vor, dass er sich dann gleich wieder auf ihre Höhe zurückfallen lässt.

Zweimal hat A. angehalten und ist ein Stück zurückgefahren, um den Kontakt zu den nachfolgenden Eltern wiederherzustellen. M. folgt ihr.

Stellt sich A. auf und tritt kräftiger, um ihre Fahrt etwas zu beschleunigen, versteht M. dies sofort als eine Herausforderung zur Wettfahrt. Auch er beschleunigt

4 Der Raum

und prescht davon. A. scheint von seiner Reaktion keine Notiz zu nehmen. Sie will ihre Geschwindigkeit erhöhen, sich aber nicht mit M. vergleichen.

M. teilt seine Fahrten in eine Voraus- und eine Rückfahrt ein. Er pendelt jetzt ohne Unterbrechung und bleibt so in ausdauernder Bewegung. A. dagegen verhält und hält häufiger, mindert ihr Tempo, fährt einige Kreise und setzt dann ihren Weg langsam und mit ruhigen Tretbewegungen fort. Es macht ihr auch Spaß, die Lenkstange um 180° zu drehen und mit entgegengesetzt gerichtetem Vorderrad zu fahren. Dann wiederum versucht sie, die Fahrt so zu verlangsamen, dass sie nahezu zum Stand kommt, das Absteigen aber gerade noch vermeiden kann.

Hin und wieder kommt es zu etwas riskanten Situationen, wenn nämlich A. auf engstem Raum, aber die ganze Wegbreite in Anspruch nehmend, Kreise fährt und M. zur selben Zeit zu einem Spurt ansetzt und A. überholen will. Er stößt wie ein Pfeil durch diesen Kreis hindurch. Es gibt allerdings keinen Zusammenstoß.

Auch Mimik, Körperhaltung und bestimmte Teilaktionen der Kinder signalisieren Unterschiede der Interessenrichtung und des Verhaltens. A. wirkt gelöst, freut sich und lacht öfter. M. dagegen erscheint konzentriert, manchmal etwas verbissen. Er hebt den Oberkörper über den Lenker, streckt den Kopf vor, duckt sich, um den Luftwiderstand zu verringern. A. sitzt meist aufrecht in normaler Körperhaltung. Auch wenn sie sich erhebt und in die Pedale tritt, geschieht das mit gemäßigter, nicht besonders energischer Konsequenz. Sie verlagert ihr Körpergewicht, tritt aber nicht mit aller Kraft. A. klingelt unvermittelt, ohne erkennbaren Anlass. Sie erzeugt die Klingelmelodie, die sie rhythmisch akzentuiert, zur Begleitung ihres Fahrens. Auch M. klingelt, aber stürmisch, heftig, Aufmerksamkeit fordernd – so z.B., wenn er überholen will, wenn er den seitlichen Abstand beim Überholen knapper halten und A. warnen will.

Das Rechtsfahren wird zwar von beiden Kindern beherrscht, d.h., sie können eine Richtung und eine Spur einhalten. Aber es ist noch nicht als bindende Vorschrift verinnerlicht, noch keine Gewohnheit wie bei den Erwachsenen. So fährt A. gern in der Mitte, hin und wieder nach links und rechts, in kürzeren oder in längeren Folgen pendelnd. Nicht selten kommt es zu anscheinend gefährlichen Begegnungen, wenn M. links überholen will und A. gerade einen Schwenk zur selben Seite vollzieht. Hastig korrigieren beide dann Richtung und Tempo.

M. spezialisiert sich vorübergehend auf einem längeren, ebenen und gut einzusehenden Wegstück auf das Rollen.

Er nimmt energisch Fahrt auf, streckt die Beine nach den Seiten aus und findet am Rollen sichtlich Vergnügen. Wenn die Fahrt langsamer wird, nimmt er die Füße weiter nach unten, um sich schließlich abstützen zu können.

Es gibt einen kleinen Unfall. A. fährt geradeaus. M. biegt nach links ab, sodass sie gegen sein Hinterrad fährt. Sie fällt mit ihrem Rad, während M. sich noch abfangen kann. Nachdem A. aufgestanden ist, sich selbst, Rad und Stoffaffen wieder in Ordnung gebracht hat, kommen ein paar Tränen. Die Finger tun weh.

Der Vater spricht sie an, tröstet sie und lenkt ihre Aufmerksamkeit wieder auf das Fahren. Die Tränen versiegen gleich. A. steigt auf und fährt weiter.

Die beobachteten Unterschiede im Fahrverhalten der Kinder bleiben bestehen bzw. verstärken sich sogar auf dem Rückweg. Bei M. dominiert das Geradeausfahren in zügigem Tempo. A. geht es um mehr Abwechslung beim Fahren, nicht aber um die Steigerung ihrer Geschwindigkeit. Das Tempo reicht aus, den Bewegungsfluss zu erhalten. A. pendelt gern von der einen zur anderen Seite, wobei Oberkörper und Kopf in einer leicht wiegenden Bewegung mitgehen. Diese Körperbewegung unterstreicht das Hin- und Herpendeln und formt es rhythmisch aus. M. schneidet A.s Bögen immer wieder. Die Kollisionsgefahr bleibt, wenngleich sich M. an A.s Fahrweise inzwischen gewöhnt hat und somit die Situation sicherer abschätzen kann. Offenkundig entspricht A.s Fahren nicht der Straßenverkehrsordnung. M. dagegen kommt dem vorgeschriebenen Verhalten näher, obwohl es auch ihm natürlich nicht um die Beachtung von Verkehrsregeln geht.

Er will Geschwindigkeit erleben. Er will überholen und im Spurt gewinnen. A. empfindet erkennbar Freude in der geführten und ausgeformten Bewegung. M.s Bewegungen sind dagegen kürzer, härter und auf Raumgewinn ausgerichtet. A. genießt das Rollen. Sie winkelt hin und wieder die Knie an und macht sich von den Pedalen unabhängig. Sie nimmt gerade die Geschwindigkeit auf, die sie als Grundlage für ihre Bewegungsformen braucht. Sie pendelt und schwingt beim Pendeln mit. Wenn M. langsamer wird, sich zurückfallen lässt, so dient es der Vorbereitung auf einen neuen Kraftakt, auf einen neuen – wie er ruft – „Rekord".

Zu Hause angekommen, fährt M. zur Garage eines Nachbarn hinauf, um dann – wieder hinunterschießend, Schwung aufnehmend – auf der ansteigenden Straße ein wenig schneller und eleganter voranzukommen.

Das Spiel der Kinder enthält im Kern auch eine „Aufführung" ihrer jeweiligen Geschlechterrolle (GEBAUER/WULF 1998b, 209ff.). Sie wird nicht unmittelbar und absichtsvoll verfolgt, sondern ist in die Handlungen eingewirkt. Immer wieder stoßen wir auf Merkmale, die die verschiedenartige Ausformung von Interessen, Neigungen, Schwerpunkten des Mädchens und des Jungen kennzeichnen.

Dem Jungen geht es um intensive motorische Auseinandersetzung mit der herausgeforderten Spielpartnerin, um Demonstration der Beherrschung des Geräts und von Überlegenheit. Er lässt nicht nach, die Schwester in diese Richtung zu nötigen. Seine Bewegungshandlungen sind entsprechend ausgeprägt und zugespitzt.

Das Mädchen zeigt geringes Interesse an einer solchen Auseinandersetzung. Seine Bewegungen haben eine geradezu

4 Der Raum

entgegengesetzte Charakteristik: sie sind pendelnd, kreisförmig, rhythmisch gemäßigt und ausgeglichen. Die Gemütslage deutet hin auf größere Offenheit gegenüber dem Erleben und Genießen der Bewegungsformen und des Einklangs mit der Umwelt. Hier ist sogar noch Raum für ein eingelagertes Spiel mit dem mitgeführten Lieblingsstofftier, das als fiktiver Spielpartner nicht aus der Fürsorge entlassen wird.

Der symbolische Charakter dieses Bewegungsspiels zeigt sich nicht in der absichtsvollen Übernahme von fremden Rollen, die dann – wie von ELKONIN beschrieben – durchgespielt werden. Hier spielen die Kinder sich gewissermaßen selbst. Obwohl die äußere Situation für beide Kinder gleich ist, gelingt es jedem von ihnen, die Anregungen der Situation auf je eigene Weise aufzunehmen und einen individuellen Spielrahmen zu entwickeln.

Für M. ist der Weg Ort für physische Anstrengung und Konfrontation und sind die Personen Zuschauer bzw. potenziell Mitwirkende an einem Wettstreit. – Für A. ist der Weg eher ein Ort individuellen Erlebens, das mithilfe der verfügbaren Bewegungsmöglichkeiten moduliert und vertieft werden kann.

Im Unterschied zu den Beschreibungen von ELKONIN und OERTER handelt es sich bei diesem Spiel weder um eine Übernahme von gesellschaftlich geprägten *Gebrauchsverfahren*, in diesem Fall etwa der Benutzung von Fahrrädern auf öffentlichen Wegen, noch um eine *subtile psychosoziale Thematik*, die in diesem Beispiel räumlich symbolisiert wird.

Wir folgen eher der Deutung von GEBAUER/WULF, dass Spiele – bewusste oder, wie hier, auch unbewusste – „Aufführungen" sozialer Themen sein können. In ihnen findet ein „Subjektivierungsprozess" statt. GEBAUER/WULF verstehen das Kinderspiel „in dieser Sichtweise" als „eine Inbesitznahme einer sozial konstituierten, von der Gesellschaft gegebenen Person in einem äußeren mimetischen Prozeß" (1998b, 216).

Uns kommt diese Spieldeutung entgegen. *Subjektivierung* ist kein psychischer Vorgang, der nur durch eine entsprechende Innenschau erschlossen werden kann. Auch in diesem Beispiel – ähnlich wie in dem oben beschriebenen Spiel *Bewegen und Singen* – verstehen wir die Bewegungen nicht als „reine Ausdrucksbewegungen", sondern als

Formen einer im Spiel entfalteten Bezugnahme auf einen Aspekt der Identität, nämlich hier auf die spielerisch angeeignete und zugleich präsentierte „typische soziale Person" des Mädchens und des Jungen (GEBAUER/WULF 1998b, 216).

5 Die Zeit

„Die Bewegungen einer Katze oder eines katzengleichen Geschöpfes sind zumeist frei fließend ... Nie hat man eine Katze gesehen, die wie ein Pferd dahergetrabt kam – ein katzengleicher Mensch indes könnte sich, wenn er Lust dazu hat, wie ein Pferd fortbewegen und damit Bewunderung oder Gelächter ernten. Nicht allein der Fluß ist charakteristisch für die Katzenbewegung. Im Sprung ist eine Katze beispielsweise flexibel und entspannt" (VON LABAN [2]1996, 19).

Wie schon am Anfang des vorangegangenen Kapitels angemerkt wurde, besitzt der Mensch die Fähigkeit, einer „bewußten inneren Einstellung zu den Bewegungsfaktoren" zu folgen und sich dabei für bestimmte „Antriebselemente" zu entscheiden, sie willentlich zu kontrollieren und sie zu steuern. Neben den Faktoren *Schwerkraft* und *Raum* betrifft das auch die Faktoren *Zeit* und *Fluss*. Ihre „Antriebselemente" bestehen nach VON LABAN aus zwei Komponenten, deren eine „nach außen wirksam und objektiv meßbar" und deren andere „persönlich und klassifizierbar" ist ([2]1996, 80). Bei der Katzen- oder der katzenhaften Bewegung kommt eine „Empfindung" des Fließens zum Zuge. Die Bewegung wird vom Antrieb des „Strömens" in Fluss gehalten. – Empfindungen des Strömens bzw. fließende Bewegungen korrespondieren mit solchen des „Allmählichen" bzw. des „Langzeitigen" „oder einem Gefühl der Endlosigkeit" ([2]1996, 80, 82).

HASELBACH thematisiert vergleichbare Bewegungsempfindungen an verschiedenen Stellen ihres Buches, indem sie sie mit bestimmten „Zeit-" und „Dynamikerfahrungen" wie etwa „leicht – gelöst" und „Wellen" verbindet (1976, 41ff., 50ff. und 115). Wie bei den Raumerfahrungen gelingt es ihr ebenso bei der Schaffung von Zeiterfahrungen, die Korrespondenz zwischen Bewegungsformen und Bewegungsempfindungen systematisch in pädagogische Aufgaben umzusetzen. Auch hier ist festzustellen, dass ein enges, regelhaftes Verhältnis zwischen dem Faktor *Zeit* und dem gestaltenden Subjekt vorausgesetzt oder angestrebt wird.

Diese Denkweise unterscheidet sich von Auffassungen, nach denen auch die Zeit Gegenstand offener Erfahrungen und Deutungen sein kann. Daher rücken wir nunmehr Fragen in den Vordergrund, wie das Subjekt Zeiterfahrungen bildet, indem es sich mit seiner Wirklichkeit, auch mit seiner sozialen Wirklichkeit, auseinander setzt.

Symbolisierende Bewegungen sind *mimetische* Bewegungen. Sie nehmen auf etwas Bezug, das bereits in einer vorigen Zeit vorhanden war. Sie sind insofern Wiederaufführungen von Zeit. Aber sie wiederholen nicht einfach gewesene Zeit, sondern gestalten sie nach eigenen Vorstellungen, Empfindungen und Erfahrungen neu. Auch die *mimetische* Zeit wird geschaffen, um sie so zu *zeigen*, „daß sie als eine bestimmte gesehen" und erlebt wird (GEBAUER/WULF 1998a, 433).

Das Grundverhältnis des *mimetischen* Spiels zwischen Gewesenem auf der einen und Entstehendem auf der anderen Seite zeigt sich wie bei der Geste und beim Raum auch bei der Zeit. In dem *mimetischen* Grundverhältnis werden Zeiterfahrungen und Zeiterleben nicht in Form etwa von Simultaneität oder Sukzessivität, Geschwindigkeit, Rhythmus, Tempi und Pausen (VON LABAN ^{2}1996, 48ff.) objektiviert. Vielmehr werden sie im Rahmen solcher Strukturen moduliert und ihre Bedeutung gegebenenfalls auch stark verändert. Die Wirklichkeit der in einer Bewegungsfolge neu entstandenen Zeit muss sich durchaus nicht mehr in semantischer Übereinstimmung mit der vergangenen Wirklichkeit befinden, auf die die Mimesis Bezug nimmt. Damit werden Zeitstrukturen zwar nicht grundsätzlich obsolet. Sie sind allerdings in ihrer Reichweite zu relativieren. Denn die semantische Wirklichkeit ist dicht. Sie hält viele Möglichkeiten der Wahrnehmung und Deutung bereit.

Wenn wir mit VON LABAN annehmen, dass für Bewegungen objektive Gesetzmäßigkeiten gelten, ist damit dennoch kein objektiver Zusammenhang mit ästhetischen Empfindungen gegenüber konkreten Bewegungsereignissen begründet. Wir können von solchen Gesetzmäßigkeiten nicht sicher ableiten, was wir etwa als schön und harmonisch oder als hässlich und unharmonisch empfinden. Alle Bewegungsempfindungen, ob „leicht", „schwerelos", „endlos", „augenblicklich", „eng", „überall-sein" (VON LABAN ^{2}1996, 80), sind noch nicht semantisch verankert. Sie sind den Bewegungsabläufen eher logisch zugeordnete Eigenschaften. Sie sind aber nicht konkreten Personen, ihren Handlungen und bestimmten Situationen beigelegt. So bleiben sie eigenartig unwirklich.

Daher sind wir der Meinung, dass Bewegungsempfindungen in mimetischen Prozessen nicht instrumentell entwickelt werden können. Im mimetischen Spiel müssen erst *Tönung* und *Einfärbung* durch die erlebte Zeit hinzukommen, um sie zu erzeugen. Erlebte Zeit wird in Handlungen konstituiert, ist „bedeutete Zeit" und gehört „zur semantischen Dimension" einer Darstellung (GEBAUER/WULF 1998a, 282).

Wir greifen erneut das anfangs des letzten Kapitels diskutierte Straßenbeispiel BANNMÜLLERs auf, um die semantische Offenheit der beschriebenen Szenerie und mögliche Differenzen von Bewegungsempfindungen zu verdeutlichen. Aus der Vogelperspektive – also ohne Aufmerksamkeit für Details – betrachtet, kommen Empfindungen des Fließens und Strömens in Betracht, verbunden mit den Zeiterfahrungen des „Langzeitigen" „oder einem Gefühl der Endlosigkeit" (VON LABAN ²1996, 80). Die auf der Straße zu beobachtenden Ereignisse wiederholen sich nach dem immer gleichen Muster des Hin und Her in andauernder pulsierender Bewegung.

Aus der distanzierten Position eines Beobachters würde auch ein tragisches Ereignis wie der Verkehrsunfall in dieses Muster eingeordnet, nämlich im Sinne VON LABANs (²1996, 80) nur als „kurzzeitiges" Vorkommnis, das „augenblicklich" und „plötzlich" einträte, bald aber dem wieder eintretenden Fließen des Verkehrs wiche.

Distanziertheit erlaubt dem Beobachter eine geringer engagierte, vielleicht sogar unberührte Haltung zu dem Unfallereignis als solchem. Er sieht nicht genau, was geschehen ist, und ist in der Lage, es in den allgemeinen Rhythmus des Straßenraums – mehr formal – als vorübergehende Pointierung eines letztlich nicht aufzuhaltenden Verkehrsflusses einzuordnen. In einer ähnlichen Situation würde sich der Darsteller einer entsprechenden Straßenszene des Bewegungstheaters befinden. In seinen Empfindungen würde er im Wesentlichen Gesetzmäßigkeiten der Straßenzeit abbilden, kaum aber die Bedeutung des konkreten Unfalls.

Welche Bewegungsempfindungen haben wir nun bei der Betrachtung einer anderen mimetischen Darstellung, nämlich z.B. einer filmischen Dokumentation eines Crash-Versuchs von Autoherstellern? Der in der Straßenzeit als bloße Pointierung erscheinende Crash löst sich hier in eine lange Zeitlupendarstellung mit vielen Details des simulierten Unfalls auf. Auch hier könnten wir die von VON LABAN (^{2}1996, 80) bezeichneten Bewegungsempfindungen des „Langzeitigen" oder des „Gefühls der Endlosigkeit" zur Geltung bringen. Im Crash-Versuch erschiene sogar das Schleudern der Puppen und das Zusammenfalten des Materials des Fahrzeugs in eine harmonische Abfolge nicht enden wollender Zerstörung eingefügt. Und obwohl auch bei dieser Art von mimetischer Darstellung alles genau gesehen wird und es nur vordergründig um Puppen und Material, in Wirklichkeit aber um Simulationen mit Menschsymbolen geht, müssen die Empfindungen des Beobachters nicht von menschlicher Betroffenheit bestimmt sein.

In beiden Beispielen, dem Straßenbeispiel wie in der Crash-Simulation zeigt sich, dass Erleben und Empfinden in verschiedene Richtungen entwickelt werden können, z.B. in Richtung auf eine Ästhetik der Form und Struktur von Prozessen oder in Richtung auf Betroffenheit und Mitgefühl für die beteiligten Menschen. Diese Alternative besteht grundsätzlich. Man muss sich dabei bewusst machen, dass „Bewegungsempfindungen", wie sie VON LABAN definiert hat, eher einer Ästhetik der Form zuzuordnen sind. Sie bleiben in Bezug auf konkrete Ereignisse und ihre Bedeutungen abstrakt.

Im Sinne von GEBAUER/WULF verstehen wir *Mimesis* demgegenüber nicht als die Kunst eines mit kaltem Auge nachschaffenden Subjekts, sondern als ein Spiel, in dem auch Betroffenheit und Schmerz zum Thema werden können. Dementsprechend ist Spielzeit *erlebte Zeit* und gegenüber Lebenserfahrungen nicht neutral.

5.1 Die Zeit als Bewegungsspielzeit

Unter **Bewegungsspielzeiten** verstehen wir Zeiten, die wir mittels struktureller und inhaltlicher Merkmale erschließen. Wie bei den Räumen können wir auch hier grob unterscheiden zwischen Zeiten, die weniger streng gegliedert, geordnet und abgegrenzt – d.h. **offener** – sind, und solchen, die **geschlossener** organisiert sind, deren Beginn und Ende markiert sind und deren Dauer von Themen sowie von Elementen des Handlungsaufbaus und der Handlungslogik geordnet ist.

Die Zeit des Spielgeschehens als offene Zeit

Wir beginnen wieder mit der Beobachtung eines freien Spiels von Kindern im Kindergarten-, Vor- und frühen Grundschulalter (drei Mädchen: A., An., D; zwei Jungen: M., N.). Das Spiel findet auf einer asphaltierten, ansteigenden Sackgasse statt, die auf einem größeren, ebenen Wendeplatz endet, und bezieht Zufahrten anliegender Grundstücke ein. Wir gliedern das Protokoll in neun Abschnitte.

Radfahren und Spielen

Abschnitt 1
A. und M. fahren mit ihren Rädern auf der Straße, auf dem Fußweg und auf den Garageneinfahrten. Sie beschreiben Kreise, fahren um offene Zaunfelder und mehrmals durch eine enge Passage zwischen einem Zaun und einem geparkten Auto. Diese Passage ist wenig mehr als 1 m breit. Ein Anhalten ist nicht möglich, das Balancehalten wichtig. Beide Kinder passieren die Gasse geschickt, wenn auch nicht ganz ohne Mühe. Sie bewegen sich gemächlich, ohne feste Ziele. Sie halten, bleiben auf dem Sattel sitzen und stützen sich mit einem Bein ab. Sie werden von Nachbarkindern begrüßt, die sich nun in der Nähe von A. und M. aufhalten.

Abschnitt 2
N. (zu A.): „Möchtest du mit D. spielen?"
A.: „Nein, ich will nicht mit D. spielen."
N.: „Nee, spielen wollen wir heute gar nichts."
N. versucht, A. beim Fahren zu behindern.
A.: „Stört mich nicht beim Fahrradfahren! Das mag ich nicht."
N. beugt sich über den Zaun und hebt ein Bonbonpapier auf.
N. (laut zu A.): „Ein Bonbon!"
A. fährt zu ihm.
A.: „Nur ein Stück Papier!"
N. nimmt ein Stück Bambusrohr und schlägt A., die weiterfährt, leicht auf die rechte Hand. A. weint.
N.: „Das tut doch nicht weh!"
A.: „Doch! Das tut wohl weh!"
M. stellt sein Rad ab und läuft ins Haus. N. folgt ihm. An. kommt.

Abschnitt 3
A.: „Na, An.!?"
A. stellt ihr Licht an.
A.: „Mein Licht ist an!"
An.: „Hast du geweint?"

Sie nähert sich A. und betrachtet sie aufmerksam. A. antwortet nicht. Sie steigt wieder auf das Rad und fährt. An. läuft ihr nach. A. passiert wieder die Gasse zwischen Zaun und Auto. Die Jungen kommen zurück. M. besteigt sein Rad.
N.: „Was soll ich jetzt wieder machen ... ohne Fahrrad? Ohne Fahrrad komm ich sowieso nicht weiter." – Er streckt A. die Zunge heraus.
N.: „Heulsuse!"

Abschnitt 4
M.: „Hol doch dein Fahrrad!"
N.: „Mein Fahrrad hat einen Platten."
M.: „Wir haben doch 'ne Pumpe."
N.: „Mein Vater hat kein Flickzeug."
M.: „Ach, das gibt es nicht."
N.: „Das gibt es schon."
M.: „Wenn N. nun kein Fahrrad hat!"

Abschnitt 5
N.: „Jetzt ist A. umgefallen."
A. ist gestürzt, auf einem Streifen Sand ausgerutscht. Sie weint sehr. N. hebt A.s Rad auf und fährt damit los. Ein wenig Haut ist abgeschürft.
A. (zu N.): „Du sollst mir mein Fahrrad wiedergeben!"
N. stellt das Rad ab. A. läuft hin, steigt aber nicht gleich auf.
N.: „Was soll ich jetzt? Mann, ich geh gleich nach Hause. Rad fahren kann ich nicht."
N.: „Wenn alle rumfahren, dann möchte ich auch gern fahren. Sowieso hab ich mir das jetzt angewöhnt."

Abschnitt 6
M. nimmt A.s Rad, N. das von M.
N.: „Wollen wir wieder Fangen spielen?"
M.: „Ja, gut!"
Sie fahren hintereinander her. Wer vorn fährt, sucht durch geschicktes Ausweichen und gelegentliches Antreten zu entkommen.
N. (jagt M.): „Ich fang dich! ... Nee, fang du mich mal!"
Sie fahren enge Kurven. Es geht offensichtlich darum, ganz nahe heranzufahren und sich – Reifen gegen Reifen – leicht zu berühren. Die Jungen tauschen die Räder aus.
N.: „Jetzt musst du mich fangen!"
M. berührt N. am Hinterrad. Er hat ihm den Weg abgeschnitten und ist seitlich auf ihn zugefahren.
N.: „Wir zählen die Ticke! Wer am meisten getickt hat!"
N. fährt ziemlich erfolglos hinter M. her.
N.: „Macht mir langsam keinen Spaß mehr mit dir!"

M. fährt an den Bordstein und stützt sich ab.
M.: „Klipp!"
N. fährt weiter. – D. kommt auf die Straße.

Abschnitt 7
D.: „Wo ist A.?"
N: „Die ist drin und heult sich tot."
M. fährt N. nach, obwohl eigentlich dieser gerade M. verfolgt. M. ist wendig und reagiert schnell.
N. (bleibt stehen): „Ich spiel nicht mehr."
Dies wird mehr scherzhaft geäußert. M. entkommt.
N.: „Das mach ich gleich nicht mehr mit."
Sie kurven um das Auto und schlängeln sich durch die Passage. M. fällt, ohne Schaden zu nehmen. N. tickt das liegende Rad.
M.: „Das gilt nicht!"
Er steht auf und fährt weiter. – D. steht, an einen Laternenpfahl gelehnt, und schaut aus gewisser Distanz zu.
D.: „Wo ist A.?"
N. (zu M.): „Kriminalpolizei!"
M. (nachdem er N. davongefahren ist): „Witzige Kriminalpolizei!"
Die Jungen jagen sich jetzt. Sie fahren eine recht steile Garageneinfahrt hinauf und schießen wieder hinunter.

Abschnitt 8
A. (zurück, zu N.): „Gib mein Fahrrad her!"
Sie steht, weint und protestiert. Die Jungen beeindruckt das nicht. Eher amüsiert es sie. Sie fahren provozierend nahe an A. vorüber. Sie rührt sich nicht. Schließlich bekommt sie ihr Rad doch zurück.
N. (steht ratlos): „Was sollen wir denn jetzt machen?"
M.: „Jetzt hast du ja wieder kein Rad!"
N.: „Jetzt ist das schöne Spiel vorbei."
M. stellt sein Rad ab.

Abschnitt 9
Die Jungen gehen die Straßen hinunter und verschwinden in N.s Haus. Mit einigen kleinen Spielzeugautos kommen sie zurück. Sie gehen die Gasse hinunter und lassen sich auf dem Fußweg, in der Kurve, nieder. Dort ist es am steilsten. Sie stellen ihre Autos auf und lassen sie bergab rollen ...

Die Spielsequenzen zeigen ein In- und z.T. Gegeneinander von Bewegungs- und Beziehungsthemen. – Bei den Bewegungsthemen

geht es um das Radfahren (1, 4, 6) und zum Schluss (9) um ein ruhiges Spiel mit einigen Miniaturautos. Beim Radfahren finden die Kinder etliche räumlich-materiale Herausforderungen, aber auch Gelegenheiten zu ansatzweisem Rollenspiel (*Kriminalpolizei*) und zu Verfolgungsspielen. Nicht alle sind hieran beteiligt. – **Beziehungsthemen** entstehen zwischen einzelnen Paaren. Gemeinsamkeiten werden z.T. beim Radfahren hergestellt (1, 6). Necken, Stören und Konfliktanlässe entstehen in den Abschnitten 2 und 4. Kontaktsuche und Ablehnung spielen in 3 und 7 eine Rolle.

Das Spiel insgesamt hat keinen festen Handlungsrahmen. Die Bewegungsthemen sind lose verbunden, folgen spontanen Einfällen. Sie entwickeln sich aber dennoch in einer gewissen Kontinuität um das Leitmotiv des Fahrens und Rollens, vor allem beim Spiel der Jungen. Ein gemeinsames Spiel der Mädchen kommt nicht zu Stande. Ihre Aktivitäten scheitern (mit Ausnahme von 1) bereits im Vorfeld und erscheinen als misslungene Zwischenspiele.

Die Aktivitäten verlaufen z.T. zwar neben- und gegeneinander, aber sie sind in unverbindlicher Weise doch verflochten. Höhepunkte und ein systematischer Handlungsaufbau fehlen.

Die Kinder verbringen eine gemeinsame Zeit in einer bestimmten Spanne und an einem gemeinsamen Ort. Auch sind Bemühungen um thematische und soziale Verbindungen unverkennbar in diesen Zeitrahmen eingebunden.

Andererseits können wir auch von getrennten Zeiten sprechen. Es widerstrebt uns, den gesamten Ablauf des Spiels pauschal als „sinnerfüllte" Zeit zu kennzeichnen (vgl. MOGEL ²1994, 120f.). Gerade die Beziehungen zwischen dem Jungenspiel und den Aktivitäten der Mädchen, die manifesten Abgrenzungen zwischen einzelnen Kindern, die Auftrennung in Aktions- und in unerwünschte, spannungsarme Beobachterrollen lassen auch *unerfüllte* Zeitverläufe erkennen. Die Zeit des Spiels besteht aus verschiedenen Perspektiven.

Unter *offener Zeit* des Spiels verstehen wir einerseits ein Merkmal, das Zeitverlauf und Zeiterleben weder nach objektiv messbaren Werten noch nach strukturellen Gesichtspunkten rekonstruieren lässt. Andererseits sind aber trotz aller Divergenzen auch Ansatzpunkte und Potenziale für konstruktive Entwicklungen wahrzunehmen.

Die Gesamtzeit des Spiels ist ein latenter Rahmen, in den letztlich doch alle Beteiligten eingeschlossen werden. Er produziert verschiedene Angebote, sich mit thematischen und sozialen Herausforderungen auseinander zu setzen. Wenn auch die Zeit in diesem Spiel nicht als abgeschirmte und durchgängig *sinnerfüllte Zeit* streng dramatisierter Ereignisfolgen erscheint, verbinden sich in diesem ausfüllbaren Rahmen Elemente von Neugier, thematischer Ausgestaltung und sozialen Handlungen. Sie verbinden sich sowohl im Mit- wie im Gegeneinander, im Gelingen wie im Misslingen.

Dieser Typus von Zeitverlauf, Zeiterleben und Zeitgestaltung ist charakteristisch für viele Kinderspiele.

Die Zeit des Spielgeschehens als geschlossene Zeit
Analog zum geschlossenen Spielraum der Bühne ist auch die Zeit des hier stattfindenden Spielgeschehens geschlossen. Sie ist die Zeit der Darstellung und zugleich die Zeit, die in den Handlungen von den Spielern dargestellt wird, „immer orientiert an einem Anfang und einem Ende, zwischen diesen beiden Zeitpunkten aufgespannt, mit einer eigenen sozialen Dauer" (GEBAUER/WULF 1998b, 267). Für die in diesem Zeitraum gespielten Bewegungen ist Zeit ein „verbindender Rahmen", der die Elemente zu einem Ganzen zusammenschließt und dieses auch „abgrenzt" (EPSTEIN 1989, 345ff.). Wie der Bühnenraum werden auch die Zeiträume des Spiels organisiert, um die Wahrnehmung der Zuschauer zu beeinflussen. Die Handlungen gewinnen ihre eigene herausgehobene Zeit. Die Zuschauer sollen sich in sie hineinversetzen, hineindenken bzw. die Handlungen aus ihrer Zeit heraus verstehen.

Diese Zeitpräsentation im Bewegungsspiel hat Konsequenzen für die dargestellten Bewegungen und für die dargestellten Inhalte. Wir wollen diese Konsequenzen etwas eingehender betrachten.

Die dargestellten Bewegungen. Wie wir schon oben ausführten, können Bewegungen *exemplifizieren*, von etwas *eine Probe liefern* oder auf etwas *anspielen*. Diese Möglichkeiten der Bezugnahme von Bewegungen auf Bewegungen zeigen, dass symbolisierende Bewegungen nicht der Zeitbindung einer gesamten Bewegungsausführung unterliegen, wenn sie eine bestimmte Form ausprägt (z.B. einen Sprung, einen Wurf, eine Körperrolle auf dem Boden). Symbolisierende Bewegungen können sich darauf beschränken, nur ausgewählte Aspekte einer Bewegung zu exemplifizieren, um sie für den Zuschauer kenntlich zu machen. So benötigt etwa der Pantomime keine materielle Leiter, um Steigen zu zeigen. Ebenso kann er, ohne den Boden zu verlassen, zeigen, wie man über ein unüberwindlich erscheinendes Hindernis hinwegspringt – nämlich durch *motorisches Exemplifizieren* und *Anspielen*.

Damit ist hier auch außer Kraft gesetzt, was in der Bewegungsforschung unter „konstanter Figurzeit" verstanden wird:

„... bei der Genese figuraler Form untersteht der Organismus einer Regel der Bindung der Bewegungsfigur an eine ihr zugeordnete Zeitspanne", z.B. bei einem „frei in die Luft geschriebenen Kreis", etwa, wenn er klein oder wenn er groß geschrieben wird (VON WEIZSÄCKER [4]1968, 134).

Dieser *Regel* folgen auch die Formwechsel zwischen verschiedenen Bewegungen, z.B. bei der Fortbewegung des Menschen, wenn er die Geschwindigkeit erhöhen will und nun vom Gehen zum Laufen wechseln muss. Jede Bewegung hat „eine eigene Koordination und also ein eigenes Innervationsbild". Zwischen Dauer und Form einer Bewegung besteht ein „funktionaler Zusammenhang" (BUYTENDIJK 1972, 56).

Nun wird die in einer darstellenden Bewegung gezeigte Bewegung nicht etwa einer neuen *Regel* unterworfen, sondern vielmehr in den Verstehenshorizont von Zuschauern übersetzt – geleitet allein von der Absicht des Spielers, eine bestimmte Botschaft zu übermitteln. Die dargestellte Bewegung wird Material für die Darstellung. Es reicht aus, wenn auf einige konstitutive Elemente Bezug genommen wird, damit sie erkannt werden kann. Auf dieser Grundlage ist es möglich, die eigentliche Botschaft herauszuarbeiten.

Nirgendwo tritt uns *geschlossene Zeit* deutlicher entgegen als im Spiel des Clowns.

„Clowns machen verrückte Sachen. Sie tappen blökend in Wassereimer, stürzen ungelenk beim Jonglieren, schlagen halbrunde Purzelbäume ..."
Sie folgen nicht dem Zeitbegriff der „realen" Wirklichkeit, sondern bringen diese in Übereinstimmung mit der „imaginären" (VON BARLOEWEN 1981, 79, 150).

Der Clown zeigt uns, dass man Bewegungen und ihre Zeiten als Konventionen entlarven kann, die nur vermeintlich als Fakten gehandelt werden. Sie verschwinden aus der „Sphäre der Tatsachen" (GOODMAN/ELGIN 1989, 128).

Im Verständnis von EHNI ist der Clown geradezu ein „Aufklärer" über diesen Sachverhalt, wenn er z.B.

„traditionelle (Bewegungs)-Figuren zerschlägt und mit den nunmehr losen Fragmenten spielt, sie neu und unerwartet verknüpft und damit auf das Selbstverständliche und auf Neues und Anderes zeigt" (1977, 210) oder – mit VON BARLOEWEN formuliert – eine „neue Synthese aus Teilen und Bewegungen" herstellt (1981, 152).

Der Clown hat seine Zeit, wenn er z.b. immer wieder vergeblich versucht, aufs Seil zu klettern, um zu fallen, bis es ihm „erst im letzten Ruck" doch noch gelingt (1981, 91). Mit dieser Kultivierung von Handlungen des Scheiterns endet der Clown dort, wo der Seiltänzer erst beginnt. Was dieser niemals zeigen darf, ist das Drama des Clowns. Eine Bewegung nicht zum Ende zu bringen, sie zu verzerren, an ihr zu verzweifeln usw. – damit verbringt der Clown seine Zeit. Aber in ihr liegt Sinn eigener Art. Dem permanenten Scheitern Zeit einzuräumen und diese nicht als bloße Durchgangs- oder Übergangszeit gescheiterter Versuche zu zeigen, verlangt nicht nur eine besondere „Könnerschaft" (EHNI 1977, 211), sondern die Anerkennung dieser Zeit als *erfüllte Zeit*. So spricht VON BARLOEWEN vom clownesken „Glück des Stolperns" und von der Befreiung von der „Last der Zweckfragen" (1981, 174, 152).

Die dargestellten Inhalte
„Die Bühnenzeit wird durch theatralische Handlungen konstituiert ... als bedeutete Zeit läßt sie sich mit physikalischer Messung nicht erfassen" (GEBAUER/WULF 1998a, 282).

Sie lässt sich auch nicht – wie wir soeben am Beispiel der Figurzeit einzelner Bewegungsformen gesehen haben – mithilfe von Gesetzmäßigkeiten „in der Gestaltung bestimmter Formen" „organischer Bewegung" beschreiben (VON WEIZSÄCKER [4]1968, 134). Wenn wir trotzdem von geschlossener Zeit sprechen, beziehen wir uns auf Merkmale, die sich aus der Konstruktion der gespielten Handlungen ergeben.

Um dies zu verdeutlichen, halten wir uns zunächst an eine Beschreibung von GEBAUER/WULF, die auf die „Zeitorganisation" von Läufen und Mannschaftsspielen zutrifft (1998 b):
„Für ein gutes Resultat im Mittel- und Langstreckenlauf ist es wichtig, daß die einzelnen Teilstrecken in gleichmäßig hohem Tempo durchlaufen werden. Andererseits weiß der Läufer, daß er die richtige Mischung und den rechtzeitigen Übergang braucht von Zeitdehnung (Hinhalten, Lauern) und Zeitkompression (Spurten), um seine Stärken gegenüber den Gegnern auszuspielen. Die Zeit in den Läufen ist ... monochrom, d. h., man ist auf eine Handlung konzentriert; diese wird, wenn sie einmal angefangen worden ist, zum Abschluß gebracht. Im Fußball-

spiel verhält es sich anders: Die Spieler tun mehrere Dinge zugleich; die Zeit des Fußballs ist ... synchron. Das Können des Spielers besteht nicht zuletzt darin, die verschiedenen Zeiten von Mitspielern und Gegenspielern miteinander zu koordinieren. Synchronie ist eine Zeitorganisation, die es einer starken Person (oder einem Kollektiv) erlaubt, den zeitlichen Ablauf des gesamten Geschehens zu bestimmen – diesen je nach Absicht zu verlangsamen oder zu beschleunigen" (68).

Die in diesen Sportarten beobachtete „Zeitorganisation" betrifft komplette Handlungen, ihren Gesamtaufbau und inneren Zusammenhang. Alle Einzelaspekte dieser Handlungen haben ihren Platz in der zeitlichen Ordnung. Es gibt zwar Alternativen, diesen Ablauf zu modulieren, die aber nicht beliebig ergriffen werden können. Die *Zeitorganisation* von Sporthandlungen weist gegenüber der Zeitgestaltung von gestischen Handlungen wesentliche Unterschiede auf. Zwar lässt sich auch die *Bühnenzeit* nach Merkmalen einzelner Handlungen als *monochrone* oder nach Merkmalen verbundener Handlungsstränge als *synchrone* beschreiben. Allerdings treten die Elemente von gestischen Handlungen nach anderen Gesichtspunkten in Verbindung.

Der Spieler bzw. die Dramaturgie, der er folgt, haben im Prinzip freie Hand und können weit gehend abgehoben von dem realzeitlichen Vorbild vorgehen. So können sie z.B. Handlungen umkehren, zuerst das Ende eines Geschehens darstellen und erst im Nachhinein zeigen, wie es zu diesem Ende gekommen ist und welche Momente dabei eine Rolle gespielt haben. Sie können Elemente im Zeitablauf zusammenfügen, die im realzeitlichen Ablauf niemals zusammentreffen. Sie können Handlungen komprimieren oder dehnen, selektieren und weglassen, akzentuieren oder Höhepunkte einebnen, überlagern oder trennen.

Die Freiheit motorischer Symbolisierung besteht in der Möglichkeit, Verborgenes sichtbar zu machen, scheinbar Nebensächliches herauszustellen oder auch die Harmonie zusammenspielender Bewegungsmuster darzustellen, ohne an den Grenzen technischer Könnerschaft der Spieler scheitern zu müssen. Die Spieler im symbolischen Spiel können Perfektion erreichen, ohne ein eingespieltes Team zu sein, indem sie typische Interaktionen des Spiels bloß darstellen. Die Synchronie der Muster wird erreicht durch theatralische Abstimmung und Konzentration auf das Wesentliche, nicht aber durch die perfekte Koordination vieler perfekt beherrschter Elemente des realen Spiels.

Derartige theatralische Versuche wurden gelegentlich in der Unterrichtspraxis unternommen. Dabei lag die Absicht zu Grunde, Schülern in Experimenten auf methodisch originelle Weise einen Zugang zum Erfahren von Strukturen des Spiels zu ermöglichen. Dieses wird im alltäglichen Schulunterricht im Allgemeinen nicht erreicht, weil die Schüler im Durchschnitt nicht zu einem höheren Spielniveau gelangen können (SMIDT 1985, 59ff.: Fußball als Theaterspiel). Das übergeordnete Thema solcher Experimente heißt demnach: Fußballspielen spielen. – In diesen Versuchen werden Handlungen uminszeniert und in eine neue *Zeitorganisation* gebracht.

Merkmale von Geschlossenheit ergeben sich ebenfalls aus der Tatsache, dass Spiele nicht nur ihre eigene Zeit haben, sondern auch Spiele in einer bestimmten Zeit sind. Die in den Spielen dargestellten Inhalte wandeln sich und mit ihnen die *Zeitorganisation*. Spieler folgen z. B. aktuellen Trends oder anhaltenden Veränderungen ihres Lebensgefühls. Sie finden in bestimmten Spielen besonders geeignete Medien, diese Motive auszuleben und ihrem Lebensgefühl Ausdruck zu geben. Die Handlungen im Spiel sind als *theatralische* Handlungen zu identifizieren, die den Charakter des Spiels – wenn es sich z.B. um ein traditionelles Sportspiel handelt – durchgreifend ändern können.

Dieses wurde etwa bei der Entstehung des Streetballspiels aus dem Basketball von KUGELMANN beschrieben (1995, 13ff.). KUGELMANN nennt drei wichtige Motive von beobachteten Jugendlichen:
- „eindeutige Identität zu entwickeln durch Orientierung an Idolen;
- sich als Individuen im Unterschied zu den Erwachsenen zu präsentieren und gleichzeitig
- die Sehnsucht nach sozialer Bindung zu befriedigen" (15).

In einer detaillierten Analyse belegt KUGELMANN, wie *Lebensgefühl* und *Zeitgeist* in aktuellen Symbolen aufgegriffen und in das Spiel transportiert werden. In der selbstinszenierten Bewegungskultur der Jugendlichen wird Streetballzeit zur Bühnenzeit, die sich gegenüber der traditionellen Zeitorganisation des Basketballspiels neu strukturiert.

Das lässt sich auch anhand des neuen Regelwerks gut rekonstruieren. Gegenüber dem Basketball kommt es zu einer Reduktion auf die spannungsreicheren Szenen des Angriffsaufbaus, der Abwehr und des Zielwurfs. Unterbrechungen durch Auszeiten entfallen. Vorbereitungen des Angriffsaufbaus im Rückfeld fallen ebenso weg, da nur noch ein halbes Basketballfeld und ein Korb zur Verfügung stehen. Die Ausdehnung des Angriffs über die vorgeschriebenen 30 Sekunden nach einem Wurf hinaus wird zugunsten des Wechsels aufgehoben. Diese neue Zeitorganisation unterstützt die Konzentration auf das vermeintlich Wesentliche, verabsolutiert die Höhepunkte und strafft den Spannungsablauf.

In eigenartigem Kontrast zu diesen Zuspitzungen und Straffungen scheinen nun aber folgende Beobachtungen zu stehen, die KUGELMANN zitiert: Die Jugendlichen verstehen sich nicht als „feste Mannschaft", die einem „kontinuierlichen Training" unterworfen und zu „sozialer Verantwortung" verpflichtet wird.

„Flexibilisierung, wenig Bindung, wenig Verantwortung, Fun-Erlebnis, Körpererfahrung und -stilisierung werden bevorzugt."

„Das Treffen des Korbs, der Fortgang des Spiels bleiben dabei oft sekundär." Hingegen werden Vorbilder imitiert, „ihr Lauf, ihre Spielkombinationen unterm Korb, ihre Sprünge, ihre Würfe (z.B. ,Skyhooks', Dunkings oder ,No-look-Pässe') ... Ob der Ball ins Netz sackt oder nicht, scheint ... völlig egal zu sein" (1995, 16).

Körperdarstellung, Annäherung an „bestimmte (ideale) Körperbilder", sorgfältige Modeanleihen und Ausstattungen signalisieren deutliche Verschiebungen der Motive in Richtung einer Selbstdarstellung, die nicht mehr in den Spielleistungen mit allen zu ihr gehörenden Anforderungen gesucht wird, sondern in der gelungenen Anspielung auf solche Leistungen. Infolgedessen ist es nicht notwendig, sich auf die komplexe Spielhandlung des Basketballspiels einzulassen. Aus diesem werden vielmehr die besonders auffälligen Elemente und Züge des Spiels herausgehoben und neu zusammengeschlossen. Es sind diejenigen Elemente und Züge, die vor allem für die Selbstdarstellung der Spieler geeignet sind.

Die Gesamtzeit des ursprünglichen Spiels wird fragmentiert und als Bühnenzeit theatralisch wirksamer Spielfragmente neu organisiert.

5.2 Die symbolischen Zeiten der Spiele

Unter **symbolischen Zeiten** verstehen wir Zeiten, die auf bestimmte Intentionen und Erlebnisweisen der Spieler hindeuten. Zeit unterliegt der Interpretation und Formung durch das bezugnehmende Subjekt, das aber auch selbst gesellschaftlicher und kultureller Interpretation von Zeit unterworfen ist.

Ausgangspunkt unserer Überlegungen sind zeitliche Aspekte der Geste, die wir als den Kern des Symbolspiels beschrieben. Unter *Bezugnahme* verstehen wir hier die Art und Weise, wie die Geste ihren Gegenstand konstituiert und dabei zeitliche Beziehungen in zwei Richtungen ausformt.

Erstens: Gesten nehmen auf „Vorgängiges" Bezug. Sie nehmen a) auf etwas Bezug, das bereits der Vergangenheit angehört. Oder sie nehmen b) auf etwas Bezug, das noch fortbesteht. Beide Versionen haben einige Gemeinsamkeiten.

Gesten entstehen als sinnlich-gegenwärtige Erscheinungen, die in der Präsenz des Körperlichen und in der Aktualität der jeweiligen körperlichen Bewegung begründet sind. Von ihrer Dauer aus gesehen, wirkt die Geste im Fall a als Aktualisierung eines Ereignisses, das abgeschlossen ist. Im Fall b wirkt sie als eine Bezugnahme auf ein Ereignis, das noch andauert oder sich in ähnlicher Form wiederholen kann. Dies trifft z.B. auf formelhafte Körpergesten zu (Begrüßungsrituale, Zeigegesten usw.). Beiden Fällen liegt aber prinzipiell die gleiche Zeitrelation zugrunde. Sie ergibt sich aus der Symbolkonstruktion selbst, nämlich als Geste niemals zeitlich zugleich das sein zu können, worauf sie Bezug nimmt.

Daraus folgt: Die Geste produziert – indem sie auf *Vorgängiges* der einen oder der anderen Art Bezug nimmt – immer Vergangenheit: Im Fall a versetzt sie sich in Gewesenes, indem sie es reproduziert. Im Fall b tritt sie in ein Verhältnis zu noch Existierendem, von dem sie eine Wiederholung liefert. – Für beide Fälle gilt: Als Mimesis trifft die Geste auf etwas, das bereits interpretiert ist und dem eine Sinnstruktur schon zu Grunde liegt. Sowohl im reproduzierenden Verhältnis der Geste zu ihrem Gegenstand als auch im wiederholenden Verhältnis erreicht sie das *Vorgängige* – das Vergangene oder das noch Existierende – nur aus einem Abstand und durch eigenständige Annäherung. Weder die Reproduktion noch die Wiederholung – so authentisch und genau sie auch sein mögen – können eine Kopie sein.

Reproduktion und Wiederholung erfordern eine Leistung. Wir bezeichnen sie als **gestisches Interpretieren**, das in zeitlicher Versetzung zum *vorgängigen* Gegenstand geschieht. – Die beiden Begriffe *Reproduktion* und *Wiederholung* enthalten also Beschreibungen einer zeitlichen Relation zur Vergangenheit, die sich in Nuancen der Genauigkeit und Authentizität unterscheiden. Sie enthalten aber keine Beschreibungen, welche Absicht mit der Geste verfolgt wird. Damit kommen wir zu der zweiten Richtung, in der zeitliche Relationen durch Gesten ausgeformt werden.

Zweitens: Gesten produzieren Gegenwart. Ihnen liegt nicht die Absicht zu Grunde, sich dem *Vorgängigen* nur anzugleichen, sich ihm ähnlich zu machen oder es bloß wieder aufleben zu lassen. Vielmehr geht es darum, dem Reproduzierten oder Wiederholten in der körperlich-motorischen Aktion eine neue Gegenwart zu verschaffen, die auch einen eigenen Sinn erfüllt. Dies impliziert immer Abweichungen und Korrekturen an der Vorlage, vor allem aber eine „Reorganisation" der Erfahrungen mit ihr (GOODMAN 1973, 74). So können z.B. Ereignisse, auf die Bezug genommen wird, paradigmatische Eigenschaften annehmen. Diese werden in der gestischen Interpretation herausgearbeitet.

Anhand der nachfolgenden Beispiele wollen wir untersuchen, wie Gesten ihre Zeit herstellen und damit das Verhältnis von Vergangenheits- und Gegenwartsbezug entwickeln. Dabei treten große Unterschiede auf. Sie ergeben sich aus der größeren zeitlichen Entfernung (reproduzierender Modus) und der größeren zeitlichen Nähe (wiederholender Modus) oder aus der größeren kulturellen Distanz und der stärkeren Verbindung der Lebensräume. Das dritte, vierte und fünfte Beispiel unterscheidet sich von den beiden ersten noch in einem anderen Punkt. Die Geste sucht keine Anhaltspunkte mehr in irgendeiner historischen Zeit oder in einer sozialen und kulturellen Gegenwart. Sie bezieht sich stattdessen auf Mythen, Fabeln, Märchen, Träume und Formen.

Erstes Beispiel: Mellnau (BERND 1988, 112ff.)
Das vorgestellte Projekt soll als Beispiel für die *Reorganisation* von Zeiterfahrung herangezogen werden. Zwar verfolgt BERND einen szenisch-umfassenden Ansatz. Er liefert aber viele Anhaltspunkte, die die Bedeutung gerade der gestischen Interpretation erhellen.

Es handelt sich um ein mehrjähriges Projekt der Dorfkulturarbeit in dem Ort Mellnau (in der Nähe von Marburg), das im Juni 1984 zum ersten Mal als Stück aufgeführt wurde. Ziel waren die Auseinandersetzung und Vergegenwärtigung eines Teils der jüngeren Geschichte des Dorfes, die mit szenischen Bildern aus

5 Die Zeit

dem Jahre 1911 (Einweihung eines Wasserwerks), aus den Jahren des Ersten Weltkriegs, des Dritten Reichs und des Zweiten Weltkriegs im Stück belegt wurde.

Vergegenwärtigung versteht BERND als Verarbeitung „subjektiver und kollektiver Erfahrungen" und Selbsterforschung von mittelbar und unmittelbar Betroffenen. Als geeignete Methode gilt die so genannte „Spurensicherung", mit der die historischen Elemente erkundet und aus dem Blickwinkel der Gegenwart ausgearbeitet werden.

Im Mellnauer Projekt kreuzen sich zwei Zeitstränge, die in der *Spurensicherung* erfasst und in der reproduzierenden Geste *vergegenwärtigt* werden.

Der eine Zeitstrang vereinigt Elemente, die das Leben jener Zeit bestimmten. Dazu gehören etwa alltägliche Handlungen, Arbeitsvollzüge (wie z.B. Sägen und Brotbacken), bestimmte Rollenhandlungen, Heiraten, Feste und Feiern (Lieder, Tänze), Kleidung und Gegenstände des täglichen Gebrauchs. Hier werden Erinnerungsspuren aufgenommen, die nicht das Einmalige, das Zufällige und Akzidentielle herausheben, sondern eher das Typische eines gelebten Lebens. Die Elemente haben ihren Platz im Ablauf der vergangenen Zeit, kehren regelmäßig wieder und sind Bestandteile einer „hierarchisch" geordneten Periodik des Zeitflusses (EPSTEIN 1989, 348). Es ist die Zeit der Älteren, die diesen Rhythmus noch selbst erlebt haben, bzw. die Zeit der Vorfahren, die in einzelnen Traditionen und Überlieferungen noch rudimentär nachlebt.

Im Mellnauer Projekt geht es allerdings nicht primär um ein Wiederaufleben lassen dieses Zeitstrangs, schon gar nicht um eine nostalgische Verklärung der so genannten guten alten Zeit, sondern eher um die konstruktive Störung des beruhigten kollektiven Gedächtnisses von Bewohnern eines Dorfs.

Zweiter Zeitstrang: Die Bilder des Dritten Reichs und der Kriege zeigen das Einbrechen von Barbarei und Zerstörung. Dies wird nicht als unvermeidliches Schicksal dargestellt, dem sich alle beugen mussten, unter dem sie gelitten haben und ihre Opfer bringen mussten. Die Darstellungen konzentrieren sich vielmehr auf Verflechtungen und Verstrickungen, die im konkreten Handeln, in signifikanten Ereignissen, in gemeindepolitischen Abläufen und in der Haltung der Bürger aufgespürt werden. Sie zeigen anhand sorgfältig ausgewählter Situationen, Gruppen- und Massenszenen und Einzelrollen, wie labil Dorfkultur und Lebensrhythmus sein können und der

Infiltration unterliegen, aber vor allem wie der Einzelne in diesen Prozess involviert ist und diesen auch aktiv mitgestaltet.

Der kalendarische Abstand des Projekts zum Geschehen macht es zwar leichter, die Kreuzung beider Zeitstränge in der Darstellung zu vollziehen. Aber BERND belegt, wie die Auseinandersetzung dennoch Betroffenheit durch Vergegenwärtigung herstellen und wie eine *Reorganisation* der Zeiterfahrung des Einzelnen stattfinden konnte. Sie besteht gerade in der Verknüpfung beider Stränge. Jeder einzelne Spieler bildet seine Rolle in beiden ab.

Zweites Beispiel: Melonenspieltanz der Kalahari-Buschfrauen (SBRZESNY-KLEIN 1991)
Das Spiel wurde zur Zeit des Berichts (1985) noch regelmäßig gespielt. Es ist neben der Beschreibung auch in wissenschaftlichen Filmdokumenten belegt. Es weist eine Reihe von Eigenschaften auf, die es für uns als Zeugnis einer fremden Kultur erscheinen lassen.

„Meist wird dieser Tanz von einer spielmotivierten Frau oder einem Mädchen initiiert. Gleichgestimmte schließen sich dann dem Spiel spontan an, andere schauen zu oder klatschen auch nur den Rhythmus mit. Die Stimmungsübertragung erfolgt durch das Singen und Klatschen einer einzelnen. Dabei jongliert sie zunächst mit einer Melone (orangengroß) wie mit einem Ball, wirft die Feldfrucht hoch, fängt sie, klatscht dabei in die Hände und singt. Sie singt dabei kein Lied in unserem Sinn, sondern melodiert gutturale Lautäußerungen, wie z.B. «ua-ea-ua-ea» zu einem Singsang. Andere fallen in diesen ein, schon wird die Melone einer anderen zugeworfen, und bald bildet sich ein Kreis, in den sich jede Spielwillige einreihen darf. Die Rhythmusvorgabe erfolgt einzig und allein durch ein Handklatschen, das die Buschfrauen anders praktizieren als wir. Sie klatschen nicht eine Hand in die hohle Handfläche der anderen, sondern schlagen beide gespannten und gestreckten Handflächen aneinander. Dadurch entsteht kein dumpfer Ton wie bei uns, sondern ein harter, scharfer Knall. Nicht alle Tänzerinnen klatschen den gleichen Takt. Sie praktizieren vielmehr einen «double beat», der sich erst zum endgültigen Rhythmus ergänzt.

Man stelle sich diesen «double beat» so vor: Eine klatscht z.B. den Takt: lang, kurz, kurz, kurz. Eine andere klatscht ständig: kurz, kurz, kurz etc. Ich will zur weiteren Beschreibung folgende Symbole wählen: lang = 1, kurz = 0, eine Pauseneinheit zwischen Klatschen = -. Intervall = ,
Erste klatscht: 1 - - 0 0 0, 1 - - 0 0 0, 1 - - 0 0 0.
Zweite klatscht: 0 0 0 0 0 0, 0 0 0 0 0 0, 0 0 0 0 0 0.

Beide Taktfolgen ergeben, gleichzeitig geklatscht, den endgültigen, harmonischen Rhythmus, wie er sich dem Zuhörer darstellt. Es kann sogar noch eine dritte

5 Die Zeit

Taktgruppe geben, die kurz vor Strophenende noch eine Art Synkope klatscht. Durch den «double beat» ist die Tanzgruppe beim Händeklatschen in wenigstens zwei Taktgruppen unterteilt, die sich in perfekter Weise aufeinander abstimmen.

Eine Tänzerin mit der Feldfrucht in der Hand eröffnet den Reigen. Sie tanzt zum scharf geklatschten Rhythmus und zum Singsang der anderen mit ein paar Schritten vorwärts aus der Riege heraus, wiegt sich dann im Takt an einer Stelle hin und her, tanzt mit einer individuell variierten Schrittkombination nach rechts und links, wirft danach die Melone mit einer seitlichen Rückwärtsbewegung zur Kreisaußenseite der ihr nachfolgenden Tänzerin zu und reiht sich schließlich klatschend und singend wieder ein. Dies muß exakt innerhalb einer Rhythmusstrophe geschehen, d.h. Abwurf der Melone und Fangen müssen ohne Unterbrechung bei Strophenende erfolgen, und die Tänzerin hat nur den Strophenablauf für ihren individuellen Tanz zur Verfügung. Die Nachfolgende muß zur nächsten Sequenz die Melone fangen, tanzen und wie die Vorgängerin weitergeben. Für den Einzeltanz gibt es gewisse Standardfiguren, die mit großer Ernsthaftigkeit und Konzentration auf die Schrittfolge, die Körperhaltung, die Taktfestigkeit und die Ballübergabe erfolgen. Zusätzlich erfinden sie jedoch stets neue ergänzende Bewegungsformen, die als Figuren von den anderen übernommen werden, was dann als ‚Mode' für den Tag unter viel Gelächter von den anderen im Tanz nachgeahmt wird.

Wichtig ist, daß die Tänzerinnen dem vorgegebenen Takt genau folgen. Der kleinste Fehler führt zur Unterbrechung des Spiels. Die Betroffene wird dann von den anderen ausgelacht, der Fehler kommentiert, die Ungeschicklichkeit gar von den Mitspielerinnen nachgeäfft. Auslachen ist eine milde Form der Aggression. Sicherlich steckt im Lachen generell und im Auslachen im besonderen eine aggressive Komponente. Als Auslachen erfüllt es die gleiche Funktion im Dienste der Erhaltung der Gruppenhomogenität wie das Spotten, indem es der Ausgelachten mitteilt, woran die Gruppe Anstoß nimmt – etwa an ihrem Ungeschick. Schließlich ‚tanzt ja die Betroffene aus der Reihe', und dies stört die Harmonie. Im Einklang handeln bindet. Die Spielenden koordinieren ihr Tun nach dem Rhythmus, dem Klatschen und dem Singen. Im Takt zu bleiben ist für den einzelnen oberstes Gesetz. Halten sich alle an die Regel, so funktioniert das Spiel. So gewinnt der Tanz nicht nur an Übungswert ... für eigene Geschicklichkeit, Körperbeherrschung und Ideenreichtum, sondern erfüllt darüber hinaus eine bindende Funktion durch das aufeinander abgestimmte Handeln – das Synchronisationsritual.

An einem Spieltanz nehmen alle teil, die gerade Lust dazu haben, und meist tanzen alle gerade anwesenden Frauen und Mädchen des Dorfes – Mütter mit dem Säugling auf dem Rücken, Schwangere, Mädchen aller Altersstufen, ja selbst die älteste Großmutter, die oft am besten tanzt. Bei den Buschleuten gibt es keinen Traditionsabriß. Alt und jung spielen zusammen und sind über ein gemeinsames Können und Praktizieren von Spielen stark miteinander verbunden. Interessanterweise wird der Tanz sehr schnell zur Schaustellung, wenn sich die restliche Dorfgemeinschaft als Zuschauer um die Tanzgruppe versammelt. Dies merkt man daran, daß die Frauen dann nur noch die älteren Mädchen mittanzen lassen und die kleineren ‚abschieben', da diese noch häufig Fehler machen. Diese singen und klatschen dann am Rand des Spielgeschehens mit und üben für sich die Tanzschritte" (52-54).

Die Humanethologin SBRZESNY-KLEIN erörtert einen Unterrichtsversuch in der 9. Klasse eines Münchner Gymnasiums, bei dem *Übertragungsmöglichkeiten* für unseren Kulturkreis ermittelt werden. Hierbei werden neben den didaktischen und methodischen Aspekten auch grundsätzliche Probleme einbezogen. Das Spiel gehört einer nicht *abgerissenen* Spieltradition der Buschleute an. Es steht ferner in einem Interpretationszusammenhang mit der Identität, der Sozialstruktur und Lebenseinstellung dieser Gesellschaft, insofern es diese Bezüge aufnimmt und gleichzeitig stärkt.

Jeder gespielte und getanzte Melonenspieltanz ist also eine Reproduktion einer gemeinsamen Vergangenheit und eine Bestätigung und Befestigung von fortgeltenden und über das Spiel hinaus geltenden Orientierungen und Werten, d.h. auch eine Definition von erlebter Gegenwart.

In dieses Zeitverhältnis können die Münchner Schülerinnen nicht eintreten. Aber sie können versuchen, über die körperlich-motorische Aneignung der Formen und Regeln des Spiels – über die Musikweise, die Klangbilder, den Rhythmus, die Klatschbewegungen und Bewegungsfiguren – sich dem Bedeutungskern des Spiels zu nähern. Nur vordergründig erfahren sie am eigenen Leibe, welche Schwierigkeiten das Spiel in den einzelnen Anforderungen bereitet und wie dementsprechend tief es in der Kultur der Buschleute verankert sein muss.

Für SBRZESNY-KLEIN müssen aber alle Einzelaspekte in einem perfekten *Synchronisationsritual* zusammenfließen, und zwar in zweifacher Hinsicht: Es fügt in den Bewegungen verschiedene formale und inhaltliche Elemente in einer Zeit zusammen. Und es *bindet* zugleich alle Teilnehmer auf dieser Grundlage zu einer Gruppe zusammen, die als ein homogener Gruppenkörper handelt und seinen einzelnen Teilen nur einen begrenzten individuellen Spielraum lässt. Die einzelne Tänzerin zeichnet sich aus, wenn sie sich perfekt einfügt und die Grenzen dieses Spielraums nicht überschreitet, aber innerhalb seiner auch eine gewisse Kreativität in der Erfindung und Variation besonderer Figuren beweisen kann. Andernfalls wird sie durch Auslachen milde bestraft.

Zu Recht hat FUNKE-WIENEKE (1997, 34, 37) diese Spielpraxis als besonders intensive Form eines **sozialen Lernens** bezeichnet, das vor allem in den Bewegungs- und Körpererfahrungen wurzelt. – Tatsächlich gewinnt das Spiel in dieser Dimension seine eigene Zeit. Sie ist nicht als abgemessene Dauer oder als Zeit der formalen Übereinstimmung der Spielelemente zu erfassen.

Der Unterrichtsversuch zeigt dann auch, dass die Logik eines zergliedernden Aufbaus den Schülerinnen zwar eine Brücke bauen kann, dass sich der Unterrichtserfolg aber nur nach langem Bemühen und nur in der intensiven Erfahrung des *gruppenbindenden Synchronisationsrituals* als eine gemeinsam erlebte Zeit einstellen kann.

Drittes Beispiel: Der Traum des Puppenspielers (SIEBEL 1983)
Das Spiel folgt einer Textvorlage und wurde von Kindern der Primar- und Orientierungsstufe im Sportunterricht in freier Gestaltung nachgespielt.

„Es lebte einmal ein Puppenspieler in einer kleinen Stadt in Italien. Er war schon sehr, sehr alt, und im Laufe der Jahre hatten sich sehr viele Puppen bei ihm angesammelt, die er alle so liebte, daß er sich nicht von ihnen trennen konnte.

Eines Abends saß der Puppenmacher bis tief in die Nacht in seiner Werkstatt und schnitzte ganz versonnen an einer zierlichen, kleinen Puppenfee. Über seine Arbeit gebeugt und ganz vertieft merkte er gar nicht, wie er müde wurde. Und so kam es, daß der Puppenmacher langsam einnickte und bald tief und fest schlief und einen wundersamen Traum träumte.

Er träumte, daß alle seine Puppen auf einmal zum Leben erwachten. – Doch der Traum des Puppenmachers schien Wirklichkeit zu werden. Wenn man genau hinsah, konnte man sehen, daß die Puppen ihre Augen langsam hin- und herbewegten und ihre Köpfe vorsichtig nach links und rechts drehten. Als die Turmuhr zur dritten Stunde des neuen Tages schlug und der letzte Glockenschlag verklungen war, geschah etwas sehr Wundersames. Die Puppen fingen an, sich wie von selbst zu bewegen. Die Zinnsoldaten setzten vorsichtig ein Bein vor das andere und versuchten zu marschieren. Die Feen schwebten, wie von Zauberhand geführt, durch den Raum. Die Bären tapsten schwerfällig und unbeholfen hin und her. Kasperl machte seine Späße. Die Marionetten bewegten sich, wie von unsichtbaren Fäden gezogen. Das Tanzäffchen hüpfte fröhlich hin und her und schlug mit dem Becken.

Doch auf einmal war ein lautes Stampfen zu hören. Was war das? – Alle Puppen horchten auf und erschraken sehr. Der Zauberer war aus seinem Schlaf erwacht und kam unheilverkündend näher. Laute Zaubersprüche ausrufend, versuchte er, die Puppen mit seinem Stab zu verzaubern. Die Puppen versuchten, zu fliehen und sich zu verstecken, doch die Werkstatt des Puppenmachers war viel zu klein. Der Zauberer verzauberte eine Puppe nach der anderen zur Marmorsäule – außer dem Kasperl, der immer entwischen konnte. Er holte sich schnell einen Hammer von des Puppenmachers Werkbank. Als der Zauberer wieder näher kam, schlug er kräftig auf ihn ein, bis er laut schreiend und fluchend die Werkstatt verließ. Darauf erhob sich ein gewaltiges Donnern und Rauschen. Alle Puppen zitterten wie Espenlaub und lösten sich aus ihrem Bann.

Langsam und vorsichtig bewegten sie sich hin und her. Als sie sahen, daß der Zauberer verschwunden war, tanzten sie vor Freude in der ganzen Werkstatt herum. Sie drehten sich im Kreis, tanzten immer schneller und trieben es so schlimm, daß ihre Gelenke schon knacksten. Wie von Teufelshand getrieben, sprangen sie in der Werkstatt herum, eine fremde Macht schien sie zu bewegen. Auf einmal fielen alle Puppen klirrend und scheppernd zu Boden und blieben reglos liegen.

Durch den Krach geweckt, erhob sich der Puppenmacher und wunderte sich über das Chaos in seiner Werkstatt. War das ein Traum oder Wirklichkeit? Niemand weiß es, und wenn der Puppenmacher noch nicht gestorben ist, so sitzt er noch heute in seiner Werkstatt und wundert sich über die seltsamen Geschehnisse in jener Nacht" (14f.).

Als aufgeführtes Spiel findet die Geschichte in einer geschlossenen Bühnenzeit statt, die ihrerseits auf zwei Zeitebenen entwickelt wird. Es gibt eine fiktive Realität als Rahmen. Sie enthält einen Anfang, ein Ende, eine bestimmte Dauer und Höhepunkte: den Puppenspieler und seine Arbeit an einer Puppe, seine Müdigkeit, sein Einschlafen und Erwachen, sein Staunen über das Chaos in der Werkstatt und seine Verwirrung.

In diesen Rahmen fügt sich der Traum ein, der sich als eine Geschichte in der Geschichte verselbstständigt, d.h. eine eigene Zeit hervorbringt. Auch diese Zeit ist geschlossen. Mit dem Einschlafen des Puppenspielers beginnt das Erwachen der Puppen, die zunehmend lebendiger werden und ihre charakteristischen Bewegungen ausführen. Das Ende des Treibens wird nicht durch das Ende des Traums bewirkt, sondern erfolgt unvermittelt. Es sind die Puppen, das Klirren und Scheppern, die den Puppenspieler erwachen lassen.

In der symbolischen Zeit folgen die Spieler keinem Modell einer historischen oder gegenwärtigen Realität, die sie etwa aufarbeiten oder nachahmen. Die Vergangenheit, auf die sie Bezug nehmen, liegt nicht außerhalb der Geschichte, die sie spielen.

Allerdings nehmen die Kinder im Spiel nicht nur auf die Textvorlage Bezug. Ihnen sind die Figuren vertraut wie auch die

Rollen, in denen sich diese entfalten: der Puppenspieler und seine Arbeit, die Zinnsoldaten und ihre steifen Bewegungen, die Äffchen und ihre Munterkeit, der Kasperl und sein fröhlich-geschicktes Tun usw. Die Figuren sind verinnerlicht, weil sie in Märchen überliefert und in der eigenen frühen Kindheit Gegenstand von Spiel und Traum waren. In den frühen Erfahrungen und Erlebnissen sind die typischen und ritualisierten Bewegungen der Figuren verankert und leben als Erinnerungsspuren fort.

So ist der aufgeführte Spieltraum auch weit mehr als eine assoziative Annäherung an die Textvorlage. Sie ist eine Wiederaufführung eigener Fantasien. Mit einer geschickten Dramaturgie und gründlicher Arbeit an den Rollen gelingt es in dem Projekt, die Erinnerungen nicht nur wieder aufleben zu lassen, sondern sie zu verdichten und zu vertiefen. Am Ende des Projekts, bei späteren Vorführungen, ist das Rollenspiel derart ausgereift, dass der Text als Stütze entfallen kann. Allein Musik und Bewegung können es jetzt tragen und zur Darstellung führen.

Viertes Beispiel: Schwarzes Theater
Wie wir bereits in Kapitel 4 „Der Raum" gezeigt haben, ist das Schwarze Theater auf den streng geschlossenen Bühnenraum angewiesen. Nur in diesem kann es gelingen, die materiellen Eigenschaften, die produzierenden Bewegungen und Techniken der Spieler und sogar die Spieler selbst hinter den produzierten Illusionen zu verstecken. Verschwinden die materiellen und strukturellen Merkmale aus dem Wahrnehmungshorizont der Zuschauer, treten die symbolischen Funktionen des Spiels hervor. Die Dinge nehmen neue Eigenschaften an, die Räume erweitern sich und gestatten Verbindungen von Dingen, die in realen Verhältnissen nicht möglich sind. Und auch in der Zeit erfolgen Verknüpfungen von Ereignissen und Auflösungen von Zusammenhängen, die uns aus geschichtlichen Prozessen oder aus Gegenwartserfahrungen als hergebrachte Ordnungen vertraut sind. Wie im Traum regieren hier Leichtigkeit, Flüchtigkeit und Überraschung.

Ähnlich wie GOODMAN/ELGIN es am Beispiel von einigen Bauwerken, wenn sie als Kunstwerke verstanden werden, dargestellt haben (1989, 49-51), löst sich auch das Spiel vom Materialhaften der Objekte und von seinen Eigenschaften ab und gerät zum Symbol, in dem nur die neue Bedeutung hervortritt.

Das Schwarze Theater verfügt über viele Möglichkeiten, auf Dinge, Personen und Ereignisse anzuspielen und ihnen eine eigene Zeit zu geben (KERSTEN ²1996, 93). Dabei ist ihm keine Beschränkung auferlegt, seine Inhalte in einer geschlossenen oder in einer offenen Zeit auszubreiten.

Spiel mit geteilten Körpern (REINHARDT/REINHARDT 1991)
„Eine ziemlich gute Körperbeherrschung ist Voraussetzung für eine gute Ausführung dieser Spielidee. Es werden drei Spieler gebraucht. Zwei von ihnen tragen Gymnastikanzüge, die senkrecht schwarz-weiß geteilt sind, sowie je einen weißen und einen schwarzen Handschuh und schwarze Kopfmasken. Ferner ist eine überlebensgroße Maske, ein schwarz-weiß geteiltes Gesicht darstellend, notwendig (ca. 60 cm hoch). Am besten stellt man sie aus Leim- oder Gipsbinden nach einer Tonvorlage her. Sie ist ebenfalls in der Senkrechten schwarz-weiß geteilt (für Weiß Fluoreszenzfarbe verwenden!) und wird von einem ganz schwarz gekleideten Spieler geführt.
Diese Maske ist wesentlich, um die optische Einheit der ja nicht ganz zusammenführbaren Körper am Schluß herzustellen.
Thema des Spiels ist das ‚Werben' der zwei Körperhälften um den Kopf, der zunächst unentschlossen ist, wohin er sich wenden soll. Zum Schluß formen sich die beiden Körperteile und der Kopf zu einem Körper ... Alle Bewegungen müssen zeitlupenhaft ausgeführt werden und erfordern deshalb sehr viel Körperspannung und einiges Training. Eine weitere Schwierigkeit (die jedoch durch Proben behoben werden kann) ist die Synchronisation der Bewegungen beider Körperhälften (bei nicht sehr guten Sichtverhältnissen!). Hinzu kommt die notwendige Einbindung der Bewegung der Maske in das Spiel der Körperhälften. Langsame, getragene Musik unterstützt den richtigen Bewegungsduktus" (1991, 34).

Aus diesem Text erfahren wir zunächst einiges über die Herstellungsbedingungen. Ihm sind drei hier nicht wiedergegebene Fotos beigefügt, die den Handlungsablauf illustrieren: Isolation von zwei spiegelbildlichen Körperhälften und einem Kopf, Aufeinanderzubewegen der getrennten Körperteile, ihr Zusammenfinden zu einer Figur. Der Text selbst befasst sich mit dieser Handlung nur kurz. Sie weist aber unverkennbare Merkmale geschlossener Zeit auf: einen Anfang, ein Ende, einen gegliederten Ablauf.

Was der Leser über die Herstellung erfährt, darf der Zuschauer nicht erfahren. Er soll sich dem Eindruck des Spiels überlassen, den bei ihm ausgelösten Empfindungen, für die der Text aber keine weiteren Anhaltspunkte hergibt.

Welt der Fotografie (KERSTEN [2]1996)
„Alles verwandelt sich, kehrt nie zurück, nur die Fotografie ist im Stande, flüchtige Momente aus dem Urlaub erleben zu lassen, die Fotografie des Tennisspielers propagiert Tennisschuhe, eine Fotografie bietet die Reise mit dem Flugzeug nach Bangkok an, führt Kleider an tanzenden Mannequins vor, erinnert an die letzte Olympiade, empfiehlt Kaviar mit Ei, zeigt Katastrophen, Hochzeiten und Hochzeitsgäste, drängt sich in das Privatleben der ‚Stars' ein. Klick! – Und der Fotoapparat bringt in einigen Sekunden eben vergangene Augenblicke zurück. Es genügt, nur mit dem ausgestreckten Viereck zu winken, und schon füllt sich das Bild mit Farbe.

Fast jeder trägt heute das dritte Auge um den Hals. Der feine Riemen ist zwar leicht, aber von fesselnder Kraft. Um mit dem dritten Auge etwas sehen und den Augenblick festhalten zu können, muß man sein eigenes Auge vor der Realität schließen.

Und so geraten wir in den Zirkus der Augenblicke mit dem Geheimnis der nächsten Momente, genau so wie in die Zeit, die ihnen vorausgegangen ist, in die verrückte Welt der Illusionen und der Dinge, mit denen sich die Menschen ihre Welt, ihre Städte, Wohnungen und ihre Köpfe vollgestopft haben. In dieses burleske Universum lockt uns der schwarze Clown. Auch er hat einen Fotoapparat, ein seltsames Kistchen, bewundernswert, weil es alles umkehrt. Es genügt, ihm ein altes Foto anzubieten, es in den engen Spalt einzuschieben. Klick – schon wirft er aus dem Dunkeln die Erinnerung durch das Objektiv in die realistische Welt, materialisiert sie, führt sie ins Leben zurück.

Kein Wunder deshalb, daß der schwarze Clown so gefragt ist. Es ist zum Verrücktwerden – jeder schreit nach ihm. Jeder sehnt sich nach der verrückten Welt der Illusionen, die voll ist mit allem, was man sich wünscht – die schönsten Kleider aus den schicksten Geschäften, vollgefüllte Teller mit Köstlichkeiten, Luxuswagen, weite Reisen, aberwitzige Erlebnisse, die tollsten Abenteuer, die Geheimnisse nie gekannter Gefühle von Liebe, duftend nach den kostbarsten Gewürzen unter dem Kreuz des Südens, im Mund den unnachahmlichen Geschmack eines raren Rotweins, der im Beutel eines Kängurus vorgewärmt wurde …

… in dieser Welt werden die Dinge nicht mehr von den Menschen gemacht, alles ist anders – die Illusion der Dinge verwandelt, verzaubert die Menschen" ([2]1996, 132).

Aus diesem Text erfahren wir nichts über die Herstellungsbedingungen, umso mehr aber über die projizierten Inhalte. Diese sind nicht zu einer Handlung zusammengeordnet. Es gibt keinen Anfang und kein Ende, auch keine Dramaturgie der Ereignisse. Alles scheint möglich zu sein, von der Darbietung des Tennisschuhs bis zur clownesken Übertreibung. Ein Ordnen der Dinge wäre nur möglich, wenn man sie kaleidoskopisch arrangierte: was Menschen alles tun, was mit ihnen geschieht, was sie erfahren, erleben, träumen usw.

Die Zeit dieses Spiels ist offen, weil die Fotografie in dem *Stück* keine Deutungen aufzwingt und Zusammenhänge stiftet, sondern die Welt in Bilder auflöst. Sie werden der freien Fantasie des Zuschauers überlassen.

Im „Zirkus der Augenblicke mit dem Geheimnis der nächsten Momente" verschwinden zeitliche Ordnungen. Zwar nehmen die Stücke auf *vorgängige* Wirklichkeitsmomente Bezug. Aber sie lösen sie aus ihren Zusammenhängen. Wirklichkeit ist nur ein Steinbruch, aus dem Fragmente herausgebrochen werden. Die Dinge und Verhältnisse gewinnen eigene Zeit. Sie können, wie im ersten Beispiel, theatralische Intentionen erkennen lassen, aber auch, wie im zweiten Beispiel, unkenntlich machen.
Schwarzes Theater kann auf Mögliches und Unmögliches, auf Vergangenes und Niegewesenes, auf Wiederholbares und Einmaliges Bezug nehmen. Überspitzt formuliert ist Schwarzes Theater ein Medium, das Zeit im Wahrnehmen und Träumen herstellen, aber auch auflösen kann.

Fünftes Beispiel: „Propeller" und „Strudel" – „Accelerando – Ritardando" (HASELBACH 1976)
Zuerst sollen sich die Tanzschüler anschaulich vorstellen, wie sich die „Propeller eines startenden oder landenden Flugzeugs" drehen (46). Nach diesem Einstieg beginnen sie mit einfacheren Aufgaben, die ein Anschwellen und ein Abschwellen der Bewegung modulieren. So kreisen die Arme wie Windmühlen. Oder die Gruppe kreist – wie ein Strudel – um einen imaginären Mittelpunkt, immer schneller werdend, bis ein Moment erreicht ist, an dem die Geschwindigkeit nicht weiter zu steigern ist, um dann wieder langsamer und langsamer zu werden. Mit weiteren Aufgaben wird das Thema vertieft. So entsteht z.B. eine Maschine aus mehreren Körpern, die mit Temposteigerung und Temporücknahme experimen-tieren.

In ähnlicher Weise behandelt HASELBACH Zeitthemen wie *langsam – schnell, slow motion, Zeitraffer, kontinuierliche und unterbrochene Bewegung, ametrische und metrische Bewegung, Rhythmisierung* und *gleichzeitig – nacheinander.* – Die Tänzer nehmen fremde oder auch körpereigene Rhythmen (Atem, Puls) in ihre Bewegungen auf und entwickeln sie zu spontanen Gestaltungen weiter.

HASELBACH versucht also, mechanische, metrische und organische Aspekte der Zeit durch Aufspüren und Nachspüren erfahren zu lassen. Dabei kommt es weniger auf die Sinnhaftigkeit der gestischen Bewegung an (z.B. etwas Vergangenes zu reproduzieren oder etwas Gegenwärtiges zu wiederholen, sich mit seiner Bedeutung mimetisch auseinander zu setzen). Es geht vielmehr darum, Zeit als mechanisches, metrisches, organisches Geschehen selbst zum Gegenstand zu machen, es in körperliches Empfinden zu übersetzen und zu eigenen Formen weiterzuentwickeln.

Im Hinblick auf die Zeitmerkmale können wir hier eine Parallele zur Musik ziehen. Beide, Geste und Musik, müssen Zeit durch Analogien beschreiben,

„sehr oft mit räumlichen Begriffen, in Ermangelung einer eigenen chronometrischen Terminologie. Wir sprechen deshalb von langer Zeit, kurzer Zeit und so fort, oder auch von Zeitpunkten. Denn, um Zeit zu markieren, müssen wir einen Klang, eine Glocke, ein Metronom benutzen oder den Gesichtssinn bemühen, um z.B. die Uhr zu lesen. Das Erleben der Zeit und die Beurteilung von Zeit gerät dadurch in einen Widerspruch, da wir zur Beschreibung und Kennzeichnung Zeichen, Symbole und einen Wortschatz aus einem anderen Bereich heranziehen müssen" (EPSTEIN 1989, 349).

In HASELBACHs Beispielen werden zunächst Zeichen und Symbole aus anderen Bereichen (Begriffe, Körpervorgänge, Metronom, Handtrommel u.Ä.) herangezogen, um analoge Assoziationen des Körpers auszulösen. Von ihrem Hintergrund abgetrennt werden sie in die Sprache des Körpers übersetzt. Die so entstehenden neuen Symbole gewinnen eigene Zeit und zwar als selbstständige Versinnbildlichungen derselben Zeitmerkmale, die schon den Ausgangspunkt der Bewegungsaufgaben bildeten: „Accelerando – Ritardando" usw.

6 Die Spielobjekte [5]

6.1 Begreifen und Gebrauch von Spielobjekten

Im Symbolspiel wie auch bei den angrenzenden Bewegungsspielen werden verschiedene Begriffe benutzt, um die im Spiel verwendeten Gegenstände zu bezeichnen. Den umfassendsten Begriffsgebrauch erfährt der des *Gegenstands* selbst, da er auch Bezeichnungen einschließt, die über die verschiedenen Spielformen hinausreichen und sowohl auf konkrete als auch auf abstrakte Gegenstände bzw. Sachverhalte gerichtet werden können. Wir werden diesen Begriff dementsprechend nur dann verwenden, wenn wir auf eine spezifische Ausrichtung verzichten. So können etwa der Ball, jedes Spielobjekt, ein Spielthema, ein Fantasieobjekt oder ein Vorstellungsinhalt ein Spielgegenstand sein.

Anders verfahren wir mit den Begriffen *Material, Objekt, Gerät* und *Requisit*. Hier hat es hin und wieder Bemühungen gegeben, diese zu diskutieren und bestimmte Verwendungen zu begründen (z. B. SCHERLER 1985, 5ff.). An diese Versuche wollen wir zunächst anknüpfen.

Unter Objekten verstehen wir „physikalisch-materielle" Gegenstände (OERTER 1993, 21). Dabei richtet sich die Aufmerksamkeit auf Eigenschaften, die das Funktionieren betreffen und dieses in einem physikalisch definierten Zusammenhang beschreiben, oder auf Eigenschaften, mit denen wir die Art unseres Kontakts beschreiben, dabei verschiedene Wahrnehmungen ins Spiel bringen und diese als materiale Eigenschaften auf die Objekte projizieren. So lassen sich Objekte z.B. hinlegen, stellen, rollen, werfen oder – in Bezug auf die Materialeigenschaften – z.B. als weich, fest, leicht beschreiben.

Welche solcher Eigenschaften ein Objekt besitzt, lässt sich nicht endgültig festlegen. Es ist immer eine Frage des praktischen Zusammenhangs, in dem das Objekt gebraucht wird, und welche „physikalisch-materiellen" Eigenschaften ihm zugeschrieben werden.

---

[5] Erschien in abgewandelter Fassung (s. JOST 2001).

6 Die Spielobjekte

So sind viele Möglichkeiten denkbar, wie irgendein Objekt in verschiedenen Gebrauchskontexten zu Eigenschaften kommt. Ein Objekt ist z.B. in dem einen Kontext leicht, in einem anderen schwer, hier rollbar, dort unverrückbar.

Vom *Material* sprechen wir, wenn wir weniger die *Bewegungseigenschaften* des jeweiligen Objekts, etwa bei Fort-, Wurf-, Stoß- und Rollbewegungen oder bei Bewegungen des Zusammenfügens, Stapelns, Bauens, Kombinierens im Auge haben, sondern Oberflächeneigenschaften, Plastizität und Formbarkeit. Auch diese Eigenschaften werden letztlich durch Bewegungen konstituiert, da sie in einem „Dialog" zwischen dem sich bewegenden Subjekt und dem Objekt entstehen (TAMBOER 1979).

Mit den Begriffen *Objekt* und *Material* zielen wir also auf keine objektiven Eigenschaften, sondern drücken unsere Absicht aus, wie wir bestimmte Gegenstände klassifizieren, d.h., unter welchen Umständen wir eher von einem Objekt und unter welchen wir eher von einem Material sprechen wollen.

In derselben Weise nähern wir uns auch dem Begriff des *Geräts*. Hier respektieren wir insbesondere Traditionen und Entwicklungen des Fachs, in dem sich ein spezifisches Begriffsverständnis etabliert hat. Auch in Bezug auf *Gerät* treffen zunächst „physikalisch-materielle" Klassifikationen zu. Allerdings sind die Gebrauchsweisen eines Geräts nicht unbegrenzt, da diese auf fachlich definierte „Zweckbestimmungen" (SCHERLER) festgelegt sind (z.B. Turngeräte, leichtathletische Geräte, Geräte der so genannten „psychomotorischen Übungsbehandlung").

Schließlich rückt neben die genannten Begriffe noch der des *Requisits*. Zwar lassen sich auch bei Requisiten „physikalisch-materielle" Eigenschaften feststellen. Requisiten werden aufgebaut, getragen, auf verschiedene Weise benutzt. Allerdings spielen diese Eigenschaften für ihre Zweckbestimmung eine untergeordnete Rolle. Sie ergeben sich vor allem aus der theatralischen Funktion des Requisits. Diese werden wir erst später reflektieren.

In jeder Form des Bewegungsspiels stehen die genannten Begriffe zur Verfügung. Beispielhaft seien Verwendungen im Rahmen der *psychomotorischen Spiele* näher ausgeführt. Wir sprechen in diesem Gebiet vom *Material*, wenn das Spiel insbesondere sensorische Funktionen ansprechen soll; vom *Objekt*, wenn neben diesen auch

Eigenschaften bei ortsverändernden Bewegungen zum Tragen kommen; vom *Gerät*, wenn für den Gebrauch gewisse Regeln gelten (wie etwa bei testähnlichen Spielaufgaben, die der Erfassung von Basiskompetenzen wie der des Gleichgewichts dienen); oder auch vom *Requisit*, wenn solche Eigenschaften im Rahmen von szenisch arrangierten Spielen berührt werden wie im *Kinderzirkus*, in selbst gebauten *Bewegungslandschaften* oder in *Bewegungsgeschichten* (z.B. Balancieren wie „Artisten auf dem Hochseil", „Urwald", „Flugreise"). – Ähnliche Differenzierungen sind im Turnen und in der Akrobatik, beim Bauen und Konstruieren von so genannten *Bewegungsgelegenheiten* und sogar im Regelspiel festzustellen.

Begriffsbestimmungen – wie auch die vorangehenden – unterliegen grundsätzlich der Gefahr eines sprachlich bedingten „Fehlschlusses" (SEEWALD 1992, 88). Die sprachliche Klärung folgt einer eigenen „symbolischen Ordnung" und kann in unserem Falle zu einer Betrachtungsweise verführen, die integrierte Teile eines komplexen Geschehens isoliert und verabsolutiert. So werden bei den in Bewegungsspielen verwendeten Objekten, Materialien, Geräten oder Requisiten leicht gewissermaßen ontologische Merkmale ausgemacht, also Merkmale einer vermeintlich gesicherten und unabhängigen Realität, in der sich die Spielprozesse bewegen und auf die die Spieler sich einstellen und reagieren müssen. Dem Spieler als Subjekt steht das „physikalisch-materielle" Objekt scheinbar gegenüber. Bzw. der Wirklichkeit des Spiels mit den Interpretationen der Spieler, ihren Emotionen, Fantasien und Erfahrungen begegnen die materialen Umstände als eine Welt unabhängiger Tatsachen.

Wir wollen im Folgenden versuchen, das Spielobjekt nicht als einen Gegenstand der unmittelbaren Begegnung zwischen Spielersubjekt und einem quasi objektiven Gegenstand der materialen Umwelt zu begreifen. Die im Spiel begegnenden Objekte treten vielmehr als bereits gedeutete und definierte Gegenstände in Erscheinung, wobei verschiedene Blickwinkel wissenschaftlicher Konzepte zum Zuge kommen. Diese Konzepte erschließen wir aus der fachwissenschaftlichen Diskussion und bestimmen auch die Einteilung und Begründung der verschiedenen Formen des Bewegungsspiels.

Wir wollen uns zunächst mit den Formen des Bewegungsspiels befassen, die in Systematiken üblicherweise als benachbarte Spielformen neben den Symbolspielen aufgeführt werden: also mit den bereits erwähnten „psychomotorischen Spielen" (EGGERT ²1995b), den Bau- und Konstruktionsspielen (EINSIEDLER 1991; KRETSCHMER 1994), den Regelspielen (SCHIERZ 1986; EINSIEDLER 1991) und den akrobatischen Spielen bzw. den „Bewegungskünsten" (FUNKE 1987; TREBELS 1992).

Die innerhalb dieser Formen verwendeten Objekte lassen sich nur z.T. als typisch für die jeweilige Form identifizieren. Dies trifft auf die Geräte zu, da sie für die spezielle Anwendung konstruiert und meist auch mit der historischen Entwicklung der Spielform verbunden sind. Aber selbst diese Geräte sind von einem Gebrauch in anderen Kontexten nicht ausgeschlossen, wenn sie z.B. im explorierenden Spiel, im Bau- und Konstruktionsspiel und in den *Bewegungskünsten* neu entdeckt werden. – Erst recht können Objekte innerhalb verschiedener Spielformen Verwendung finden, wenn sie weniger speziell definiert und durch traditionelle Zweckbindungen auch weniger vorbelastet sind.

Allgemein gilt: Offensichtlich ergibt sich der Objektgebrauch in den Spielformen nicht aus einer Evidenz des Objekts, sondern aus dem, was an Möglichkeiten in ihm gesucht wird. Er ergibt sich nicht aus der unmittelbaren Begegnung des Spielers mit dem Spielobjekt, nicht aus der Spontaneität subjektiver Zuwendung oder der materialen Realität des Objekts allein, sondern erst mit der Bezugnahme auf ein Drittes, aus dem der Sinn dieser Begegnung gewonnen wird.

Dieses Dritte ist für OERTER die „kulturökologische Definition des Gegenstands". Spielobjekte sind danach als „Produkte gesellschaftlicher Interaktion" aufzufassen.

„Die Umwelt des Individuums ist schon immer eine kulturelle Umwelt, und alle Gegenstände in ihr sind durch gesellschaftliches Handeln erzeugt. Dies gilt vor allem für Gebrauchsgegenstände, aber auch für wissenschaftliche Begriffe, Werte und Regeln des Zusammenlebens, ja selbst für die ‚Natur', denn auch Steine, Berge und Himmelskörper erhalten ihre Bedeutung durch soziale Vereinbarung ... An den Gegenständen teilhaben und sich handelnd auf sie beziehen kann das Individuum nur, wenn es die Handlungsmöglichkeiten, die von der Kultur vorgesehen sind, erlernt. Damit kommen wir zur Ausgangsfrage zurück, was ein Gegenstand für das Kind ist. Objekte, mit denen das Kind in den ersten Lebensmonaten konfrontiert wird, wie etwa die Flasche, die Rassel oder ein Stofftierchen, sind zweifellos kulturelle Produkte, eigens für den Säugling hergestellt" (1993, 21).

Auch die *Spielformen* verstehen wir in diesem Sinne als kulturelle Produkte. Sie ergeben sich aus historischen Analysen, Verhaltens- und Spielbeobachtungen und spieltheoretischen Klassifizierungen. Bei den von uns genannten Formen spielen vor allem fachimmanente Theorien eine Rolle, wie z.B. bei der Auseinandersetzung über verschiedene Turnkonzepte (Turnen oder „Spielen und Bewegen an Geräten", TREBELS 1983); ästhetische Theorien (wie z.B. bei der Einordnung akrobatischer Bewegungen); Entwicklungstheorien (wie bei der Diskussion über das Spielverhalten von Kindern und seine Bedeutung für deren Entwicklung und Förderung).

Welche Funktionen dann im jeweiligen Diskussionszusammenhang den Spielobjekten zugewiesen werden, ist keineswegs von den vermeintlich objektiven Eigenschaften dieser Gegenstände abzuleiten. Entscheidend ist vielmehr die Perspektive, aus der ihr Gebrauch sinnvoll erscheint. Dementsprechend ist ein Objekt innerhalb einer bestimmten Spielform für den Gebrauch geeignet, wenn es „den Dienst leistet", den man sich im Sinne der jeweiligen Theorie von ihm „erhoffen" kann (VON GLASERSFELD 1992, 200).

6.2 Spielformen und ihre Objekte

Psychomotorische Spiele

In seinem „Arbeitsbuch" zur „Theorie und Praxis der psychomotorischen Förderung" liefert EGGERT zahlreiche, systematisierte Beispiele für „psychomotorische Spiele" (^{2}1995b, 6). Die verwendeten Objekte werden dabei insbesondere unter dem Gesichtspunkt erschlossen, welche Materialeigenschaften für die Förderung bestimmter „Basis-" und „Wahrnehmungskompetenzen" geeignet sind. Ein typisches „Psychomotorik-Material" ist etwa das Rollbrett (182ff.). Hier werden gerade die Kompetenzen Gleichgewicht, Koordination sowie die visuelle Wahrnehmung angesprochen. Das Spiel mit dem Objekt dient dementsprechend schwerpunkthaft der Körpererfahrung von Kindern, die eng mit den besonderen Eigenschaften des Materials verbunden ist (Gleichgewichthalten in unterschiedlichen Körperpositionen auf der relativ kleinen Fläche des Objekts, das in unterschiedliche Bewegungen versetzt wird, wobei die äußeren

Umstände im Schwierigkeitsgrad gesteigert werden; z.B. freies Bewegen, auf Linien fahren, innerhalb zeitlicher Begrenzungen fahren, Geschwindigkeitsfahren, Bremsen, Richtungsänderungen vornehmen, zu zweit und in kleinen Gruppen fahren).

EGGERT folgt in seinen Beispielen dem von BRUNER entwickelten „Übergabe-Prinzip": Ein neues Element – z.B. eine bestimmte Bewegung, ein Objekt – wird eingeführt, eine „Struktur" wird über methodisch flexibel beeinflusste Auseinandersetzung mit dem Objekt, d.h. mit seinen Funktionen und Eigenschaften, erworben (^{2}1995a, 31f.). Das Kind eignet sich die Fähigkeit an, mit dem Objekt zunächst „angemessen und geschickt" umzugehen und es schließlich auch „nach eigenem Gutdünken" „handhaben" zu können (OERTER 1993, 22).

Die hier zu Stande kommenden Spielformen sind in dreifacher Weise konzeptgeleitet: Sie folgen einer Vorstellung von Bewegungsförderung, einer Vorstellung von Spielentwicklung und einer Vorstellung von der Entwicklung des „Gegenstandsbezugs", eingebunden in Wandlungsprozesse „im kindlichen Spiel" (OERTER 1993, 22).

Bau- und Konstruktionsspiele

Bauspiele, ihre Entwicklungsbedeutung für Kinder, vor allem ihre kognitiven Funktionen, ihre Position im Verhältnis zum Symbolspiel und zum Explorationsspiel, sind empirisch gut belegt (s. die Zusammenstellung von EINSIEDLER 1991, 103ff.). – Konstruktionsspiele sind solche Bauspiele, in denen das Kind „Gegenstände benützt", um aus ihnen bzw. mit ihrer Hilfe einen Zielgegenstand herzustellen (Bauwerk, Zeichnung, Figur, Gerät; OERTER 1995, 253). Dabei werden weniger der gesamtkörperliche Einsatz, sondern mehr die manuellen Fähigkeiten beachtet (u.a. LÖSCHENKOHL 1981; NOSCHKA/KNERR 1986). Es sind also die kleinen Objekte, Werkzeuge für die Hand und kleinteilige Objekte oder in kleinen Mengen abteilbares Rohmaterial, die Verwendung finden. Für dieses Bauen sind in der Entwicklung des Kindes verschiedene Phasen von einfachen Lagebeziehungen, die hergestellt werden, bis zum „kreativen Gestalten" beobachtet worden (LÖSCHENKOHL 1981, 75ff.).

Bei der sportpädagogischen und bei der psychomotorischen Aufnahme des Themas spielen diese Fragestellungen aber nur eine kleine

Rolle (z.B. KIPHARD/LEGER ³1986, 16f.; KRETSCHMER 1994, 26ff.; MIEDZINSKI 1983). Vielmehr gewinnt das Bauspiel hier deswegen Beachtung, weil Wechselbeziehungen von funktionalen Bauprozessen und Entwicklungsherausforderungen gesucht und erwartet werden. Dabei verändert sich das Objekt entscheidend. Es fordert gesamtkörperliche Bewegungen heraus und muss entsprechend dimensioniert sowie in Stabilität, Plastizität, Gewicht, Oberflächenbeschaffenheit und Form nicht nur für die Handhabung, sondern auch für Bewegungen des ganzen Körpers zugänglich sein. Die Objekte sollen einerseits zwar hingestellt, verschoben, gestapelt, verbunden und kombiniert werden können, um z.B. Stege, Brücken, Wippen, Berge, Landschaften, Flugzeuge herzustellen. Aber sie sollen andererseits Gelegenheit bieten, auf ihnen zu rollen, zu springen, zu schaukeln, zu fliegen, sich in ihnen zu verstecken u. v. m.

Der Bauzweck erfüllt sich also erst, wenn er in Bewegungszielen aufgeht. Nicht das vom Herstellen sich ablösende Produkt steht im Vordergrund, sondern die vom Produkt ausgehenden Bewegungs- und Spielanreize werden gesucht. Kinder sollen „entschlüsseln, was im fertigen Produkt materiell geronnen ist" (KRETSCHMER 1994, 30) und schließlich den Zusammenhang von Herstellungsbewegung, Produkt und von diesem wieder freigesetzter Selbstbewegung erkennen und ausschöpfen.

In den sportpädagogischen und psychomotorischen Bauspielen werden also Objekte als geeignet angesehen, wenn neben den konstituierenden auch die konstituierten Bewegungen im Rahmen sportpädagogischer bzw. therapeutischer Zielsetzungen von Interesse sind.

Regelspiele

Der Begriff des Regelspiels ist auf entwicklungspsychologische Spieleinteilungen zurückzuführen und bezeichnet

„soziale Formen des Spiels, bei denen nach festgelegten Regeln agiert wird, deren Einhaltung unabdingbar ist und die zugleich den Reiz des Spiels ausmachen. Regelspiele sind fast immer Wettkampfspiele, wobei der Wettbewerb anfangs weniger bedeutsam ist ..." (OERTER 1995, 253).

Regeln haben auch in anderen Spielformen eine bedeutsame Funktion, wie etwa in den im Laufe der kindlichen Entwicklung früher auftretenden Rollenspielen (vgl. ELKONIN 1980) und natürlich in Spielformen, die den Wettkampfgedanken nicht in den

Vordergrund stellen oder sogar ausklammern. Diese Aspekte sind hier nicht weiter zu vertiefen, wohl aber die Frage, wie sich die Regelfundierung des Spiels auf die Spielobjekte auswirkt. Wir wollen dieser Frage in zwei Schritten nachgehen und mit einer kurzen Betrachtung der Relationen beginnen, die zwischen den Regeln, den Bewegungen und dem Spiel bestehen.

Regel, Bewegung und Spiel. Bewegungen von Objekten im Regelspiel werden von Bewegungen verursacht, denen Spielregeln zu Grunde liegen. So werden Bälle geworfen, gestoßen, geschlagen, geschossen. Kugeln werden geschlagen, gerollt. Scheiben werden geworfen usw. Die Regeln beziehen sich sowohl auf die Art der erlaubten bzw. anzuwendenden Bewegungen als auch auf Modalitäten ihrer Ausführung. Die Regeln können dabei unterschiedlich differenziert sein. So kann z.B. zur Kennzeichnung der Art der Bewegung ein alltagspraktisch verankerter Begriff (wie etwa *Werfen*) ausreichen, um die richtige Anwendung einer Regel sicherzustellen. Demgegenüber muss etwa das Stoßen eines Balls durch differenzierende Regelungen präzisiert werden (Fußball: Stoß eines Balls mit dem Fuß oder mit dem Kopf). Weitere Differenzierungen sind dann notwendig, wenn auf Umstände und typische Situationen Bezug genommen wird (z.B. *Freistoß, Strafstoß*). Erst recht werden solche Regeldifferenzierungen erforderlich, wenn an spieltypische und nicht an alltagspraktische Bewegungen angeknüpft wird (z.B. *Pritschen* und *Baggern* im Volleyballspiel). Grundsätzlich sind der Differenzierung und Verfeinerung von Regeln im Spiel keine Grenzen gezogen.

Regeln dienen der Standardisierung und Identifikation von Handlungen in einem „gesamten Spiel" (MÜLLER-SIEVERS 1996, 125). In der Sportspielliteratur wird dieser Zusammenhang üblicherweise als Spielstruktur dargestellt. Durch Regeln wird diese Struktur konstituiert und mit organisierten Überwachungsmitteln in der Spielpraxis abgesichert (Regelwerke, Schiedsrichter).

So unverrückbar Regeln insbesondere in den hoch entwickelten Spielformen auch erscheinen mögen, gilt dennoch ein allgemeiner Wandlungs- und Veränderungsvorbehalt. Bewegungen in Spielen werden in Verständigungsprozessen geregelt, die sich unterscheiden lassen nach solchen, die außerhalb oder die innerhalb der Spielprozesse im engeren Sinne ablaufen. Außerhalb verdichten sie sich zu Konventionen, niedergelegt in Regelbüchern und bewacht von quasibürokratisch operierenden Erhaltungssystemen (Funktionäre, Verbände usw.). Innerhalb der Spielprozesse sind sie desto notwendiger, je schwächer die strukturellen Vorgaben ausgeprägt sind.

Ein zweites charakteristisches Merkmal der Regel betrifft ihre Anwendung. Regeln schreiben keine konkreten Handlungen vor und garantieren auch keine „korrekten Interpretationen" (GOODMAN/ ELGIN 1989, 161) für das Verstehen „einzelner Spielzüge" (MÜLLER-SIEVERS 1996, 125). D.h., was wir als konkrete Spielhandlung wahrnehmen und wie wir sie deuten, unterliegt noch anderen – nicht spielstrukturellen – Faktoren, deren Berücksichtigung auch zu anderen Interpretationen führen kann. Ins Blickfeld rücken solche Faktoren dann, wenn man die Perspektive der beteiligten Spieler aufmerksamer ins Auge fasst und darauf achtet, dass deren Verhalten und Entscheidungen grundsätzlich ambigue sind (für jede Entscheidung gibt es eine Alternative), spontan sind (keine Entscheidung ist vorhersehbar) und flexibel sind (die jeweilige Entscheidung wird erst in der Situation als angemessen wahrgenommen). Es macht also einen wesentlichen Unterschied festzustellen, ob man ein Spiel spielt (game) oder in einem Spiel spielt (play).

Ein drittes charakteristisches Merkmal betrifft die Prinzipien, nach denen Regelspiele dramatisiert werden. Folgt man OERTER (1995; Regelspiele sind überwiegend Wettkampfspiele), liegt ihnen das **Prinzip der Überbietung** zu Grunde. Überbietung bedingt eine Verknappung der Chancen, mit seinen Bewegungshandlungen erfolgreich zu sein. Entsprechend ergibt sich zugleich eine Erhöhung der Risiken, erfolglos zu sein. Um das Spiel über eine gewisse Dauer in Fluss zu halten, kommt es auf eine gute Verteilung von Chancen und Risiken an, diese also gewissermaßen auszubalancieren. In der Konsequenz bedeutet das, die Spannung aufrechtzuerhalten und – so paradox es erscheint – die Überbietung als Ergebnis darum möglichst wirksam zu erschweren und längere Zeit aufzuhalten.

Es gibt andere Versionen prinzipgeleiteter Regelspiele: Interaktionsspiele, in denen der Gemeinschaftsgedanke und z.B. „Synchronisationsrituale" (SBRZESNY-KLEIN [2]1991, 54) gepflegt werden oder Spiele der so genannten *New Games* (JOST [2]1999, 51), in

6 Die Spielobjekte

denen bestimmte Verhaltensregeln in den Vordergrund gestellt werden.

Für die Deutung der Spielobjekte in Regelspielen bieten die eben entwickelten Grundlagen (Spielstruktur, Spielersubjekt, Prinzipien) unverzichtbare Bezugspunkte.

Regeleigenschaften der Spielobjekte. Die Bedeutung, die das Spielobjekt im Spiel hat, ergibt sich oft schon aus Regeln und Strukturen, die diesem vorgeordnet sind und sich auf das Gerät auswirken. So bezeichnet z.B. *Fußball* vor allem einen Gegenstand, in dem sich wesentliche regelbestimmte „Handlungsmöglichkeiten" „vereinigen" (OERTER 1993, 100, 36).

Die *Regeleigenschaften* der Spielobjekte zeigen sich am auffälligsten in den Normen ihrer Beschaffenheit und ihrer Herstellung. Normen spiegeln Vorstellungen wider, welche Beschaffenheiten garantiert werden sollen, um sich den geregelten Bewegungen am günstigsten zu fügen bzw. den Grad an Sperrigkeit und Widerständigkeit der Objekte auf möglichst niedrigem Niveau zu halten. Schläger etwa sollen nicht zu hohes und nicht zu niedriges Eigengewicht haben, um Schwung und Wirkung in einem optimalen Verhältnis zu erzeugen. Ihre Bespannung soll optimale Federkraft und Elastizität haben. Bälle sollen beim Wurf, Schlag und Tritt die Energie der verursachenden Bewegung in einem günstigen Maße aufnehmen. Kugeln sollen ein Gewicht und eine Größe haben, die dem Wurf Weite und zugleich Genauigkeit sichern. Die Norm beinhaltet jeweils einen errechneten Wert unter Zugrundelegung des jeweiligen Zwecks innerhalb der Vorgaben, die durch die Spielstruktur definiert sind.

Materialeigenschaften der Objekte unterliegen zudem Normen der Qualität, um Verschleiß und Verbrauch gering zu halten. Handling des Objekts und Qualitätserhalt stehen im Zusammenhang mit den Vorstellungen von einem guten Spiel. Sie dienen z.B. dem Spannungsaufbau, der Gleichheit der Voraussetzungen, der Wiederholbarkeit der Spielzüge und dem Erhalt des Spielniveaus. – Zumindest sichern strukturell dem Spiel affine Objekte die Störungsfreiheit des Spiels aufgrund von Unwägbarkeiten, die mit den Objekten selbst verbunden sind.

Je klarer nun Objekte als Substrate von Spielregel und Normen entwickelt und erkennbar sind, desto entschiedener kann sich der

Spieler den oft so genannten *eigentlichen Spielhandlungen* zuwenden. Er muss sich dem Objekt nicht mehr als solchem widmen, um es in das Spiel einzupassen, sondern kann sich darauf verlassen, dass es bereits passt. Die Bewegungen scheitern nicht an schlechtem Handling und an mangelnder Eignung des Objekts. Im Spiel geht es im Wesentlichen darum, das Objekt zu beherrschen und es gemäß der Spielidee und dem Prinzip der Überbietung einzusetzen.

Nicht zu verkennen ist, dass so determinierte Spielgeräte trotzdem einen z.T. beträchtlichen Spielraum für Auswahl und Einstellung der Objekte offen lassen. Beim modernen französischen Pétanque z.B. gilt das u.a. für das Gewicht, die Größe und die Griffigkeit des Geräts, die variiert werden können. Und bei Schlägern z.B. (wie etwa beim Tennis) gilt der Bespannung und ihrer Einstellung große Aufmerksamkeit. Hier sind deutliche Varianzen möglich, um individuelle Voraussetzungen zu berücksichtigen.

Bei vielen traditionellen Regelspielen zeigt sich allerdings, dass die Spielräume, die bei Normgeräten vorhanden sind, noch erheblich erweitert werden können. Vergleicht man etwa mit diesen Normgeräten die Objekte der traditionellen Kugelspiele, wie sie in verschiedenen französischen Regionen entwickelt worden sind (z.B. provençalische oder bretonische Versionen) oder in irischen, niederländischen und deutschen Küstengebieten verwendet werden, zeigen sich bedeutsame Unterschiede. Regionale Verhältnisse wie des Raums, der Bodenbeschaffenheit, des Klimas, der Teilnehmerinteressen, führen zu verschiedenen Geräten (aus Holz, Stahl; Kugeln, Scheiben usw.). Form, Größe und Gewicht variieren beträchtlich.

Ganz und gar in das Spiel eingebunden und von diesem konstituiert werden solche Objekte, die erst in Vorgängen der Herstellung und Herrichtung als Spielobjekte erkennbar und nutzbar werden. D.h., diese Vorgänge gehören zu den Spielprozessen selbst, sind mit ihnen verflochten. Und beide sind gegenseitig voneinander abhängig. Es handelt sich oft um Alltagsgegenstände, irgendwelche Materialien oder um natürliche Objekte, die sonst keinen besonderen Zwecken dienen. Hier ergibt sich also die Bedeutung, die das Spielobjekt gewinnt, nicht aus vorgeordneten Regeln. Dies soll an dem folgenden Beispiel eines indonesischen Bewegungsspiels verdeutlicht werden.

6 Die Spielobjekte

LEMPAR DAN SUSUN

In diesem traditionellen Spiel werden bis zu neun mehr oder weniger flache Steinchen aufeinander geschichtet und auf ihre Haltbarkeit als eine Art Türmchen („Steinhäufchen") geprüft. Ferner gibt es einen kleinen Ball, der aus Stoffresten geformt wurde. Der Ball wird auf das Türmchen geworfen (JOST 1990, 202ff., 219). Beide Objekte – Türmchen und Ball – *interagieren* in einer Spieleröffnungssequenz aus wenigen standardisierten Spielzügen, die das Spiel in Gang bringen sollen. Zwei Gruppen stehen sich gegenüber – die der Verfolger und die der Verfolgten. Die Verfolgung darf erst beginnen, wenn das Steinhäufchen von dem Bällchen getroffen und wieder aufgebaut wurde. Es wirft ein Spieler aus der Verfolgergruppe, die das Häufchen danach auch wieder herstellen muss. Die Gruppe der Verfolgten darf sich gleich nach dem Zusammenfallen des Steinhäufchens auf die Flucht begeben. Der Abstand bei der Anfangsaufstellung – die eine Gruppe steht auf einer Linie vor, die andere Gruppe auf einer Linie hinter dem Türmchen – ist nicht vorgegeben und muss experimentierend ermittelt werden. Die Spieler versuchen, einen solchen Abstand zu finden, bei dem das Risiko der einen Gruppe, schon am Anfang des Spiels abgeworfen zu werden, bzw. die Chance der anderen Gruppe, sehr schnell jemanden abzuwerfen, ausbalanciert sind.

Folgende Varianten werden normalerweise durchgespielt: Ein zu stabil gebautes Steinhäufchen mit neun Steinen erfordert einen nur geringen Abstand zwischen den Linien. Denn es muss härter geworfen und genauer gezielt werden. Wenn das Steinhäufchen jetzt fällt, hat die Verfolgergruppe leichtes Spiel beim Aufbauen des Häufchens und beim anschließenden Abwerfen. Die Gruppe der Fliehenden wird schnell eingeholt und kann sich noch nicht ausreichend im Raum verteilen. Folglich werden die Linien beim nächsten Experiment in größerem Abstand gezogen. Nun wird es schwer, die Steine zu treffen und das Türmchen zu kippen. Bei Streifschüssen bewegt es sich nicht. Neue Steinchen müssen gesucht werden, und zwar leichtere und weniger passgenaue. Wenn das Steinhäufchen fällt, ergibt sich allerdings nun, dass die Verfolger keine Chance haben, die andere Gruppe noch in der Anfangsphase einzuholen. Auch diese Variante wird nicht akzeptiert, da Risiken und Chancen ungleich verteilt sind. Es kommt zu weiteren Experimenten.

Es zeigt sich in diesem Spiel, dass das Spielobjekt *Steinhäufchen* offensichtlich ganz bestimmte Handlungseigenschaften haben muss, die sich in Relation zu den Spielzügen am Anfang befinden und damit auch selbst in den Spielprozess unmittelbar eingreifen. Herstellen, Herrichten, Prüfen und Experimentieren stellen daher keine bloßen Vorbereitungen des Spiels dar, sondern integrierte Vorgänge. Ähnlich experimentieren die Spieler im Übrigen auch noch während des Spiels mit Form, Größe und Gewicht des Bällchens. – LEMPAR ist kein Wettkampfspiel im Sinne des Überbietungsprinzips. Wichtig ist den Spielern vor allem die kunstvoll erhaltene Risikobalance in Gruppenhandlungen. Sie wird in immer neuen Varianten gesucht und demonstriert. Das Objekt hat hierauf einen konstitutiven Einfluss.

In Regelspielen ist ferner auch mit ästhetischen Normen zu rechnen, die auf die Vorstellung von einem *guten Spiel* einwirken. So sind z. B. Kategorien wie *Neuheit, Unverbrauchtheit* und *Unbenutztheit* positiv besetzt und werden – meist unbewusst – in enge Verbindung mit hoher, unbeeinträchtigter Funktionalität gebracht. Solche *Schönheit* des Objekts und die damit assoziierte Funktionalität spielen in der praktischen Handhabung offensichtlich eine große Rolle – und zwar unabhängig davon, ob diese tatsächlich in einem nennenswerten Ausmaß davon profitiert. Demgegenüber bedingen Spiele, in denen die Objekte erst hergestellt, modifiziert und hergerichtet werden, einen bescheideneren Anspruch auf *Schönheit*. Sie verlangen gewissermaßen einen anderen Blick auf das Objekt, insofern seine Funktionalität oft erst dann entsteht, wenn es unvollkommen bleibt. Die so gefertigten Objekte befinden sich daher in keiner Konkurrenz zu Design und Perfektion der industriellen Spielgeräte.

Akrobatik – zwischen „Bewegungskunststücken" und „Bewegungskunst"

In den akrobatischen Spielen haben Herstellung und handlungsbezogene Standardisierungen von Objekten keine oder bestenfalls nur eine untergeordnete Bedeutung. Das unterscheidet sie von den Bau- und Konstruktionsspielen bzw. von den Regelspielen.

Da *Kunststücke* bzw. *Künste* oft anspruchsvolles, zumeist aber ungewohntes, von Alltagsbewegungen und bekannten turnerischen Bewegungen abweichendes und daher mit gewissen unbekannten Risiken versehenes Tun einschließen, ist entsprechend hohe Aufmerksamkeit für die Qualität und Sicherheit der Objekte erforderlich. Das wird etwa bei Spannseilen deutlich, die dem Körpergewicht und seinen Schwüngen standhalten und die zuverlässig und sicher befestigt sein müssen; bei rollenden Kugeln und Trommeln, die stabil und gleichmäßig konstruiert sein müssen. Aber auch die kleinen Objekte des Jonglierens – Bälle, Keulen, Kisten, Teller, Diabolos – bedürfen eines gewissen Produktstandards, um geeignete Voraussetzungen für akrobatische Bewegungen zu gewährleisten.

In den akrobatischen Spielen sind die Unterschiede der Deutung von Objekten beachtlich, wenn man die verschiedenen Bewegungskonzepte dieses Bereichs näher betrachtet. Wir wollen sie etwas ausführlicher behandeln und uns dabei auf zwei Konzepte konzentrieren. In ihnen erscheint das Objekt als Gegenstand von „Bewegungskunststücken" (TREBELS 1992, 17) bzw. als Gegenstand von „Bewegungskunst" (FUNKE 1987, 11).

TREBELS siedelt die Akrobatik in der Turntradition an, insofern ihre „Tätigkeitsbereiche" (Schweben, Schaukeln, Springen usw.) und in der modernen Entwicklung (mit Ausnahme des Jonglierens) die zentralen „Bedeutungsgebiete" (Springen, Schwingen, Balancieren, Klettern) übereinstimmen. Aber auch bei den „Lehr- und Lernweisen" nimmt TREBELS für Turnen und Akrobatik dieselbe Grundlagentheorie in Anspruch, nämlich die der „subjektiven Stimmigkeit des Bewegungsvollzugs" – in Anlehnung an CHRISTIANs Beitrag „Vom Wertbewußtsein im Tun" (TREBELS 1992, 17; CHRISTIAN 1963, 19ff.).

Bewegung wird von CHRISTIAN als eine Auseinandersetzung des wahrnehmenden und empfindenden Subjekts mit einem Objekt gedeutet. Von besonderem Interesse ist dabei, dass diese Auseinandersetzung als ein „Zusammenspiel von antreibenden und entfachten Kräften" verstanden wird und dass sich die Erfahrung der Bewegung – ob als weniger oder besser gelungen – erst aus der „Form der bereits realisierten Bewegung" ergibt (CHRISTIAN 1963, 22) und zu einem „Bewußtsein" des „Wertes" „im Tun" verdichtet. Eine Bewegung kann dann als „stimmig" erfahren werden, wenn erstens der mechanische Vorgang, in dem Subjekt und Objekt zu einem System verbunden sind, regelhaft und „günstig" verläuft und wenn sich zweitens beim Subjekt ein Gespür dafür entwickelt, wie es den Vorgang mit Leichtigkeit und Flüssigkeit in Gang halten kann.

Die Kräfte, die das einwirkende Subjekt auslöst, fügen sich optimal in das schwingende System ein. Aber was heißt *optimal*? Der Einsatz der Kräfte darf nicht so weit reduziert werden, dass sie nicht mehr gespürt werden. Sie müssen – z.B. als Widerstand gegen Druck oder Zug – noch gerade erfahrbar bleiben, d.h. den Widerstand des Systems in einer leichten *Verstimmung* suchen. Zum *Spüren* von Stimmigkeit einer Bewegung gehört also das Erspüren eines Widerstands, und damit eines Eingriffspunkts, an dem sich die Bewegung des Systems wie spielerisch erhalten, leicht verändern und lenken lässt (CHRISTIAN 1963, 40).

Jedes Kind kennt diesen Zusammenhang von Stimmigkeit, Verstimmung und spielerischer Leichtigkeit aus vielfältiger eigener Bewegungspraxis, z.B. vom Schwingen auf einer Sitzschaukel, wenn die eigenen, vorwärts treibenden Kräfte den Schwung erzeugen, erhalten und um einen günstigen Wendepunkt vorn und hinten minimal variierend lenken und begrenzen.

In allen *Bedeutungsgebieten* des Turnens und der Akrobatik lässt sich diese Erfahrung erwerben und vertiefen, wie auch beim Jonglieren. Das Zusammenwirken *antreibender und entfachter Kräfte*, das *Spüren* von Stimmigkeit und Erspüren günstiger Eingriffspunkte, Leichtigkeit, Kontrolle und Lenkung sind immer gegenwärtig. Wir können gut verstehen, dass es bei anwachsenden Schwierigkeiten der Bedingungen – z.B. bei einer größeren Weite der eigenen Bewegungen, bei Erschwerung der Balance, bei Erhöhung des Gewichts, der Labilität, der Reagibilität oder Vergrößerung der Zahl der ins Spiel gebrachten Objekte – auch immer schwieriger wird, jenen Fortschritt der spielerischen Erhaltung des Systems zu erreichen, den bereits das kleine Kind bei seinen einfachen Schaukelbewegungen demonstriert.

Mit diesen Überlegungen ist der Schritt in das Gebiet der Akrobatik allerdings noch nicht endgültig getan, ist der Unterschied zwischen einer kunstturnerischen Kür am Hochreck und einer Balancenummer auf dem Hochseil noch nicht scharf genug markiert. Sieht man einmal davon ab, dass das *Gerät Reck* und das *Gerät Seil* traditionell dem Turnen bzw. der Akrobatik zugeordnet werden, müssen andere Kriterien eingeführt werden, um die Grenzlinie zwischen den Gebieten zu ermitteln. Hierzu sind drei Kriterien heranzuziehen, die dies ermöglichen.

Erstens: Erhöhte Schwierigkeiten im Sinne einer spielerischen Ausnutzung der „Spannweite, innerhalb deren verschiedene Durchführungsarten eines Tuns noch als zutreffend und gleichermaßen ausgezeichnet empfunden werden" (CHRISTIAN 1963, 34).

Dieses Kriterium ist als Leitkriterium für die Bewertung einer akrobatischen Bewegung anzusehen, die uns als „Bewegungskunststück" (TREBELS 1992, 17) erscheint. Hier sind z.B. Balanceleistungen zu nennen, die unter stark erschwerten Bedingungen trotzdem zu Stande kommen: Balancieren auf kippligen Objekten, wie etwa gestapelten Stühlen, auf rollenden und leicht beeinflussbaren

Kugeln, auf Objekten mit minimalen und zusätzlich verschiebbaren Kontaktflächen zum Boden und für den Akrobaten. Die Erschwerung liegt infolgedessen in der hohen *Lenkbarkeit* des Objekts, d.h. im gesteigerten Risiko, die Verstimmung des Systems nur mit äußerst genau dosiertem Einsatz in einem schmalen Spielraum zwischen Gelingen und Scheitern gestalten zu können. Schon geringfügig erhöhter Zug oder Druck kann das System zerstören.

Zweitens: Betont individuelle und originelle Lösungen von Bewegungsherausforderungen, wobei nicht der Grad der Schwierigkeiten ausschlaggebend ist.

Die *Spannweite* als gelungen empfundener Bewegungen kann sowohl in der Richtung schwieriger Bewegungen als auch in Richtung einfacher Bewegungen gestaltet werden und unterliegt keinem Kriterium „technischer" Zweckmäßigkeit (CHRISTIAN 1963, 34f.). Damit sind *Spielbreiten* auch für individuelle Auslegungen von Schwierigkeiten und Formen hergestellt.

Eine vergleichsweise einfache Übung wie der Kopfstand kann auch dann als gelungen erkannt werden, wenn er nur „halb" erscheint und „mit seithoch gespreizten Beinen" durchgeführt wird, und zwar von einem „kleinen Jungen", dem diese Bewegung gelingt (FUNKE 1987, 12). Sie ist keine Annäherung an die „technisch zweckmäßigste" Form, sondern sie ist – so beabsichtigte – Darbietung des Kopfstands. Sie ist sicher auch kein *Bewegungskunststück*, aber ein von FUNKE akzeptiertes Beispiel für *Bewegungskunst*.

Drittens: Ästhetisierte Bewegung, die auf Präsentation, Bewunderung und Empfindung des *Schönen* ausgelegt wird.

Individuelle Lösungen und Bewertungen eröffnen nun nicht etwa willkürliche und beliebige Wege zur *Bewegungskunst*, sondern sind an eine Idee des *Schönen* gebunden, die von FUNKE im Rückgriff auf die SCHILLERsche Theorie des ästhetischen Spiels entwickelt wird. Die *Bewegungskunst* folgt weder nur einer Linie der Vernunft noch sinnlichen Neigungen allein. Sie besteht weder nur aus idealisierten Bewegungsformen noch aus der bloßen Befriedigung individueller Bewegungsbedürfnisse. Vielmehr versucht sie, beides im ästhetischen Spiel zu überhöhen.

Für TREBELS ist der ästhetische Charakter akrobatischer Bewegungen vor allem als „Präsentationsleistung" gegeben. Sie kultiviert das Einmalige, Ungewöhnliche, Überraschende, die „individuelle

Varianz" und löst Bewunderung aus. Akrobatische Bewegungen gehören damit einer Schauwelt an.

Zusammenfassend lassen sich zwei wesensmäßige Eigenschaften von Spielobjekten der Akrobatik festhalten. Diese Eigenschaften treten nur verbunden auf.

Als Bewegungsobjekte binden sie den Spieler in ein *schwingendes* System ein. Das Objekt wird zwar nur lebendig durch den Gestaltungswillen des Subjekts. Aber auch das Subjekt ist nur integraler Teil einer sich am Objekt formenden Bewegung, und zwar unter regelhaften mechanischen Bedingungen. Das Objekt kann infolgedessen – im Unterschied zu den im nächsten Abschnitt zu behandelnden Objekten des Symbolspiels – nur innerhalb eines begrenzten Spielraums gedeutet werden.

Die zweite Eigenschaft bildet sich in der ästhetischen Interpretation der Bewegung aus. Das Objekt rückt damit bereits in die Nähe des Requisits. Es wird nicht mehr um seiner selbst wegen thematisiert, sondern als Gelegenheit verstanden, bestimmte Wahrnehmungen und Empfindungen auszulösen: z.B. der Leichtigkeit, des Mutes und der auffälligen Könnerschaft.

Blickt man auf beide Eigenschaften der akrobatischen Objekte, erscheinen sie als Übergangsobjekte in Richtung auf das Symbolspiel.

6.3 Das Objekt als Requisit und als imaginärer Gegenstand

Im Symbolspiel ist das Objekt entweder Requisit oder imaginärer Gegenstand. – Das Requisit ist konkret vorhanden. Der imaginäre Gegenstand wird ausschließlich als Gegenstand der Vorstellung erschaffen. Er ist gewissermaßen durchsichtig und entsteht als Abdruck einer Bewegungshandlung. Der Spieler zeigt das unsichtbare Objekt und der Zuschauer sieht es, weil er die Bewegung des Spielers sieht und es aus ihr wie gegenständlich heraustreten lässt.

Das Requisit ist im Unterschied zu den bisher behandelten Klassen von Spielobjekten

„'in Funktion und Verweisungszusammenhang eindeutig gebunden'; es wirkt nicht für sich selbst". Es verliert seinen „Dingcharakter" und gewinnt stattdessen „bedeutsame dramatische Qualitäten" (GREINER u. a. 1982, Bd. 2, 114).

Die dramatische Spielhandlung zieht also auf je entgegengesetzte Weise das Objekt in das symbolische Spiel. Entweder entkleidet sie das konkrete Requisit vieler seiner offensichtlichen Objektqualitäten

6 Die Spielobjekte

zu Gunsten von Verweisungen oder es bekleidet das imaginäre Objekt mit gewollten Eigenschaften. In beiden Fällen entstehen die gemeinten Eigenschaften aus der Bewegung und ihren Symbolen.

Im Vergleich zu den **Übergangsobjekten** des akrobatischen Spiels sind die Objekte des Symbolspiels **Überschreitungsobjekte**. Sie sind Bestandteile eines mimetischen Prozesses, dessen „Kraft" „im wesentlichen in den Bildern" liegt, die er hervorbringt. Er erzeugt „eine Welt der Erscheinungen, des Scheins, der Ästhetik. Bilder haben zwar eine materielle Existenz, aber das, was sie darstellen, ist nicht integrativer Teil einer empirischen Wirklichkeit" (GEBAUER/WULF 1998a, 434), der natürlicherweise die imaginären Objekte, aber auch bereits die Requisiten entrückt sind.

Beide sind Objekte, die auf etwas anspielen. Wie wir oben dargestellt haben, exemplifizieren die Bewegungen mit den Objekten nicht einen *buchstäblichen* Gebrauch. Die Bewegungen sind keine *Proben* eines bestimmten Könnens innerhalb einer *Spielbreite* möglicher Ausführungsarten. Die Bewegungen exemplifizieren – als Anspielungen – vielmehr *metaphorisch*. Wenn z.B. ein schwerer Gegenstand von einem Zauberer angehoben und manipuliert werden kann, liegt es nicht an der Kraft und Geschicklichkeit des Spielers, sondern an seiner Fähigkeit, etwas als echt, als gekonnt und leicht erscheinen zu lassen, wobei er etwa mit Täuschungen, Tricks und Andeutungen arbeitet, jedenfalls mit irgendeiner Umkehrung der echten Umstände, auf die er *metaphorisch* Bezug nimmt.

An dem bereits in Kapitel 3 behandelten Marionettenbeispiel wollen wir unser Verständnis des Begriffs der **Überschreitung** im Symbolspiel präzisieren. Es handelt sich hier um zwei Objektüberschreitungen, die NICKEL auch als „Objektevokationen" bezeichnen würde (1997, 554f.). Die eine Überschreitung betrifft das Objekt Marionette, dargestellt von einem Mitspieler. Dieser folgt den Bewegungen der Fäden nur scheinbar. Der gezogene Arm z.B. ist hinsichtlich der physiologischen Abläufe ein Arm, den dieser Spieler selbst hebt und sich dabei den Bewegungen der Fäden anpasst. Und der Faden, an dem der Arm nur scheinbar hängt, ist daher kein Faden, der hinsichtlich einer mechanischen Funktion (den Arm des Mitspielers hochzuziehen) benötigt wird. Diese Funktion wird im Spiel nur simuliert. Um diese Simulation erfolgreich erscheinen zu lassen, muss der Faden gestrafft bleiben.

Ferner überschreitet das Zusammenspiel zwischen den Spielern, d.h. zwischen dem gespielten Marionettenspieler und der gespielten

Marionette, die Beziehungen, die zwischen einem Marionettenspieler und einer echten Marionette normalerweise bestehen. Die gespielten Beziehungen im Symbolspiel sind solche zwischen zwei Subjekten, die eine gemeinsame Absicht verfolgen. Auf dieser Grundlage entwickeln sich alle weiteren Darstellungsabsichten. Und auf diese Grundlage sind auch alle Objektüberschreitungen zurückverwiesen.

Verallgemeinernd gesagt, sind Objektüberschreitungen immer in intentionales und interaktives Handeln eingebunden und dramatischen Absichten unterworfen. Dabei geht es nur vordergründig um die *Evokation* des Objekts, hintergründig aber um die Transformation einer *vorgängigen* Erfahrung (in diesem Fall mit Marionetten).

Im Folgenden wollen wir verschiedene Aspekte der **Objektüberschreitung** näher betrachten. Dazu gehören das *Erschaffen*, das *Verwandeln*, das *Verfremden*, das *Kontextualisieren* und das *Mystifizieren von Objekten*.

Erschaffen von Objekten. HAMBLIN (1979, 45ff.) verwendet den Begriff „Erschaffen", der dem gemeinten Vorgang am nächsten kommt, weil er die damit verbundene Tätigkeit erfasst. Der Spieler tut etwas, um das Objekt zum Erscheinen zu bringen. Er holt es aber nicht bloß hervor, sondern entwickelt es Schritt für Schritt. Nach ZWIEFKA (³1997, 35) beginnt dieser Vorgang nicht erst mit formenden Bewegungen der Hand, sondern schon mit Blickkontakten, die erste Informationen vermitteln – z.B. über die Lage im Raum, die Größe, das Gewicht, über Bewegungen oder Ruhelage. Auch Empfindungen können schon frühzeitig dargestellt werden, wenn die Annäherung an das Objekt erfolgt, z.B. Freude, Furcht, Ablehnung, Erwartung. Bei den pantomimischen Handlungen, die unsichtbaren Objekten gelten, spielen gliedernde und akzentuierende Momente eine große Rolle. Etwa der *Toc*, d.h. „ein kleiner Ruck, mit dem in der Pantomime jede Bewegung beginnt und auch abgeschlossen wird" (ZWIEFKA ³1997, 35), sowie das Übertreiben durch Dehnen oder Beschleunigen lenken die Aufmerksamkeit, wie auch zusätzliche Aktionen dazu dienen können, bestimmte Eigenschaften des Objekts auffällig zu markieren. Generell gilt, dass über das Objekt nicht souverän verfügt werden muss – wie bei sportlichen Handlungen – , sondern, dass eher seine Sperrigkeit, Widerständigkeit oder gar „Widerspenstigkeit" vorgezeigt werden sollten (BERND 1988, 201).

Solche Handlungsmomente dienen nur scheinbar einer *Objektivierung* des Objekts, dem Hervorbringen seiner materialen Eigenschaften. Nur scheinbar wird es als ein unabhängiger Gegenstand erschaffen, der uns entgegentritt. Tatsächlich aber ist dieser Prozess des *Erschaffens* imprägniert durch Gestaltungsabsichten, Wahrnehmungen und Interpretationen der Spieler, z.B., wie die Objekte beherrscht, erobert werden, wie die Spieler von ihnen herausgefordert und eingefangen werden, wie sie Empfindungen auslösen und wie sich bei ihrem Gebrauch „gesellschaftliche Praxisformen" „niederschlagen" (so etwa bei vielen Formen des Kinderspiels; bei sportlichen Auseinandersetzungen mit dem Objekt und um das Objekt, im Sportspiel als Gegenstand von Überbietungshandlungen; oder bei Verrichtungen mit Alltagsgegenständen und Werkzeugen; BERND 1988, 201).

Objekte verwandeln und verfremden. Viele Autoren verwenden Objekte als *Ausgangspunkte* für deren Verwandlung und Verfremdung. Ausgangspunkte sind sie insofern, als zunächst der gesicherte, z.B. in der Alltagserfahrung verankerte Umgang aufgerufen und präsent gemacht wird, um auf dieser Grundlage dann Fantasie und Kreativität zu entfalten. Dabei kann das ausgewählte und präsentierte Objekt als Requisit im weiteren Spiel erhalten bleiben oder auch entfernt werden, um neu erschaffenen, imaginären Objekten zu weichen.

KEYSELL fordert bei ihrer Arbeit mit Kindern, auch mit geschädigten Kindern, „mit wirklichen Dingen" zu beginnen und behutsam vom bekannten zum imaginären Objekt überzugehen, dargestellt durch körperliche Bewegungen (1977, 24).

ROSENBERG (1990, 52ff.) verwendet bei ihrer Bewegungstheaterarbeit verschiedenste Objekte (etwa Gymnastikgeräte oder Alltagsmaterialien), um sie über den gewohnten Umgang hinaus in fiktionale Handlungen einzubetten. Das Objekt verwandelt sich in solchen Handlungen zu einem veränderten oder neuen Objekt (vgl. auch HAMBLIN 1979, 119).

Als Verfremdung wirkt dieser fiktionale Vorgang allerdings nur, weil der andere oder der neue Gebrauch vordergründig einen „Mißbrauch von Vorstellungen" eines bekannten Objekts beinhaltet (OERTER 1995, 257). Die fiktionale Handlung, das Spiel, besteht aber gerade darin, nicht den bekannten Gebrauch des Objekts in diese Handlung hineinzuprojizieren, sondern eine fiktive Welt als Rahmen zu schaffen, in der das Objekt einen anderen Gebrauch erfährt. Dieser andere Gebrauch muss keineswegs fremd sein. Wenn z.B. ein Kind einen gelben Baustein als ein Stück Seife etikettiert, erscheint dies ganz natürlich, sofern das Kind mit ihr den Teddybär wäscht (OERTER 1995, 259).

Verfremdungen beruhen also auf einer Befreiung von vorgängigen Erfahrungen, aber auch zugleich auf der Erschaffung von Objekten aufgrund der Erschaffung von neuen Situationen, neuen Kontexten. Dies verweist auf die nächste Form der Objektüberschreitung.

Objekte kontextualisieren. Grundsätzlich gilt, dass keine Bedeutungszuschreibung eines Objekts ohne aufgewiesenen zeitlichen, räumlichen und szenischen Kontext erfolgen kann. Von *Kontextualisieren* sprechen wir hier, wenn wir weniger das Spiel aus der Perspektive des Objekts akzentuieren, sondern das Spiel mit dem Kontext selbst, in dem das Objekt dann mehr als „Auslöser" fungiert (GREINER u.a. Bd. 2, 1982, 120). Es ist ein Zeichen, ein Anhaltspunkt für den gespielten Kontext, nicht aber Gegenstand einer ernsten Auseinandersetzung mit ihm selbst. Die Verbindung von Objekt und Kontext ist eher assoziativ, oft willkürlich und beruht auf wenigen Verbindungen zwischen Eigenschaften des Objekts und Eigenschaften der fiktionalen Situation.

So wird z.B. im „Zauberlehrling", einer „lyrischen Komödie für Schwarzes Theater" von DANA BUFKOVA und BEDRYCH HANYS (KERSTEN ²1996, 99ff.), ein Stab zum Zauberstab in zahlreichen, unvermittelt wechselnden Situationen: heiß bei Berührung, Explorationsobjekt, Fernrohr, Maniküregerät, einen Hut balancierend, Instrument zum Kopfkratzen, Dirigentenstab usw.

Eine besondere Variante in diesem Bereich stellt die Dämonisierung und Mystifizierung von Objekten dar. Dieser Vorgang wird nur aus einem bestimmten dramatischen Kontext heraus verständlich. Dem Objekt wird eine zentrale Rolle zugewiesen, in der es dann besondere Kräfte und Einflüsse entfaltet, denen sich die Spieler nicht entziehen können. Die Beispiele reichen von überraschenden Verwendungen allgemein bekannter Alltagsobjekte über verzauberte Objekte, von denen magische Wirkungen ausgehen, bis hin zur geheimnisvollen Verselbstständigung harmloser Alltagsgeräte (s. als Muster den Besen im „Zauberlehrling").

Im Schattenspiel kann beispielsweise eine große Zahl von Menschen in Kisten einsteigen, die auf die Leinwand projiziert werden. So sieht es der Zuschauer auf der anderen Seite. Zauberstäbe können Menschen erstarren lassen oder in ungewollte Zustände und Bewegungen versetzen. Menschen können Objekte spielen, z.B. Roboter, die aus der Kontrolle geraten. Oder in der „verhexten Küche", in der die Geräte plötzlich ein Eigenleben gewinnen, wird der Koch die gerufenen Geister nicht mehr los (PAWELKE 1995, 141ff.).

6.4 Bewegungssymbole und Spielobjekte

Warum haben wir uns so ausführlich mit den Objekten anderer Spielformen neben dem Symbolspiel befasst? Diese Vorgehensweise ergibt sich aus einer Betrachtungsweise, die nicht nur die trennenden, sondern vor allem die verbindenden Gesichtspunkte herausarbeitet. Das Spiel mit Objekten kann aus verschiedenen Richtungen beginnen, wobei die verschiedenen Annäherungen aber enger beieinander liegen und Übergangsmöglichkeiten zu anderen Deutungen leichter zugänglich sind, als bereichsspezifische Ansätze es nahe legen.

Wir operieren auf einer einheitlichen theoretischen Grundlage aller Bewegungsspiele bzw. ihrer Objektdeutungen. Sie besteht im Wesentlichen aus zwei Eckpfeilern:

Nicht nur die Objekte des Symbolspiels sind nicht durch unabhängige Eigenschaften konstituiert, auf die die Spieler Bezug nehmen. Vielmehr konstituieren sich in jeder Spielform die Eigenschaften der Objekte erst durch Deutung und Gebrauch in der Bewegung.

Wie sich die Objekte der verschiedenen Spielformen dann kategorisieren lassen, hängt demzufolge davon ab, wie wir die verschiedenen Bewegungen kategorisieren, aus denen Deutung und Gebrauch entstehen.

Hierfür haben wir oben eine symboltheoretische Begründung geliefert und diese schließlich unter Berücksichtigung fachspezifischer Ansätze auf die verschiedenen Spielformen angewendet.

Daraus ergibt sich, dass Objekte im Symbolspiel prinzipiell nicht anders konstituiert werden als Objekte in den anderen Spielformen. Ihnen liegt im Symbolspiel allerdings eine bestimmte Spielart von Bewegungssymbolen zu Grunde, die sich in den anderen Spielformen nur gelegentlich ergibt und dort keine besondere Rolle spielt.

Alle Bewegungen richten sich auf Eigenschaften der Objekte, die ihrerseits wiederum auf bestimmte andere Gegenstände, Ereignisse, Vorgänge verweisen können. So richtet sich etwa die Bewegung eines Kindes auf einem Balancierkreisel auf dessen Eigenschaft, nur durch einen einzigen Punkt Kontakt zum Boden zu haben und dem Kind daher auch nur labilen Halt zu ermöglichen. Die Bewegungen symbolisieren zugleich Verlust und Erlangen des Gleichgewichts.

Im Bauspiel bringen die Bewegungen solche Eigenschaften von Objekten bzw. von Objektverbindungen hervor, die wiederum auf neue Bewegungen Bezug nehmen – wie z.B. verschieden hohe Kästen eine Treppe bilden, auf der man hinauflaufen und von der man hinunterspringen kann.

Alle derartigen Körperbewegungen sind aber keine *Probe* von Eigenschaften der Objekte. Die Balancierbewegung des Kindes ist kein Beispiel, wie sich der Kreisel bewegt. Genauso wenig sind die Bewegungen des Hebens, Tragens, Absetzens und Arrangierens von Kästen im Bauspiel Beispiele, wie sich Kästen verhalten. Vielmehr exemplifizieren Körperbewegungen im Balancierspiel und im Bauspiel – und dasselbe gilt auch für Regelspiele und akrobatische Spiele – Körperbewegungen.

Nur im Symbolspiel können Körperbewegungen auch Bewegungen z.B. von Gegenständen exemplifizieren, sofern diese in lebendige Körper verwandelt wurden. All diese exemplifizierenden Bewegungen sind daran zu messen, ob sie gute Beispiele sind, d.h., ob sie sich in der Praxis bewähren.

Auch akrobatische Bewegungen verweisen auf Eigenschaften von Objekten. Sie exemplifizieren aber solche Eigenschaften von Bewegungen, die sie zu Bewegungskunststückchen machen. Darüber hinaus – und hier erkannten wir eine weitere Spielart, wie Bewegungen symbolisieren und damit die Spielobjekte verändern –

exemplifizieren sie auch Eigenschaften, auf die angespielt wird – wie z.B. auf Mut, Leichtigkeit, Souveränität.

Diese Spielart der *metaphorischen Exemplifikation* bildet nun den Kern von Symbolisierungen in der Spielform, die wir entsprechend auch als **Symbolspiel** bezeichneten. Sie beschränkt sich nicht nur auf solche Anspielungen, die mit gut gekonnten Bewegungen an Objekten verbunden sind – wie im akrobatischen Spiel. Im Gegenteil: Wie das Beispiel des leitersteigenden Pantomimen gezeigt hat, kommt es gar nicht unbedingt darauf an, die Bewegungen des Leitersteigens buchstäblich durchzuführen. Es genügt, wenn diese Bewegungen nur angedeutet und wenn dabei einige signifikante Eigenschaften des Objekts herausgearbeitet werden. Solche Bewegungen nannten wir im Sinne GOODMANs *metaphorisch*.

Metaphorische Exemplifikationen dieser Art sind keine Beispiele für nicht gekonnte Bewegungen. So demonstriert der Pantomime also nicht etwa seine Unfähigkeit, auf einer Leiter zu steigen. Vielmehr sind *metaphorische Exemplifikationen* als besondere Versionen von Evokationen des Spielobjekts, als besondere Versionen selbst geschaffener Wirklichkeiten zu verstehen. In ihnen wird es möglich, mit Fantasie und mit ungewöhnlichen Erfahrungen zu spielen.

7 Die Handlung

7.1 Die Handlung als *Bauplan*

Wie alle anderen Spiele können auch die Symbolspiele als Dramatisierungen aufgefasst werden. Sie kommen zur Aufführung, besitzen eine Struktur des Aufbaus, einen Spannungsbogen, der sich von einem Anfang bis zu einem Abschluss ausdehnt, und ein Beziehungssystem, das die Teileelemente des Ganzen sinnfällig ordnet. All dieses wird unter den Begriff des *Bauplans* eines Stücks gefasst, dessen „Grundriß" er vorgibt (GREINER u. a., Bd. 1, 1982, 158, 167).

Von dieser Perspektive aus lassen sich weitere Strukturbestandteile der Handlung erschließen. Unterhalb der Ebene des Stücks stellt die *Szene* ein bedeutendes Ordnungselement dar. Sie wird nach GREINER u. a. im Handlungsaufbau ähnlich entwickelt wie das „Drama im ganzen", nämlich als „Entfaltung und Veränderung einer Situation" (Bd. 1, 1982, 162). Neben der *Situation* bestimmen auch die „Figur" und die „Begebenheit" (Bd. 1, 1982, 167f.) den Fortgang der Handlung. Hier allerdings sind Unterschiede zu beachten.

Eine Szene kann z.B. aus der Situation heraus entwickelt werden, die gegenüber den beiden anderen Elementen die *Leitfunktion* übernimmt. Oder es sind die *Figuren*, aus denen sich die Situation entfaltet. Auch die *Begebenheit* kann den Ausgang bilden, von dem sich dann der Blick auf Figuren einstellt und von deren Entwicklung in den Bann gezogen wird.

Diese hier nur kurz behandelten Strukturelemente einer Handlung, wie sie dem Drama zu Grunde liegen, lassen sich ohne weiteres in den verschiedenen Formen des Symbolspiels nachweisen und liefern eine Grundlage für ergiebige Interpretationen.

So arbeitet z.B. das bereits beschriebene **Dorfkulturtheater** (BERND 1988) vorzugsweise mit der Entwicklung von Situationen, die mit szenischen Mitteln dargestellt werden (Beispiel: „Einweihung des Wasserwerks 1911"; 116). Es benutzt auch besondere Ereignisse

(Begebenheiten; z.B. im Krieg die Überbringung der Todesnachricht durch den Gemeindediener). Figuren sind hier zwar nicht weniger bedeutsam, sie ordnen sich aber strukturell der Situation oder der besonderen Begebenheit unter und werden mehr als Typen herausgestellt (wohlhabende Bauern, Arbeiter, bestimmte Frauenrollen usw.). Ganz verzichtet wird auf die Entwicklung der Handlung aus Begebenheiten heraus, die von Auseinandersetzungen zwischen Figuren und sich systematisch entwickelnden Beziehungen geprägt werden.

In pantomimischen Darstellungen können alle drei Hauptelemente eine große Rolle spielen. Die Pantomime stellt z.B. die Figur in den Vordergrund und zeigt Ereignisse, die ihr Verhalten, ihre Bestrebungen, ihre Erfolge und Misserfolge sowie bestimmte Eigenschaften in wechselnden Situationen herausarbeiten. Ebenso kann die Figur etwa in eine scheinbar harmlose Alltagssituation gestellt werden, in der es unerwartet zu grotesken Entwicklungen kommt, wenn sich z.B. bekannte Alltagsgegenstände als zu schwer zum Anheben erweisen, nicht ihre übliche Funktion ausüben, sich in andere Gegenstände verwandeln oder lebendig werden.

Das „Kölner Bewegungstheater" strebt eine Handlungsgliederung an, die auf der Grundlage von „Spielszenen" und „Spielstücken" entsteht (SCHMOLKE 1976, 22ff.). Spielszenen beruhen ihrerseits auf „Spielideen" wie etwa „Meer im Sturm" (eine Fünfergruppe von Menschen klammert sich an den Mast eines Boots), „Marionetten" oder „Das Betreten des Rasens ist verboten".

„Szenen" werden als so genannte „Kurzformen" verstanden. Sie sollen Aktion und Tempo enthalten und ein „komplexes Geschehen auf Einfaches, Elementares, sofort Begreifbares zurückführen" (SCHMOLKE 1976, 35). Offensichtlich dominieren in den *Bauplänen* dieses Theaters die Leitkriterien *Situation* und *Begebenheit* gleichermaßen das Handeln der Figuren. Die Begebenheit ist immer das besondere Ereignis und wird in der Situation auf ganz bestimmte Vorkommnisse und Merkmale hin zugespitzt. So werden im ersten Beispiel Personen über Bord gespült. Im zweiten gleichen sie sich den Besonderheiten von Puppen, Maschinen, mechanischen Apparaten und Schießbudenfiguren an. Und im dritten folgen spielende Kinder dem klassischen Muster verbotener Handlungen und werden natürlich erwischt, abgekanzelt und des Feldes verwiesen.

„Spielstücke" entstehen durch „Zusammenführen und Erweitern von Kurzformen". Dazu muss ein „roter Faden" gefunden werden, der die Einzelformen zusammenbindet. Die Stücke folgen „Sammelthemen" (z.B. „Reisezeit", „So leben wir") oder in fortgeschrittener Form Fabeln und Märchen, die in Bewegungen umgesetzt werden (SCHMOLKE 1976, 36f.). Das zentrale Bauelement der Handlung des „Kölner Bewegungstheaters" ist unverkennbar die Spielszene, also die „Kurzform". Ihr gegenüber hebt sich das Stück nicht als Gesamteinheit mit einer eigenen strukturellen Verdichtung ab, die – wie beim Drama – durch eine systematische Entfaltung von Personenbeziehungen zu Stande käme. Ein Stück ähnelt hier eher einem *Bilderbogen*. Auch in der von TIEDT (1995) fortgesetzten Tradition dieses Bewegungstheaters ändert sich an dieser Bauweise wenig.

Im Schwarzen Theater kann die Funktion der Figur nahezu unwirksam gemacht werden. Fantasie- und Traumbilder entstehen unvermittelt in Situationen, beherrschen diese und spielen mit Figuren oder mit Fragmenten von Figuren (Köpfe, Hände, Arme, Beine). Nicht einmal die Begebenheit ist vor diesen Situationen sicher. D.h., was sich tatsächlich ereignet, lässt sich oft nicht einmal logisch nachvollziehen und beschreiben. Allerdings ist auch genau das Gegenteil möglich. Die handlungslogisch entwickelte Begebenheit wird in sorgfältig hergestellten und verbundenen Situationen kenntlich, wenn z.B. ein Einbruchs- und Diebstahlvorgang dargestellt wird und eine überraschende Wendung erfährt. Die Figur folgt den vorgezeichneten Steigerungen und Nuancen der Begebenheit.

Die Tendenz zur kombinatorischen Strukturierung der Handlung im Symbolspiel kennzeichnet auch andere Ansätze. Hier ist vor allem der Entwurf von BANNMÜLLER zu nennen (1979), die Szenen und Szenenfolgen nach einem dem „Kölner Bewegungstheater" vergleichbaren Muster ordnet. Szenen tragen z.B. den Titel „Hauptstraße", „Märkte und Verkaufsszenen" und werden schließlich ebenfalls zu *Bildern* zusammengefügt („Bilder einer Großstadt").

Die Szene wird allerdings einer besonderen Planung und Ordnung unterworfen, die das Ereignis und die Begebenheit durch ein Netz bestimmter formaler Ordnungsfaktoren einfangen soll: Raumstellungen, Requisiten sowie die Handlungsmerkmale Sprache und Bewegung. Durch Akzentuierungen und Akzentuierungswechsel dieser Faktoren werden Beziehungen zwischen Personen mehr formal und künstlich konstruiert, sodass das Ereignis, die besondere Begebenheit, als eine Folge fortschreitender Erschließung der drei oben genannten Faktoren und nicht als eine natürliche Ausgangslage für Entwurf und Entfaltung von Situationen anzusehen ist.

Die Beispiele zeigen, dass es im Bewegungstheater große Spielräume gibt, nach welchen Gesichtspunkten die Struktur der Bühnenhandlung entwickelt werden kann. Dabei lassen sich die im Sprechtheater verwendeten Kategorien *Bauplan, Szene, Drama, Situation, Figur* und *Begebenheit* durchaus heranziehen, um die jeweiligen strukturellen Besonderheiten zu beschreiben. Diese unterscheiden sich allerdings deutlich von denen des Sprechtheaters mit seinen Möglichkeiten, durch „diskursives" Symbolisieren (LANGER ²1979, 86ff.) Situationen, Begebenheiten und Personen zu differenzieren und zu vertiefen.

Die hier aufgeführten Varianten strukturierender Ordnungen und Handlungsgrundrisse sind demgegenüber auf die spezifischen Möglichkeiten „präsentativen" Symbolisierens abgestimmt (LANGER ²1979, 86ff.). Dieses

„beruht auf der Transformation von Widerfahrnissen, Gefühlen und Erlebnisformen in sinnlich erfahrbaren Gestaltungen (Bilder, Gesten, Tänze, Klänge usw.)" und stellt gegenüber den „diskursiven" Symbolen eine eigene „gleichwertige Form der Bearbeitung von Welterfahrung" dar (BERND 1988, 28f.).

Auf die Ausbildung der Handlungsstruktur hat das erheblichen Einfluss, da bestimmte Schwerpunkte bevorzugt werden, wie z. B.

- des Typischen einer Figur gegenüber der Entfaltung eines Charakters.
- der schlagartigen Erhellung einer Situation gegenüber der diffizilen und differenzierten Aufdeckung.
- der Verdichtung eines Ausdrucks in der Präsenz der Geste gegenüber der sukzessiven Entwicklung seiner Elemente und
- der anschaulichen, ins Auge springenden Evidenz einer Begebenheit gegenüber Teilprozessen, die auf verschiedenen Ebenen verlaufen und deren Zusammenhang nicht auf Anhieb hervortreten muss.

7.2 Symbolspiel als kreatives Handeln

In vorangegangenen Kapiteln ist die **Kreativität** des Symbolspiels bereits mehrfach, allerdings implizit, berührt worden. Sie erschien als eine Form von *Bezugnahme* – etwa auf einen Gegenstand, eine Situation, einen Sachverhalt, die absichtlich nicht *buchstäblich* genau und nicht vollständig zutreffend war. Wir bezeichneten diese Bezugnahme mit GOODMAN als *anspielend* oder *metaphorisch*. Der Spieler stellt, indem er z.B. einen Gegenstand vorzeigt, mit ihm umgeht, nicht eine bekannte, übliche, gewohnte Praxis dar, sondern er lässt dabei immer einige Aspekte außer Acht und fügt andere, ungewöhnliche, hinzu. Mit der *metaphorischen* Bezugnahme überschreitet der Spieler also den Gegenstand und lässt ihn in Erscheinung treten, wie er es beabsichtigt. Er bringt etwas an ihm zum Ausdruck, er knüpft an Bekanntes an und wendet es in eine neue Richtung.

Was ist in diesem Zusammenhang **Kreativität**? Sie liegt im Weglassen von Aspekten, im Bezugnehmen auf bestimmte Aspekte und im Herstellen von neuen Relationen zwischen ihnen. Nun sind Neuigkeit und Abweichung vom Gewohnten nicht schon als solche maßgebend für den Ausdruckswert einer Bewegung. Nach GOODMAN entfaltet sich die kreative Wirkung erst im Gewinnen von Erfahrungen, im Reorganisieren und Neuorganisieren von Erfahrungen. Indem die mimetischen Bewegungen gerade

„normalerweise nicht miteinander assoziierte Erfahrung miteinander in Beziehung setzen oder andere unterscheiden, die gewöhnlich nicht differenziert werden", können sie „Erfahrung reorganisieren" und so die Anspielungen „bereichern" oder „unser Unterscheidungsvermögen" „schärfen" (1973, 74).

GOODMAN hat dieses auf den Tanz gemünzt. Es trifft aber auch für andere Formen des Symbolspiels zu. Die Beispiele des Tanzes und der Pantomime – s. das mehrfach herangezogene Beispiel des fiktiven Leitersteigens – zeigen, dass die kreative Leistung des Spielers in der Auswahl, in der Beherrschung und in der ungewöhnlichen Verknüpfung der ausgewählten Elemente, die in die Bewegung eingehen, und schließlich in den beim Zuschauer bewirkten Erfahrungen liegt. Sie besteht also sowohl in der in Anspruch genommenen Freiheit gegenüber der gewohnten Ordnung der Elemente als auch im wirkungsvollen Präsentieren veränderter Perspektiven und eigener Versionen. Kurz gefasst, besteht die kreative Leistung des Spielers im Hervorbringen neuer Welten aus alten Welten und in der Faszination, die den Zuschauer selbst verändert und seine Vorstellungen in Bewegung versetzt.

GEBAUER/WULF, die sich gelegentlich auf GOODMAN beziehen, gehen bei der Beschreibung kreativer, mimetischer Prozesse sogar so weit, sie als „wildwüchsig" zu bezeichnen.

„Mimetische Kreativität zeichnet sich dadurch aus, daß vieles Unterschiedliches geschaffen wird" (1998a, 56).

Durch die Denkfigur der *Bezugnahme* und der dabei zu Stande kommenden ungewöhnlichen Verknüpfung von Erfahrungen sind eher allgemeine Bedingungen von Kreativität beschrieben. Wie lassen sich diese nun im Hinblick auf Merkmale konkreten Handelns präzisieren?

Nach GOODMAN sind ästhetische Prozesse „inquisitiv". Sie unterscheiden sich hierin von „akquisitiven und selbstbehauptenden" Prozessen anderen intelligenten Handelns, wozu Vorgänge der alltäglichen Lebenssicherung, der Wahrnehmung und der Wissenschaft gehören (1973, 243). *Inquisitiv* sind auch die mimetischen Bewegungen. Sie führen nicht ins Chaos, sondern nutzen einen großen Spielraum möglicher Verknüpfungen, um diese zu erproben, mit ihnen zu experimentieren, sie auf ihre Tragfähigkeit hin zu untersuchen. In diesem Sinne bezeichnet der Begriff *wildwüchsig* vor allem eine unabdingbare Voraussetzung von Kreativität. *Inquisitives* Handeln muss sich in unvorhersehbare Richtungen wenden können.

Ein weiteres Merkmal ergibt sich aus Überlegungen, wie mimetische Handlungen als miteinander verbundene und weitergeführte, als gestaltete Prozesse ablaufen. Hier greifen GEBAUER/WULF auf das von WITTGENSTEIN entwickelte Konzept der „Familienähnlichkeiten" zurück.

Mimetische Handlungen verbinden einzelne Prozesse in der Art und Weise wie „'beim Spinnen eines Fadens'", indem „'Faser an Faser'" gedreht wird, sodass „'viele Fasern einander übergreifen' (§ 67). Umfang und Reichweite der mimetische Bezugnahme ist nicht durch eine Grenze festgelegt" (1998b, 14f.).

Allerdings fügen sie sich als eine Kette von Ähnlichkeiten zusammen, die sich in der sozialen Praxis der Spiele herausstellen. Spiele – wie alle Formen des mimetischen Handelns – werden nicht durch definierte und formal bestimmte Grenzen unterschieden, sondern durch praktische Antworten. Welche Merkmale zusammengehören, was zu einem Spiel gehört und was nicht, was im Laufe eines Spiels gilt, entscheiden Wahrnehmung und Akzeptanz bei den involvierten Personen.

GEBAUER/WULF bezeichnen dieses Ausspinnen der Handlungsfäden, das auf der Basis von „Familienähnlichkeiten" erfolgt, als Herstellen von „transitivischen Beziehungen":

„Man kann mit Hilfe eines Merkmals zu einem jeweils anderen Mitglied der Familie weitergehen, dann wiederum mit Hilfe eines wieder anderen Kennzeichnes zu einem weiteren Verwandten." So werden „fortlaufende Beziehungen zwischen verschiedenen Handlungen des gleichen Typs" geschaffen (1998b, 14).

Inquisitives und *transitivisches* Handeln knüpft an, verfolgt Richtungen und schafft Relationen. In Bezug auf seine Anknüpfungspunkte (die *vorgängige* Welt) hat es den Charakter der Wiederholung. Es wiederholt, da es ähnliche Vorkommnisse und Gegebenheiten aufgreift und auf sie hinzeigt. Aber es kopiert und imitiert nicht. Es lässt in seinem Spiel trotzdem keine „Vagheit und Unklarheit" (GEBAUER/WULF 1998b, 15) aufkommen, erzeugt also keine beliebigen, chaotischen Aktionen. Denn es bindet im Sichentfernen vom Ausgangspunkt, im Fortspinnen der Fäden, diese auch wieder zusammen – durch *transitivische Beziehungen*, die Zug um Zug neue Ähnlichkeiten schaffen und sich im Spiel bewähren müssen.

GEBAUER/WULF weisen entschieden die Vorstellung zurück, dass eine Ordnung kreativen Handelns durch „Regel, Bedeutung oder Konvention" zu erreichen sei (1998b, 15). Das Konzept der *Familienähnlichkeit* enthält keine Beschreibungen, die mimetische Prozesse durch solche Vorgaben erhellen könnten. Mimetisches Handeln wird nicht durch Regeln und Konventionen konstituiert. Seine Bedeutungen unterliegen prinzipiell dem Wandel.

In einer umfassenden Studie über die „Kreativität des Handelns" arbeitet JOAS ein weiteres zentrales Merkmal heraus, nämlich den „quasi-dialogischen" Charakter von Handlungen (1996, 236; vgl. auch NICKEL 1997, 136ff.). „Quasi-dialogisch" nennt JOAS das „Verhältnis von Handlung und Situation".

„Handlungen sollen damit als Antworten auf Situationen gedacht werden. Situationen sind nicht stumm, sondern muten uns Handlungen zu" (1996, 236).

Zu Grunde liegt ein „nicht-teleologisches" Verständnis der Intentionalität des Handelns (JOAS 1996, 218). Die Handlungsziele verwirk-lichen sich innerhalb des Spiels und „stehen nicht für etwas jenseits des Spieles Festzuhaltendes" (JOAS 1996, 228). Sie werden weder vor dem Spiel „in einem geistigen Akt vor der eigentlichen Handlung" fixiert (1996, 232) noch als ein objektiviertes Ergebnis nach dem Spiel festgehalten.

Vielmehr sind die Intentionen der Handlung mit den Situationen des Spiels unauflösbar „verschränkt". Und diese Situationen können nicht als das „neutrale Betätigungsfeld für außersituativ konzipierte Intentionen" verstanden werden (1996, 235f.).

Ein solcher Handlungsbegriff, der dem Zweck-Mittel-Schema im Verhältnis von Ziel und Handlung den Boden entzieht und sich an Gegebenheiten und Entwicklungen von Situationen bindet, hebt die Intentionalität des Handelns nicht auf, sondern bestimmt sie auf andere Weise.

„Der menschliche Umgang mit der Wirklichkeit besteht in einer flexiblen Wechselwirkung zwischen globalen Erwartungen und globalen Wahrnehmungen, solange nicht Handlungsprobleme auftauchen. Wenn diese auftauchen, kommt es punktuell zu einer Präzisierung der Erwartungen und der Wahrnehmungen, nicht aber zu einer völligen Umstellung der Erwartungen und Wahrnehmungen auf präzis definierte Raster" (JOAS 1996, 234).

D.h., die Entwicklung von Erwartungen und Wahrnehmungen in einer Situation, die normalerweise immer irgendwie geartete „Handlungsprobleme" aufwirft, vollzieht sich zwar im Lichte dessen, was wir an Erwartungen und Wahrnehmungen in die Situation hineintragen. Sie werden auch nicht aufgehoben. Aber es gibt dennoch keine „präzis definierten Raster", die uns helfen, abzusehen, wie sich Erwartungen und Wahrnehmungen unter dem Druck der Situation und unserer Betroffenheit als Handelnde modifizieren, wie sie variieren, sich verändern und

„durch flexibles Zusammenwirken verschiedener Sinnesorgane und experimentelle Verknüpfung von Handlungsweisen ein für die praktischen Zwecke des Handelns befriedigendes Resultat" ermöglichen (JOAS 1996, 234).

Auch „Pläne stellen uns zwar in Situationen hinein, enthalten aber noch keine erschöpfende Antwort auf die Herausforderungen dieser Situationen". Diese Antwort muss erst gesucht und gefunden werden. Sie ist „konstruktiv zu erzeugen und offen für kontinuierliche Revision" (JOAS 1996, 237).

Damit ist klar: Intentionales Handeln entsteht weder allein in geistig erzeugten Zielen und Erwartungen und vollzieht sich nicht nach vorgeschriebenen Orientierungen und vorgeordneten Prozessen, noch ist es ausschließlich der Situation ausgeliefert, die also nich allein konstituierend wirkt.

Mit den drei Merkmalen des *Inquisitiven*, des *Transitivischen* und des *Quasidialogischen* lassen sich kreative Handlungen zusammenfassend beschreiben
- als Suchen nach Antworten.
- als Bemühen um sinnhafte Verknüpfungen von Handlungsfäden.
- als deren Fortspinnen und Verflechten
- in einem Wechselspiel von Intentionen bzw. Erwartungen und der Situation, die dabei einerseits selbst verändert wird, aber andererseits auch die Intentionen und Erwartungen verändert und zugleich weiter ausarbeitet.

So definierte Kreativität des Handelns lässt sich auch in vielen anderen Bereichen des menschlichen Lebens beobachten. Für das Spiel aber ist sie nach den Vorstellungen von JOAS konstitutiv, weil sich spielerisches Handeln grundsätzlich „der Trennung nach Traum und Leben, innerer und äußerer Wirklichkeit nicht unterwirft" (1996, 244). Der Spielraum für das Verknüpfen von Erfahrungen, für das Auftrennen von festgefügten Verbindungen und für neue Entwürfe und Gestaltungen erscheint weit ausgedehnt. Er bildet den Raum, in dem solche Herausforderungen für den Handelnden eigens gesucht werden.

In seinen weiteren Untersuchungen, vor allem in der Spur der Arbeiten von SCHILDER und MERLEAU-PONTY, setzt sich JOAS mit der besonderen „Rolle des Körpers" auseinander. Nichtteleologisch bestimmtes Handeln bedingt die Aufhebung des Dualismus von Geist und Körper und des „instrumentalistischen Bezugs ... zu seinem Körper" (1996, 247). Intentionen sind dem Körper nicht äußerlich, sondern sind „von leibhaftem, 'inkarniertem' Charakter" (1996, 262).

Folgen wir diesem Verständnis, gehört zum intentionalen, kreativen Handeln, dass der Körper

„intentional freigesetzt, losgelassen, nicht kontrolliert werden soll". „Um ein Problem zu lösen, darf man sich eben nicht auf eine Handlungsweise versteifen, sondern muß man sich freisetzen für die Einfälle und neuen Handlungsansätze, die sich aus der vorreflexiven Intentionalität des Körpers ergeben."

Als Beispiele für diesen „sinnhaften Verlust der Intentionalität" führt JOAS das Lachen und das Weinen an, die nicht absichtlich hervorgebracht werden können,

7 Die Handlung

ebenso wie auch „die Absicht einzuschlafen – als 'aktive' Intentionalität verstanden – sich selbst vereitelt" (1996, 248f.).

Im Gegensatz zu JOAS sind wir allerdings der Auffassung, dass auch die Geste nicht nur die „intentionale Beherrschbarkeit des Körpers" voraussetzt. Gesten werden nicht zu Zwecken der Kommunikation instrumentalisiert, sondern sind Mitteilungen von Bedeutungen. Diese beinhalten *buchstäbliche* Elemente, die dem gemeinsamen Repertoire der Handelnden angehören und zur Verständigung erforderlich sind. Aber sie lassen sich nicht auf diese Elemente reduzieren, sondern eröffnen für Wahrnehmungen und Interpretationen weitere Spuren und Einblicke, die sich der Kontrolle und Rationalisierung entziehen. So enthält jede Geste – wie wir oben bereits gesehen haben – auch *metaphorische* Ausdrucksanteile, die persönliche, situative, nicht wiederholbare Bezüge herstellen können.

Das bedeutet: Wie eine Geste aufgefasst und ausgelegt wird, welche Empfindungen sie auslöst und was sie bewirkt, ist prinzipiell offen. So sind Gesten niemals fertig im Sinne von Instrumenten, die in neuen Situationen unverändert eingesetzt werden. Vielmehr formen sie sich von Situation zu Situation neu aus. Minimale Verschiebungen der Elemente einer Geste können erhebliche Wirkungen auslösen und zu neuen Interpretationen führen.

8 Bewegungstheater – spielen und lernen

Der Weg führt über die **Basisthemen** *Geste, Raum, Zeit* und *Objekt* zum Bewegungsdrama. Dieser letzte Schritt vollendet alle vorher erarbeiteten Themen und führt sie zum Bewegungsdrama weiter. Bewegungsdramen beruhen auf einem selbst entwickelten *Bauplan*, auf dessen Grundlage ein Stück entwickelt und vorgeführt wird. Das Thema des Stücks ist ausgearbeitet. Die tragenden Gesten, die räumliche und zeitliche Gestaltung, die verwendeten Requisiten bzw. die imaginären Objekte sowie die Interaktionen sind geformt. Die vorbereitenden Prozesse des Erkundens, Experimentierens und Erprobens sind zu einem Abschluss gekommen. Wenn das Bewegungsdrama aufgeführt wird, erfüllt es den Anspruch, ein ernst zu nehmender Beitrag zum gewählten Thema zu sein. Es will die Zuschauer für sich einnehmen und etwas in ihnen auslösen, dem erkennbare Absichten zu Grunde liegen. Die Wirkungen liegen nicht nur in verstandesmäßigen Einsichten, sondern vor allem in sinnlich-körperlichen Anmutungen und Resonanzen.

Auch wenn der Vorbereitungsprozess im Bewegungsdrama einen Abschluss gefunden hat, muss dieser nicht endgültig sein. Neue Einsichten und Absichten können es verändern, es nur in Nuancen neu pointieren oder sogar zu einer revidierten Version des Projekts führen. Das ist im Schulspiel aber neben pädagogischen Erwägungen vor allem eine Frage, die sich an die Spieler richtet, d.h. nach ihrem Interesse am gewählten Thema und an der Fortführung ihrer Zusammenarbeit.

Unter **Basisthemen** verstehen wir etwas anderes als unter *Thema eines Stücks*. Dieses ist inhaltsgebunden. Es muss geeignet sein, einen Bezugspunkt in der Wirklichkeit der Lebenswelt aufzugreifen und mimetisch zu bearbeiten, einen Bezugspunkt, der am Menschen, seinen sozialen Bezügen, seiner Bestimmung und seinem kreativen Potenzial, gesucht wird.

Seine gestischen Fähigkeiten, seine Verankerung und Entwicklung in Raum und Zeit, sein Umgang mit der Welt der Dinge und der

Menschen verweisen auf grundlegende anthropologische Dimensionen. Auch insofern sprechen wir hier von **Basisthemen**, die wir dem Bewegungstheater zu Grunde legen.

In der Abfolge eines Lehrgangs werden sie durchschritten, wird der Mensch als zentrales Anliegen durch sie gewissermaßen konzentrisch eingekreist. Die gewählte Reihenfolge ist nicht zwingend. Wichtiger ist es, die einzelnen Basisthemen wegen ihrer grundlegenden Bedeutung aufzuarbeiten, sie zunehmend miteinander zu verbinden und schließlich ihre Integration anzustreben, die dann im Bewegungsdrama sichtbar gemacht wird. Die Argumente für die hier gewählte Reihenfolge haben wir in den einzelnen Teilkapiteln erarbeitet.

8.1 Die Geste als Basisthema

Gestische Kommunikation
Im Bewegungstheater haben die kommunikativen Eigenschaften von Gesten eine Sonderstellung inne. Schließlich wenden sich alle Gesten – und nicht nur die *kommunikativen Gesten im strengen Sinne* (s. Kap. 3.1) – an Mitspieler und gegebenenfalls an ein Publikum.

Wie können diese Eigenschaften nun Gegenstand von methodischen Bemühungen werden? Zunächst wollen wir das gewonnene Verständnis von **Gesten** noch einmal zusammenfassend festhalten.

Träger der gestisch-mimetischen Prozesse können alle körperlichen Bewegungen sein. Insofern sind die Spielräume gestischen Gestaltens auch unübersehbar weit abgesteckt, ist die Reichweite motorisch-mimetischer Metamorphosen kaum abzuschätzen.

Gesten sind Bewegungen. Wenn diese als Bemühungen verstanden werden, einen Gegenstand – der uns sichtbar, fühlbar, vorstellbar entgegentritt – sinnlich aufzunehmen, ihn am eigenen Körper und im eigenen Körper nachzuformen, seiner Bedeutung spürend nachzugehen, sind Bewegungen weder Mittel noch abstrakte Formen. So sind z.B. die tastende Hand, die um ein nur in der Fantasie erzeugtes Objekt fährt, oder die behutsamen Schritte in ein gefahrvolles, aber imaginäres Gelände genauso wenig technisch-instrumentelle Vorgänge wie der forschende Blick, der über ein Bild wandert und dieses zu einer sinnhaften Einheit formt. Ein solches nicht-instrumentalistisches Bewegungsverständnis hat weit reichende

Folgen für das methodische Vorgehen. Das Lehren von Gesten und das Arbeiten an ihnen lässt sich nicht auf die Übermittlung formaler Strukturen und schematisierter Elemente reduzieren, sondern ist eher als ein behutsames Verstärken, Präzisieren und Vertiefen der mimetischen Motive anzulegen.

Mit unseren Gesten verfahren wir also körperlich-sinnlich, aber in der Vorgehensweise ähnlich, wie wir Ideen, Themen, Fragen nachgehen: Im Zusammenspiel unserer Bewegungen mit den Resonanzen unseres Körpers bilden wir gespürte Formen heraus. So können wir z.B. allein in der Art unseres Gehens, in unseren Schritten auf enge oder weite Räume Bezug nehmen, sie unter unseren Füßen entstehen lassen; in Bewegungen auf zeitliche Formen Bezug nehmen, das Erleben z.B. von Ruhe, Tempo, Eile oder Hektik erzeugen; oder soziale Beziehungen zwischen fiktiven Personen herstellen, wie Verbindungen, Verbundenheit und Freundschaft. – Es geht also darum, in der spürend nachgehenden Bewegung Sinn zu formen und in der Geste zu verdichten, die nun ihrerseits von anderen Menschen sinnlich aufgenommen und nachvollzogen werden kann.

Diese Erkenntnisse über Gesten haben nun allerdings nicht zur Folge, sie von funktionellen Überlegungen gänzlich freizuhalten. Nähern wir uns dieser Frage etwa aus der Sicht von MAUSS (1975) und BIRDWHISTELL (1990), zeigt sich sehr wohl, dass Gesten – und im besonderen Maße die codifizierten *Körpergesten* – über Anteile und Elemente verfügen, die auch funktionell bestimmt sind. Wenn MAUSS in diesem Sinne von *Körpertechniken* spricht, sieht er sie allerdings in ihrer Verschmelzung mit anderen Aspekten von Handlungen. Nur in dieser Verschmelzung, in ihren psychologischen Momenten und aus ihrer kulturellen Genese heraus werden Funktionen von „Techniken des Körpers" erfasst (MAUSS 1975, 202ff.). Dies wird auch in den umfangreichen „kinesischen" Untersuchungen BIRDWHISTELLs deutlich. Der technische Aspekt zeigt sich da, wo Faktoren des Kontextes bzw. die Auswirkungen von Bewegungs- und Haltungsmomenten bei einzelnen Personen auf eine Situation nachgewiesen werden können.

Standards gestischer Bewegungen

Gesten unterliegen wie auch andere Symbole gewissen **Standards**, die eingehalten werden müssen, um ihr Funktionieren zu gewährleisten. Ihre Nichteinhaltung wird z.B. durch ausgelöste Missverständnisse und unerwartete Reaktionen bestraft. Diese Standards können allerdings nicht als formale und fixierte Vorgaben angesehen werden, sondern variieren und sind immer an Kontexte gebunden, in denen sie sich als relevant und konsistent erweisen müssen. Standards sind auch Gegenstand der methodischen Arbeit im Bewegungstheater.

Standards sind variabel zu handhaben. Sie müssen sich bewähren, z.B. bei allgemein verständlichen und codifizierten Körpergesten (wie etwa Winken und Nicken) auf der einen Seite und bei individuell ausgeformten künstlerischen Gesten auf der anderen Seite. Beziehen wir uns etwa bei den Körpergesten besonders auf bestimmte figurale und zeitlich-rhythmische Merkmale, spielen diese bei der künstlerischen Gestaltung nicht unbedingt eine entscheidende Rolle. Hier ist vor allem nach Merkmalen der Expressivität zu fragen.

Wir unterscheiden zunächst drei deutlich getrennte Bereiche von Standards: den *Gegenstandsbezug*, die *Ausarbeitung* und die *Expressivität von Gesten*.

Erstens: Der Gegenstandsbezug von Gesten. Jeder Geste liegt „irgendeine Vorstellung" zu Grunde (vgl. GOODMAN/ELGIN 1989, 25), auf welchen Gegenstand sie mimetisch Bezug nimmt. Diese Vorstellung muss „konsistent" sein, d. h. den Gegenstand anschaulich hervortreten lassen, ihn möglichst übereinstimmend identifizieren und dabei möglichst auch keine Unsicherheit aufkommen lassen.

Untersuchungen zu „Körpersprache, Gesten und Gebärden" haben gezeigt, dass es eine Fülle von empirisch gesicherten Merkmalen im alltäglichen „Bodytalk" gibt und dass es dabei auch zu Missverständnissen kommen kann, wenn diese Merkmale nicht angemessen beherrscht und angewendet werden (MORRIS 1997). MORRIS führt 31 Fälle von Gesten auf, in denen allein der Gebrauch des Daumens zu unterschiedlichen Bedeutungen führt. Hier wird klar, dass gestisches Verhalten in einem großen Umfang von Codes bestimmt wird. Diese müssen auch im Bewegungstheater beachtet werden. D.h. etwa: Eine Geste, die den aufgerichteten Daumen in „bogenförmigen Bewegungen" in eine bestimmte Richtung führt, steht im Bewegungstheater nicht beliebig zur Disposition. Allen Menschen, die regelmäßig am Autoverkehr als Fahrer oder Mitfahrer teilnehmen, ist sie nämlich sehr vertraut. Wer die Bewegung ausführt, signalisiert: Ich will trampen und möchte in der angezeigten Richtung mitgenommen werden (MORRIS 1997, 40).

Vertrautheit von Gesten ist eine wichtige Voraussetzung, um ihren Gebrauch zu verstehen. Vertrautheit beruht im Daumenbeispiel auf einer geläufigen Praxis, in der die Bewegung als Signal funktioniert und kaum missverstanden werden kann.

Wir haben nun allerdings schon oft darauf hingewiesen, dass Gesten sich nicht in schematischen Anwendungen von regelhaften Bewegungen erschöpfen und im Bewegungstheater auch zu ungewöhnlichen Erfahrungen und neuen Bedeutungen führen sollen. Nicht die üblichen Verknüpfungen und die bekannten Bedeutungen sollen hervorgerufen werden, sondern überraschende Wendungen und neue Einblicke sollen herbeigeführt werden. Gerade hierin wurde der Sinn mimetischer Bezugnahmen erkannt.

Für die Standards der Vertrautheit und Verankerung der gestischen Bewegungen im Bewegungstheater ergeben sich daraus allerdings gewisse Schwierigkeiten. Geht es zwar einerseits nicht primär darum, diese Vertrautheit durch bloßes Imitieren des Bekannten abzusichern, so bedarf es andererseits dennoch einer vertrauten Erfahrung mit einer geläufigen Praxis, um Gesten zu verstehen und aus ihnen die richtigen Schlüsse zu ziehen.

Auch dafür gibt es eine erhellende wissenschaftliche Beobachtung, die ebenfalls der Praxis des Trampens galt:

„Just west of Albuquerque on Highway 66 two soldiers stood astride their duffle bags thumbing a ride. A large car sped by them and the driver jerked his head back, signifying refusal. The two soldiers wheeled and one Italian-saluted him while the other thumbed his nose after the retreating car" (BIRDWHISTELL 1990, 173).

Nach dieser gröberen Beschreibung des Vorgangs befasst sich der Autor äußerst detailliert mit Einzelheiten (Stellung der Beine, Winkel, Bewegungen der Finger usw.). Jetzt ergibt sich, warum die Soldaten mit ihrem Anliegen scheitern müssen. Das Ritual „thumbing a ride" ist zwar in der amerikanischen Kultur sehr gut vertraut. Aber es besitzt – wie andere derartige Rituale auch – eine „versteckte Komplexität". In diesem Beispiel gibt es einige „inkongruente"

Bewegungen, die das eigentliche Anliegen *modifizieren* bzw. sogar konterkarieren: Die Soldaten stehen breitbeinig. Ein Daumen ist in den Gürtel gesteckt.

„At the same time this act is, at one level, incongruent with the gesture of thumbing. Such components may modify, that is, may constitute commentaries on, each other. What they mean is another matter" (BIRDWHISTELL 1990, 178).

Wie beim alltäglichen Gebrauch von Gesten kommt es auch im Bewegungstheater darauf an, Gesten sorgfältig zu entwickeln, d.h. ihre Elemente *kongruent* auszuprägen. Dabei ist ihre Komplexität zu beachten. Auch solche Bewegungen und Haltungsaspekte sind zu berücksichtigen und abzustimmen, die gar nicht zu den Kernbewegungen des Rituals gehören, von denen aber eigene und gegebenenfalls gegenläufige Signale ausgesendet werden können.

Wohl in keinem anderen Gebiet des Symbolspiels wird auf die gestische Kommunikation, auf ihre soziale Verankerung sowie auf die Konsistenz und Kongruenz ihrer Elemente so sorgfältig eingegangen wie in der Pantomime. Alle Praxisbücher, von denen wir in dieser Arbeit bereits einige herangezogen haben, demonstrieren dies nachdrücklich. Dahinter steht die Erfahrung, dass die *kinesische* Entwicklung der Bewegungen im alltäglichen Umgang der Menschen wurzelt, sich kulturspezifisch ausformt und selbst bei den vertrautesten Ritualen in ein komplexes System von miteinander kommunizierenden Elementen eingefügt ist.

Zusammenfassend ist also festzustellen, dass sich das Kriterium der Verankerung auf soziale Praxis, Gewöhnung und kulturelle Ausprägung bezieht. Gesten können ihre kommunikative Funktion nur erfüllen, wenn sie solche Motive darstellen und solche Elemente herausarbeiten, die in Gemeinschaften ausgetauscht werden, bei deren Deutung ein hohes Maß an Übereinstimmung besteht bzw. die in ihrer Komplexität einigermaßen sicher beherrscht werden.

In der Anfängermethodik wird konsequenterweise gern auf Motive zurückgegriffen, die ein solches Maß an Übereinstimmung aufweisen, also in der Interaktion leicht ausgetauscht und wieder erkannt werden können. Aus diesem Grunde wird auch häufig empfohlen, Alltagsthemen aufzugreifen bzw. typische Alltagserfahrungen aus der Lebenswelt der Spieler zu thematisieren (vgl. BANNMÜLLER 1979, 35).

Zweitens: Die Ausarbeitung von Gesten. Die in diesem Bereich bestehenden Standards beziehen sich auf Beispiele wie etwa *Leitersteigen, Gehen, Kisten heben und transportieren, Über eine hohe Mauer schauen.*

In der Alltagssituation orientiert sich die Ausarbeitung an Zielen, die mit den Bewegungen nur im Ergebnis verbunden sind, also am Erfolg bzw. Ergebnis der Bewegungen. Ein Dachdecker will Ziegel nach oben befördern. Jemand will einen anderen Ort erreichen. Jemand will feststellen, was hinter der hohen Mauer vor sich geht.

In der mimetischen Situation liegen die Verhältnisse anders. So steigt der Spieler auf einer nicht vorhandenen Leiter nach oben. – Jemand geht. Dennoch bleibt er auf der Stelle, auf der er andererseits aber auch nicht steht. – Jemand müht sich mit Mauern ab, die gar nicht vorhanden sind. – Hier werden nicht solche Ziele verfolgt, die die Alltagssituation dominieren. Vielmehr geht es den Spielern darum, auf Handlungen *nur* zu verweisen, wie sie in Alltagssituationen vorkommen. Dies geschieht mittels anderer Handlungen, die als Symbole für jene ursprünglichen Handlungen stehen.

Das Beispiel des pantomimischen Gehens (auf der Stelle) veranschaulicht dieses Verhältnis besonders gut. Beide Handlungen – die *Alltagshandlung* und die *Darstellungshandlung* – bezeichnen wir zwar mit demselben Begriff. Sie erweisen sich jedoch schon bei etwas genauerem Hinsehen als deutlich verschieden. Und so ist es auch zu erklären, dass die Darstellungshandlung eigens geübt werden muss. Sie ist aus Alltagssituationen nicht vertraut und lässt sich im Rahmen der normalen Bewegungsentwicklung des Menschen nicht erlernen.

ZWIEFKA (^{3}1997) beschreibt sie folgendermaßen:

„(1) Der rechte Fuß steht flach auf der Erde, der linke wird daneben mit der Zehenspitze aufgesetzt.
(2) Nun wird das ganze Körpergewicht auf das linke Bein übertragen. Während sich die linke Ferse langsam und gleichmäßig senkt und sich dadurch das linke Bein streckt, wird das rechte Bein (Fußsohle parallel zum Erdboden!) nach hinten gezogen.
(3) Nun wird das rechte Bein nach vorn geholt und mit den Zehenspitzen neben dem – inzwischen flach auf der Erde stehenden – linken Bein aufgesetzt. Jetzt geht's mit vertauschten Füßen weiter wie in (1)" (41).

Was hier von ZWIEFKA als *Technik* beschrieben wird, fällt nun nicht unter den Verdacht, den Körper ausschließlich nach formalen

8 Bewegungstheater – spielen und lernen

Bewegungskriterien zu instrumentalisieren. Die *Technik* des Pantomimen nimmt vielmehr Bezug auf eine Körpertechnik im Sinne von MAUSS, die sich in der Entwicklungsgeschichte des Menschen – einschließlich psychologisch motivierter Variationsmöglichkeiten (z. B. hastiges Gehen, Eilen, Schreiten, tastendes Vorangehen) – herausgebildet hat, in der Ontogenese jedes Menschen vollzogen wird und auch kulturellen Modifikationen unterliegt. Sie nimmt Bezug auf eine in biologischen, sozialen und kulturellen Kontexten tief verankerte Körpertechnik.

Diese Argumentation berücksichtigt noch nicht die Traditionen der Pantomime, in denen sich die Darstellungshandlung des pantomimischen Gehens als bewährte künstlerische Technik herausgebildet hat. Sie verweist aber auf ein unverzichtbares Kriterium für das Gelingen darstellender Bewegungen bzw. Bewegungselemente: sie müssen geeignet sein, die symbolische Funktion zu erfüllen.

So gewährleisten die vom Pantomimen eingeübten Bewegungsabläufe des fiktiven Gehens die dabei besonders wichtigen Signalelemente, aber auch die Tricks bei der Unterdrückung anderer – die Alltagsbewegung kennzeichnende – Elemente das Kriterium der Eignung. Hervorgehobene Signalelemente sind hier das Anheben des Fußes, das Vorschieben des Knies und das Vorlegen des Körpers. Hinter diesen Elementen treten die mittels Tricks modifizierten Elemente – die in der Alltagssituation dysfunktional wären – in den Hintergrund. Hier ist insbesondere das unauffällige Zurückziehen des Fußes parallel zum Erdboden zu nennen.

Ob sich ein Motiv für eine gestische Darstellung eignet, hängt also davon ab, ob kennzeichnende Eigenschaften isoliert, in der gestischen Bewegung aufgenommen und ausgearbeitet werden können. Wir sahen bereits, dass das z.B. für das Leitersteigen zutrifft. Hier können wir leicht solche Merkmale herausfiltern, die *buchstäblich* zeigen, welche Mühsal damit verbunden ist, wenn Lasten transportiert werden müssen – wenn etwa auf einer Schulter Lasten getragen und vom Arm abgestützt werden: Sowohl die Mühsal mit der Last als auch das Problem mit der Balance kann leicht herausgearbeitet werden.

Das Kriterium der *Eignung* wird in der Pantomime in vielerlei Hinsicht angewendet und in Gestaltungsprinzipien formuliert – etwa in den Prinzipien der *Abstraktion* und der *Surtraktion*:

„Alle Bewegungen des Pantomimen müssen vereinfacht sein, sie müssen das Entscheidende der Tätigkeit, der Situationen herausziehen." Mit der Abstraktion verbunden wird häufig die so genannte „Surtraktion", indem die abstrahierten Bewegungen durch „'geringe Verlängerung der Bewegungslinien'" „überzogen" werden, was natürlich auch mit einer zeitlichen Streckung und damit einer besonderen Wirkung verbunden ist (vgl. NICKEL 1997, 507).

Eignung bezieht sich also auf beides: Geeignete Motive für Gesten sind solche, die sich in Bewegungen aufgreifen lassen. Dies setzt voraus, dass es identifizierbare und akzentuierbare Elemente gibt, die man einerseits *buchstäblich* in die Bewegung einbaut und die andererseits auf die Bedeutung der gesamten Bewegungssequenz hinweisen.

Bei der Ausarbeitung von Gesten kommen neben der Eignung auch *Reichweite* und *Genauigkeit* als Standards in Frage.

Reichweite. Reichweite kann zum einen als ein wichtiger Aspekt der Verankerung einer Geste und ihrer Elemente in der sozialen Interaktion verstanden werden. Zum anderen kann sich Reichweite auf Allgemeinheit oder Besonderheit einer Bedeutung beziehen.

So ist z.B. davon auszugehen, dass das Nicken in unserem Kulturkreis als Zustimmung verstanden wird. Nicken ist also eine Bewegung, deren Bedeutung den Mitgliedern dieses Kulturkreises bekannt ist. Sie ist verbreitet und hat folglich eine große Reichweite.

Dasselbe Beispiel steht auch für die Allgemeinheit der Bedeutung. Zustimmen durch Nicken lässt offen, auf welche Aspekte in einer Interaktion sie sich bezieht. Umgekehrt gilt: Je weniger die Bewegungen einer Geste im allgemeinen Gebrauch symbolisch festgelegt oder bekannt sind bzw. je individueller sie ausgeführt werden, desto geringer ist ihre Reichweite. Und gestische Bewegungen, die auf spezielle Bedeutungen in einer Interaktion zielen, diese unbeabsichtigt produzieren oder besonderen individuellen Modifikationen unterliegen (etwa im Tempo, in der Ausdehnung, in der Akzentuierung von Bewegungselementen), haben ebenfalls eine geringe Reichweite.

Wenn z.B. ein Kind vormachen will, wie sein Vater das Gesicht verzieht, wenn er einen sauren Apfel isst, wird es das Gesicht verziehen. Hier endet die Reichweite der Geste normalerweise.

Wir können weder ohne weiteres erkennen, dass das Kind seinen Vater meint noch dass der Anlass ein saurer Apfel ist.

Hierher gehören auch Beispiele, die sich bei der Begegnung mit bewegungsgestörten Kindern ergeben. Gestörte Bewegungsanteile behindern das Verstehen bei Fremden, die also mit dem jeweiligen Kind nicht vertraut sind. Sie können u.U. die Art der Störung beschreiben und einordnen, haben aber Schwierigkeiten, die Bewegungen zu deuten (vgl. KEYSELL 1977, u.a. 72ff.).

Genauigkeit. Gemeint ist die formale Übereinstimmung zwischen der mimetischen Bewegung und der Bewegung des Originals. Dieses betrifft zeitliche und räumliche Parameter, Bewegungsfiguren und Körperhaltungen sowie nicht unbedingt den gesamten Bewegungsablauf einer Geste, sondern vor allem „relevante Eigenschaften" (GOODMAN/ELGIN 1989, 38). So ist auch beim Steigen des Pantomimen auf einer fiktiven Leiter eine gewisse Genauigkeit erforderlich. Da die Sprossen nur in den Bewegungen der Hände, Beine und Füße zum Vorschein kommen können, muss er bei den *relevanten Teilbewegungen* auf Genauigkeit, d.h. insbesondere auf ihre Koordination und die raumzeitliche Präzision achten.

Drittens: Die Expressivität von Gesten. Wir verstehen die Geste als Grundeinheit des Bewegungstheaters. Sie ist nicht nur sein zentraler anthropologischer, sondern auch sein zentraler pädagogischer Bezugspunkt. Hier erkennen wir eine gewisse Nähe zu TIEDT. Auch er betont die Notwendigkeit, den „realen körpersprachlichen Äußerungen" große Bedeutung zuzumessen und sich nicht auf „hinzutretende" „Darstellungsmittel" wie Licht, Kulisse, Bühnenbau usw. zu konzentrieren. Nicht Effekte sollen inszeniert werden. Vielmehr sollen

die „darstellerischen Möglichkeiten vorrangig ausgeschöpft werden, die vom Menschen selber ausgehen und mit ihm unmittelbar zu tun haben" (1995, 16).

Zu den „darstellerischen Möglichkeiten", „die vom Menschen selber ausgehen", rechnen wir nicht nur die bisher behandelten Fähigkeiten, in und mit Gesten auf Menschen, Objekte, Ereignisse, Situationen Bezug zu nehmen, sie in unseren Bewegungen hervortreten zu lassen und in ihren Eigenschaften *buchstäblich* auszuarbeiten.

Darüber hinaus geht es im Bewegungstheater darum, etwas zum Ausdruck zu bringen, das uns bewegt, das unsere Stimmungen, unsere Empfindungen, Meinungen und Urteile berührt, unsere Fantasie anregt und unsere Einstellungen und Haltungen beeinflusst.

Ohne solche Wirkungen bleiben Gesten unvollständig. Sie ziehen uns nicht in ihren Bann.

Wie wir bereits am Anfang dieser Arbeit betont haben, lässt sich **Expressivität** nicht auf persönliche Anteile von Ausdrucksbewegungen reduzieren. Sie steigt nicht auf aus der Tiefe unserer Seele, sondern entwickelt sich in den Bewegungssymbolen selbst und gehört zu ihren Eigenschaften. Diese machen wir uns gewissermaßen zu Eigen und verankern sie in der sozialen Interaktion.

GOODMAN/ELGIN (1989) sehen Expressivität als eine „metaphorische" Bezugnahme an. Sie beruht auf „Anspielungen". Dieser Begriff schließt eine paradoxe Beziehung zwischen den Inhalten und den Bedeutungen einer gestischen Bewegung ein.

Der Inhalt einer solchen Bewegung kann durch *buchstäbliche* Elemente der Geste bezeichnet werden. Dies sei noch einmal an dem schon behandelten Beispiel der Grußbewegung verdeutlicht. Hier signalisieren bestimmte Elemente – wie Hutziehen, Sichverneigen, Handgeben – die kulturell verankerte Bedeutung der codifizierten Körpergeste. Der Grüßende hat allerdings die Möglichkeit, einige zusätzliche Mittel zu ergreifen, dieser Geste noch viele andere Bedeutungen *metaphorisch* beizulegen. Er verneigt sich etwa ein wenig zu tief, zu betont oder exaltiert, womit er Eindrücke produziert, die den Inhalt der Geste in ein besonderes Licht, in eine besondere Stimmung tauchen: Er bringt z.B. Devotion zum Ausdruck. Oder er konterkariert das Grüßen, wenn er einem Vorgesetzten gegenüber zeigt, dass er zwar einer selbstverständlichen Pflicht nachkommt, sich aber zugleich von dieser innerlich löst. Der Gruß kommt nicht aus Überzeugung und Ehrerbietung, sondern ist womöglich Ausdruck von Distanz oder gar Spott.

Das Beispiel zeigt deutlich, dass dieselbe gestische Bewegung in zwei unterschiedlichen Weisen exemplifiziert. Sie exemplifiziert *buchstäbliche* Eigenschaften von Grußbewegungen, die in diesem Falle allgemein vertraut, d.h. gut verankert sind. Sie exemplifiziert zugleich Eigenschaften, die zu den *buchstäblichen* Eigenschaften hinzutreten und nur entschlüsselt werden können, wenn die spezielle Situation beachtet wird und wenn auf die Gefühle und Interpretationen der beteiligten Personen eingegangen wird.

Im Allgemeinen sind solche expressiven Anteile schwieriger zu rekonstruieren. So können zwei Beobachter derselben Situation zu unterschiedlichen Einschätzungen kommen. Was der eine beim Grüßen z.B. als Devotion wahrnimmt, erkennt der andere vielleicht als Distanzierung und Spott. Regeln für richtige Wahrnehmungen expressiver Anteile lassen sich kaum aufstellen. Nur das Eintauchen in die Situation ermöglicht es, Übereinstimmungen zu erzielen. Dazu gehört es dann auch, Anspielungen aufzugreifen; sich von Gefühlen berühren zu lassen und die eigene Distanz zu überwinden; Wahrnehmungen in Einklang zu bringen; Vorstellungen auf gemeinsame Resonanzen zu prüfen.

Am leichtesten gelingt es bei diesen Bemühungen noch, den Stellenwert der *buchstäblichen* und der expressiven Anteile zu klären, d.h., wie sie im gegenseitigen Verhältnis bewertet werden sollen. So geht es im gestischen Spiel normalerweise nicht darum, sich auf die Ausarbeitung der *buchstäblichen* Anteile zu beschränken. Mimetische Bewegungen sind zwar, wie wir oben dargestellt haben, auf eine sorgfältige Ausarbeitung angewiesen. Sie werden also *buchstäblich konstruiert*. Im Spiel sollen sie aber vor allem „metaphorisch rekonstruiert" werden (vgl. GOODMAN/ELGIN 1989, 160).

Die Beziehungen, die zwischen *buchstäblichen* und *metaphorischen* Eigenschaften bestehen und im Symbolspiel hergestellt werden, sind noch weitaus vielfältiger, als es das einfache Beispiel des Grüßens belegt.

Praxisbücher aus verschiedenen Gebieten des Bewegungstheaters behandeln diese Beziehungen meist unter der Fragestellung, ob eher der Improvisation ein größerer Spielraum zugemessen werden soll oder den „bewegungstechnischen Fertigkeiten" (vgl. dazu BERND 1988, 178ff.; TIEDT 1995, 15ff.; NICKEL 1997, 448-451). Die Kontroverse kann hier nicht nachvollzogen werden. Auf keinen Fall darf sie auf eine alternative Lösung hin zugespitzt werden, da sie sachlich nicht begründet ist.

Außerdem finden sich trotz der divergierenden Ansätze in den meisten Arbeiten gute Beispiele, wie das gestische Spiel methodisch vorbereitet und entwickelt werden soll und wie dabei die verschiedenen Anteile zu berücksichtigen sind.

Die Ausrichtungen der unterschiedlichen Bewegungstheateransätze von SCHMOLKE; TIEDT und von BERND stimmen in diesem diesem Punkt zwar nicht überein, sind aber in sich stringent. So ist es z.B. bei den „Kurzformen" des Kölner Bewegungstheaters erforderlich, Gesten sorgfältig auszuarbeiten, um die jeweilige Pointe – auf die es ankommt – zu sichern. Sie ergibt sich oft aus einem Kontrast zwischen der Realität, auf die man sich bezieht, und der überraschenden Wendung, die den Zuschauer emotional einnehmen soll. – Reichlich Beispiele finden sich schon in der grundlegenden Veröffentlichung von SCHMOLKE (1976). Hier werden zunächst „Bilder" beschrieben, die sich vorwiegend auf Gesten stützen. Anschließend beschreibt SCHMOLKE ausführlich die Mittel, mit denen die angestrebte Wirkung erzielt werden soll: Stilisieren, Typisieren usw. (1976, 15ff.).

Dabei fällt SCHMOLKEs Zurückhaltung gegenüber explizitem, methodischem Erarbeiten des Ausdrucks auf:

„Der Begriff ‚Ausdruck' sollte beim Üben und Spielen so wenig wie möglich gebraucht werden. Das, was der Laienspieler dem Berufsschauspieler voraus hat, ist ja der unbewußte Ausdruck, der nur durch überzeugende Intensität des Spiels zutage tritt. Je durchlässiger Körper und Gestik für solche Intensität sind, desto mehr wird sie – unbewußt – auch auf die Körperhaltung und die Mimik des Gesichts ausstrahlen ... Denn: Der Zuschauer kann Achtung haben vor körperlicher Leistung, er kann Gefallen finden an geschickter Choreografie, an Tempo und Genauigkeit des Spiels, er kann Spaß haben an der Originalität von Einfällen – wirklich innerlich berührt wird er nur durch die überspringende Eindringlichkeit echten Ausdrucks, und jedes ‚Zuviel', alles ‚Aufgesetzte' wirkt peinlich" (1976, 18f.).

Diese Position verbindet die Aspekte des *Buchstäblichen* und des *Expressiven* in einer behutsamen Weise – und zwar im Blick auf das Laien- und Schulspiel. Expressivität ist nicht systematisch planbares Produkt des Übens und Einübens, sondern Eigenschaft eines Prozesses, in dem man etwas auch geschehen lässt und auf Spontaneität vertraut.

Wenn Expressivität entsteht, vermittelt sie sich als Empfindung von Intensität. Die metaphorischen Bedeutungen von Gesten treten stärker hervor und können nun auch von den Mitwirkenden weiter verdichtet und zugespitzt werden. In dieser Phase erhalten die Mittel des Spiels – vorsichtig eingesetzt – zunehmende Bedeutung. Es muss ein Gespür entwickelt werden, ob z.B. die Verlängerung einer Bewegungsinie, die Beschleunigung einer Sequenz, die Akzentuierung oder Pointierung eines Elements, die Übertreibung, die Zäsur, das Komponieren oder Kontrastieren zweier an sich nicht verbundener Elemente

Expressivität verstärken und *metaphorische* Botschaften klarer zu Tage treten lassen.

All das geschieht nicht in einem instrumentellen Verhältnis von Mitteln und Zielen, sondern in einem Prozess der gegenseitigen Vermittlung von Entwürfen, Versuchen, des Einsetzens bewährter Mittel, des Infragestellens, Experimentierens, Verwerfens, Neuansetzens, Verfeinerns und immer präziseren Justierens der Bewegungen und Haltungen.

Sichere Standards lassen sich – wie schon gesagt – hierfür kaum entwickeln. Andererseits sind auch Laienspieler in der Lage, das Gespür für Intensität und Verdichtung von Gesten und ihre *metaphorischen* Eigenschaften zu entwickeln und zu schärfen. Insofern ist dann Expressivität doch etwas, das man nicht bloß geschehen lässt. Man kann sie zum Gegenstand der Rede und des schauspielerischen Bemühens machen.

Auch bei dem Bewegungstheater von BERND (1988), das als konträr zum Kölner Ansatz eingeschätzt wird, lohnt ein genaues Nachlesen. BERND geht nicht von „Kurzformen" aus, sondern rückt solche Darstellungsformen in den Vordergrund, die eine stärkere Verankerung der Motive in größeren sozialen, kulturellen und historischen Zusammenhängen ermöglichen. Am Beispiel „Mellnau" sind wir bereits in Kapitel 5 darauf eingegangen.

Aber auch bei BERND kommt es auf eine sorgfältige expressive Gestaltung der Handlungen besonders an. Diese lässt sich nicht ohne Umstände und Schwierigkeiten an den *großen* Themen unmittelbar entwickeln, sondern wird erst auf dem Wege der Auseinandersetzung zunächst mit vertrauten Alltagsthemen (wie Taufe und Beerdigung) erreicht.

„Es waren Szenen aus ihrem konkreten Leben, mit denen Gefühle, Phantasien, Vorstellungen von Verhaltensweisen verbunden waren" (BERND 1988, 130).

Von BERND ausführlich dokumentierte Interviews mit den Laienschauspielern belegen, dass hier sehr persönliche Prozesse stattfanden, gekennzeichnet auch von Enttäuschungen und Verletzungen.

Der Weg zu einer glaubwürdigen Überschreitung des „alltäglichen Ausdrucksverhaltens" (BERND 1988, 127) ist immer mühsam und auch bei diesem sonst unvergleichbaren Ansatz von vielfältigen Versuchen und von handfester Arbeit an der Erweiterung der schauspielerischen Möglichkeiten geprägt.

Daraus folgern wir: Ob wir eine intensive Expressivität aus der Richtung so genannter *kleiner* Themen erreichen, die sich also auf *Kurzformen* beschränken, oder aus der Richtung *großer* Themen, ist im Grunde nicht entscheidend. Die expressiven Anteile des Bewegungstheaters werden offensichtlich erst dann glaubwürdig und überzeugend vorgetragen, wenn *buchstäbliche* und *metaphorische* Elemente in einen schlüssigen und konsistenten Zusammenhang gebracht werden. Dabei ist wohl anzunehmen, dass das „Kölner Bewegungstheater" wegen seines vermeintlich bescheideneren Anspruchs in der Anfängermethodik als wirksamer eingeschätzt werden kann.

Anregungen für die Praxis

Als Basisthema ist die Geste von Anfang an Gegenstand aller methodischen Bemühungen. Ein Grund liegt in ihrer besonderen anthropologischen Position in der von Symbolen geprägten Auseinandersetzung des Individuums mit seiner Welt. Die Geste vermittelt in beide Richtungen.

Zum einen schließt sie das Individuum an eine gegebene Welt an, indem es auf etwas hier Vorhandenes Bezug nimmt und dabei *Regeln* oder *Codes* des sozialen und kulturellen Handelns erwirbt.

Zum anderen kanalisieren Gesten auch Wünsche, Absichten, Vorstellungen und Fantasien des Individuums. Keine Geste ist von diesen unberührt. Im Gegenteil, sie bilden nach GEBAUER/WULF (1998a, b) den kreativen Gegenpol im mimetischen Handeln. Zwischen der vorgängigen Welt, an die das Individuum anknüpft, auf der einen Seite und der durch Gesten „symbolisch erzeugten" und nach eigenen Vorstellungen entworfenen Welt auf der anderen Seite besteht ein Spannungsverhältnis (1998a, 433), das jede gestische Handlung beeinflusst und eine Entscheidung fordert. So kommt es z. B. bei künstlerischen Darstellungen normalerweise darauf an, kreative Einfälle und individuelle Zuspitzungen zu betonen. Demgegenüber werden bei einer Alltagskommunikation, die z.B. in beruflichen Zusammenhängen geführt wird, eher funktionale und zielbezogene als expressive und persönlich geprägte Abläufe bevorzugt. Wer hier solche Höhepunkte anstrebt, läuft leicht Gefahr, für exzentrisch gehalten zu werden.

In der schulischen Bewegungserziehung geht es nun weder um Einübung in Körpersprache mit der Absicht, Kommunikation zu perfektionieren, noch um künstlerisch ausgefeilte Werke. Wenn Gesten zum Gegenstand von Unterricht gemacht werden, geht es im Wesentlichen darum,
- über Körperbewegung und Körperhaltung Spuren aufzunehmen, die Menschen in solche Bereiche ihrer Lebenswelt hineinführen, die vernachlässigt werden, weniger zugänglich sind und oft auch durch „ein ‚Eigenleben' ohne unmittelbaren Bezug zum Sprechen" gekennzeichnet sind (GEBAUER/WULF 1998b, 80).
- Ausdrucksmöglichkeiten zu schaffen, die nicht primär reflektoisch bzw. diskursiv sind, und Fähigkeiten gestischen Gestaltens zu stärken.

Unterrichtsmethodik versteht sich in diesem Prozess als ein Stiften von Beziehungen zwischen beiden Ebenen: Ihr erster Ansatzpunkt ist die Lebenswelt von Menschen – einerseits, wie sie von ihnen aufgenommen wird, und andererseits, wie sie in diese Welt gestaltend eingreifen können. Vieles, was um sie herum geschieht, was ihnen im Alltag, in der „mit anderen geteilten Wirklichkeit" (BANNMÜLLER 1979, 36), im Spiel, im Märchen, in Geschichten, in der Fantasie begegnet, was ihnen fremd, unbekannt oder vertraut erscheint, was ihre Aufmerksamkeit erweckt, ihnen Eindruck macht, sie berührt, können sie in eigenen Bewegungen und Haltungen aufgreifen, festhalten, wiederholen, kommentieren, vorzeigen, karikieren, sich zu Eigen machen oder auf Abstand bringen.

Eine weitere Bedeutung der Geste für die Methodik ergibt sich aus Entwicklungsüberlegungen. Nicht nur explorative, Bau-, Konstruktions- oder psychomotorische Spiele haben entwicklungsfördernde Wirkungen. Auch dem Bewegungstheater kommen diese Wirkungen zu, wenn das Repertoire an Gesten im Blick auf Grundbewegungen und Grundhaltungen des Menschen entwickelt, ausdifferenziert und verfeinert wird (z.B. Sitzen, Liegen, Stehen, Gehen, Laufen, Springen usw.).

Um Missverständnissen vorzubeugen: Es geht nicht um den Aufbau eines Formenrepertoires, das beziehungslos außerhalb von Lebenssituationen und ohne Vertiefung im Erleben konstruiert wird. Formen und Haltungen sind immer neu aus Lebenssituationen zu erspüren, auf Lebenssituationen zu projizieren und sinnlich zu vergegenwärtigen. Solche *gespürten* Formen und Haltungen unterliegen „unbegrenzter Verfeinerung" (vgl. GOODMAN/ELGIN 1989, 23) und können sich dauernd in Nuancen verändern. In diesem Sinne verstanden sind Gesten keine Instrumente, um Situationen künstlich herzustellen. Sondern es verhält sich umgekehrt: Gesten sind quasi Destillate aus Situationen. Über gestisches Aufspüren und Nachspüren können Situationen erlebt und verstanden werden.

Begrüßungsspiel
Dieses Beispiel zogen wir bereits verschiedentlich heran. Dabei ging es zunächst um den Übergang von der Realität zum Spiel und wie dabei auftretende Probleme durch Kommunikation bewältigt werden. Ferner ging es darum zu zeigen, wie in einer Geste verschiedene Symbolisierungsebenen miteinander verknüpft sind: Die Geste weist auf etwas hin. Sie erreicht dies, indem einige mehr oder weniger vertraute Bewegungen vollzogen werden. Außerdem erschließt sie einige Merkmale der speziellen Situation, in der sich die Handelnden bzw. die Spieler befinden.

Hier geht es nun um Unterricht. Gesten stehen am Anfang eines methodischen Aufbaus, weil sie den Charakter des Spiels in einer einfachen Spielidee erfüllen und trotzdem alle Symbolebenen ins Spiel bringen.

Das *Begrüßungsspiel* verstehen wir also als Beispiel einer Elementarform des Bewegungstheaters, die sich weder auf der Seite des Spiels noch auf der Seite der Symbolisierungsvorgänge weiter reduzieren lässt. – Wie kann nun dieses Spiel im Unterricht gespielt werden? Worauf kommt es an?

Zwei Schüler sollen *Sichbegrüßen* spielen.
- Sie gehen aufeinander zu, geben sich die Hand und bleiben stehen.
  Ist das eine Begrüßung oder spielen die Schüler eine Begrüßung? Nein. Beides trifft nicht zu. Die Schüler haben sich nur die Hand gegeben, d.h. Bewegungen ausgeführt, die bei Begrüßungen üblicherweise vorkommen.
- Was müsste hinzukommen, damit von einer Begrüßung gesprochen werden kann?
  Wir nennen ein paar Merkmale, die man üblicherweise heranzieht: So haben sich die Schüler womöglich heute noch nicht gesehen. Das geschieht jetzt. Sie müssten sich aber außerdem auch begegnen. Es dürfte ferner kein Grund vorliegen, sich lieber aus dem Wege zu gehen. Und es könnte auch sein, dass sich die beiden gezwungen sehen, sich zu begrüßen – z.B. weil man das eben tut, wenn

8 Bewegungstheater – spielen und lernen

man sich nicht aus dem Wege gehen kann, oder weil sie vom Lehrer aus erzieherischen Gründen dazu aufgefordert wurden. – In diesen beiden Fällen wäre es nun spannend zu beobachten, ob sich die beiden vielleicht überwinden und von ihrer ablehnenden Haltung abkehren oder ob sie die *buchstäblichen* Begrüßungsbewegungen mit negativen Zeichen belegen (sich nicht ansehen, größtmöglichen Abstand halten, flüchtig grüßen oder dergleichen).

Alle diese hinzutretenden Elemente haben die Eigenschaft, die Situation zu erhellen, in der sich die Schüler befinden, wenn sie sich begrüßen. Erst mit diesen *metaphorischen* Elementen oder Anspielungen entsteht die volle Geste, ist sie symbolisch komplett.

- Was müsste hinzukommen, um von einem *Spiel* sprechen zu können?

Nehmen wir an, die Schüler hätten sich im Laufe des Tages bereits begrüßt. Trotzdem müssten sie die Aufforderung zum Begrüßungsspiel nicht für unangemessen halten. Denn es wäre ihnen ja klar: Was wir jetzt tun, ist keine Begrüßung, sondern nur ein Spiel. Dies ist für sie keine paradoxe Situation, weil im Spiel normalerweise viele nicht übliche und nicht alltägliche Dinge geschehen. Sie folgen der Aufforderung des Lehrers zu diesem Spiel. Also spielen sie. Aber was geschieht nun, wenn sie dieses Spiel spielen, tatsächlich?

Sie spielen nicht, wie man sich beim Begrüßen die Hand gibt, obwohl sie sich durchaus auch die Hand dabei geben. Sie müssen sich vor allem vorstellen und dieses in Bewegung umsetzen, in welcher Situation sie sich befinden bzw. in die sich spielend hineinbegeben.

Sind es nun zwei Schüler, die sich begrüßen? Nein. Sie müssen den Sprung in eine Person wagen, wie sie sich diese vorstellen und die entsprechende Rolle übernehmen. Und sie müssen auch einen Gedanken verfolgen, in welcher Situation sich die Person, deren Rolle sie spielen, gerade befindet – wo sie sich z. B. aufhält, woher sie kommt, was sie gerade bewegt und dergleichen mehr; in welchem Verhältnis sich die gespielten Personen zueinander befinden; in welcher Richtung sich die Situation entwickeln soll. All das müsste sich in den Bewegungen wieder finden und herausgearbeitet werden.

Es zeigt sich, wie komplex eine solche, nur aus einer Geste heraus entfaltete Situation tatsächlich ist. Das Spielenkönnen besteht darin, die verschiedenen Ebenen und Komponenten zu verbinden und in der Geste gewissermaßen zu verdichten. Die Geste ist also weit mehr als ein *buchstäbliches* Nachvollziehen von Bewegungsmustern. Sie eröffnet ein weites Feld für methodisches Vorgehen, wenn nun allmählich auch die oben behandelten Standards der Vermittlung ins Spiel gebracht werden.

Die Welt des Kindes (KEYSELL 1977, 23ff.)
KEYSELL geht es darum, bereits bei den ersten Schritten die „Welt des Kindes" als Reservoir möglicher Spieleinfälle heranzuziehen und Aspekte aufzugreifen, die alle „kennen und lieben". Es sind vor allem die konkreten Dinge wie Spielzeug, Tiere, Häuser usw. Diese lösen Bewegungen aus, die ihrerseits wiederum Reflexe auf ganz bestimmte Situationen enthalten, wie z.B. Fangen, Fliehen, Verlieren und Wiederfinden, sich einer Gefahr aussetzen und sie bestehen.

Große und kleine Bälle
„Nehmen Sie einen kleinen Gummiball und werfen Sie ihn den Kindern zu; jedes Kind fängt ihn und wirft ihn wieder zurück. Legen Sie dann den richtigen Ball weg und machen Sie dasselbe nur als Bewegung. Einige Kinder werden sehr schnell eigene kleine Improvisationen einbringen: Wenn jemand den Ball vorher fallen gelassen hat, wird er es nun auch pantomimisch machen; ein anderer wirft den Ball so hoch in die Luft, dass er schwierig zu fangen ist. Gehen Sie immer darauf ein, was die Kinder machen!

Nun geben Sie jedem Kind seinen eigenen ‚unsichtbaren Ball', jedes kann damit spielen, wie es will.

... Leere Hand und Ballhand muss man unterscheiden können: Die leere Hand ist flach ausgestreckt, die Ballhand rund um die Form des Balles gebogen. Man macht leicht beide Hände rund; dann sieht es so aus, als ob man mit 2 Bällen spielt; das gibt ein falsches Bild. Sie sollten dies jedoch den Kindern nicht ausdrücklich erklären, sondern nur selbst beim Vormachen darauf achten, damit sie es beobachten können.

Nun nehmen Sie den größeren Ball, vielleicht einen Wasserball, und werfen Sie ihn im Kreis herum den Kindern zu. Legen Sie ihn weg und machen Sie dasselbe nur als Bewegung. Machen Sie durch die Handhaltung die Form dieses großen Balles deutlich. Achten Sie darauf, dass der Ball immer gleich groß bleibt. Dabei wird klar, dass man einen ganz großen Ball ganz anders wirft als einen kleinen (KEYSELL 1977, 25)."

Ähnlich verfährt KEYSELL mit allen anderen Bewegungen (Spielzeug aufziehen; Seilspiele, Lasso; Reifenspiele; Schwimmen; Mäuse; Nachtfalter; Blumen; Fische; Ameisen; Frisch gestrichen; Eisenbahn; Zaubererspiele; Versteckspiele; Bootfahren usw.). Zentrale Bewegungen werden herausgefiltert und in gestische Bewegungen übersetzt.

Dieses Prinzip, „die Welt des ..." zu thematisieren, ist geeignet, das Repertoire der Beispiele nicht zu fixieren, sondern es den jeweiligen Adressaten anzupassen. Dabei sollten die Vorschläge von den

Lehrern wie von den Schülern kommen. Es kann auch sinnvoll sein, besondere Überlegungen und Recherchen anzustellen, welche Aufgaben sich besonders anbieten, besonders gut eignen, besonders repräsentativ sind oder vielleicht auch zusätzliche Funktionen erfüllen (wie etwa bei der Bearbeitung von Konflikten des Alltags).

Alltagsbewegungen und -tätigkeiten (NEUBER 2000)
„In diesem Kapitel geht es um Bewegungs-, Spiel- und Ausdrucksmöglichkeiten, die im Alltag vorkommen. Dazu gehört das Spiel mit Alltagsgesten, wie z.b. Winken, einen Vogel zeigen oder mit der Schulter zucken, das Spiel mit Alltagstätigkeiten, wie z.B. Zähne putzen, Haare kämmen oder Limonade trinken und das Spiel mit Alltagshandlungen, wie z.b. Wäsche waschen, Telefonieren oder Einkaufen gehen.

Daneben können Bewegungsgrundformen wie Gehen, Laufen oder Hüpfen aufgegriffen werden ...
Obstfangen
Ein oder zwei Fänger versuchen, die anderen Kinder abzuschlagen.

Wer gefangen ist, wird vom Fänger in eine Frucht verzaubert, z.B. in einen Apfel, eine Erdbeere oder eine Banane.

Die Obststücke müssen solange stehen bleiben, bis sie wieder erlöst werden. Dazu geben sich zwei freie Kinder die Hände, laufen um die Frucht herum und rufen dabei zweimal laut ihren Namen, z.B.: ‚Banane, Banane!' Wenn sie das Obststück richtig erkannt haben, löst sich die Verzauberung und das Kind kann wieder mitspielen.

Das Spiel ist zu Ende, wenn alle Kinder in Früchte verzaubert wurden oder wenn die Kinder eine Pause brauchen. Falls die Fänger zu schwierige Obststücke vorgeben, beschränkt man die Auswahl auf drei bekannte Früchte. Das Spiel kann auch mit anderen Gegenständen gespielt werden, z.B. mit Dingen aus dem Schulranzen, der Küchenschublade oder dem Werkzeugkasten" (2000, 82f.).

Alltagsgesten (NEUBER 2000)
„Die Kinder setzen oder stellen sich zu zweit gegenüber. Der eine macht eine alltägliche Geste vor, die andere macht sie nach. Mögliche Gesten sind z.B. Schultern zucken, Vogel zeigen, Winken oder Hände über dem Kopf zusammenschlagen.

Im Folgenden sollen die Gesten verkleinert oder vergrößert werden. Dafür ist es hilfreich, einzelne Gesten mehrfach zu wiederholen. Vor allem die übertriebene Steigerung führt schnell dazu, dass die Bewegungen durch Geräusche unterstützt werden. Fortgeschrittene ‚Gestikulierer' können auch eine einmal begonnene Geste in eine andere abwandeln. So kann z.B. aus einem übertriebenen Vogelzeigen ein Kopfkratzen oder aus einem verkleinerten Winken ein abwägendes Handdrehen werden.

Anschließend gehen die Kinder in Gruppen zu fünft oder sechst zusammen und einigen sich jeweils auf zwei Gesten zu einem vorgegebenen Thema, die durch ein Geräusch unterstützt werden. Mögliche Themengebiete sind z.B. Hitparade, Profifußball oder Straßenverkehr. Die Kinder versuchen, ihre Gesten zugleich auszuführen" (2000, 87).

Auch NEUBER verzichtet ganz auf die gezielte Ausarbeitung von Gesten. Sie entwickeln sich im Spiel. Die beispielhaft genannten Grund- und Alltagsbewegungen entstehen spontan. Gelingt den Kindern die Transformation in eine Geste nicht, kann auch das Spiel nicht gelingen. D.h., wenn z.B. das dargestellte „Obststück" von den Mitspielern nicht richtig erkannt wird, kann das Kind nicht mitspielen. – Das zweite Beispiel hat *vertiefenden* Charakter. Eine genauere Ausführung der Bewegung durch das eine Kind erleichtert die zutreffende Beobachtung und die Wiederholung der Geste durch das andere Kind. Zusätzliche Aufgaben erbringen Differenzierungen der Gestaltung. – Die Beispiele demonstrieren einen spielerischen Einstieg in das Bewegungstheater. Es knüpft an die alltägliche Spielpraxis von kleineren Kindern an und transformiert hier vertraute Bewegungsformen zu Gesten eines darstellenden Bewegungsspiels. Es verstärkt frühere erste Erfahrungen mit mimetischen Bewegungen.

Türen öffnen, durchgehen, schließen (BARTUSSEK [4]1998)
Das folgende Beispiel führt nicht in eine Situation hinein, die Motive, Empfindungen, Beziehungen von Personen – also weder Kontexte noch subjektive Elemente – darstellt, sondern ausschließlich die ganz pragmatischen Details einer Zweckhandlung: Jemand öffnet eine Tür, geht hindurch und schließt sie hinter sich. Warum er das tut, was ihn erwartet, mit welcher Einstellung er es tut und dergleichen Fragen spielen keine Rolle. Es geht einzig um die *buchstäbliche* Ausarbeitung einer Geste.

„*Öffnen*
Anleitung: Jeder steht direkt vor seiner Türe, deren Angeln links, die Klinke rechts befestigt sind. Sie wird von uns weg geöffnet:
- Rechte Hand an den Türstock legen (Fixpunkt!).
- Linke Hand umfaßt die Klinke und drückt sie nieder (Achtung: Drehpunkt liegt rechts außerhalb der Hand.)
- Nun beschreiben wir mit der linken Hand und dem sich streckenden linken Arm etwa einen Viertelbogen von uns weg.
  Achtung: Höhe der Klinke muß gleich bleiben. Wenn nötig, Oberkörper dazu vorbeugen.

8 Bewegungstheater – spielen und lernen

- Rechte Hand, die bis jetzt am Türrahmen fixiert war, wird jetzt weggenommen.
- Ein neuer Fixpunkt ergibt sich mit der linken Hand an der Klinke der offenstehenden Türe.

Hinweise: Klinke nicht zerdrücken oder verbiegen! Deren Richtungsveränderung beim Öffnen beachten. Höhe der Klinke muß konstant bleiben. Wenn nötig, beim Öffnen Oberkörper vorbeugen.

Durchgehen
Anleitung: Im Sinne der Klarheit und Exaktheit sollten das Öffnen und das Gehen zunächst nicht gleichzeitig geschehen.
- An der Klinke vorbeigehen (Fixpunkt!) und sich umdrehen (Blick zur Türe).
- Zweite Klinke erfassen, also kurze Zeit beide festhalten.
- Dann erste Klinke loslassen.

Hinweise: Handhaltung und Position der Klinken an tatsächlicher Türe überprüfen und vergleichen. Beim Durchgehen nicht die Türe in die Länge ziehen oder durch frühzeitiges Loslassen die Position der zweiten Klinke verschieben.

Schließen
Anleitung: Beim Schließen Fußposition überprüfen, Achtung auf die Zehen:
- Wenn keine Zehen im Wege sind, führt die rechte Hand wieder im Viertelbogen die Türe mit der Klinke zurück zum Türrahmen.
- Meist ist dazu ein kleiner Schritt nötig, wenn die Armlänge nicht ausreicht.
- Klinke drücken, Schloß einrasten lassen.
- Hand öffnen und nach oben abheben.

Hinweise: Allzu leicht wird im letzten Augenblick die Klinke mit der Hand aus der Türe gerissen und bleibt darin kleben! (Dies kann allerdings auch als Gag genützt werden!) Die Position, auf die das Türschloß zurückgebracht werden muß, kann zur Hilfe am Boden markiert werden ...

Nach diesem System, das klar und deutlich Türe und Aktion erkennen läßt, können auch andere Türen und deren Handhabungen dargestellt werden. Daß diese pantomimischen Türen meist schmäler als echte ausfallen, stört nicht. Wichtig ist, dass alle Fixpunkte im Raum wiedergefunden werden" ([4]1998, 87f.).

Worauf kommt es dem Pantomimen in diesen drei Phasen an? Die in den „Anleitungen" jeweils aufgeführten Bewegungen richten sich nach den Kriterien der Eignung (die richtigen Bewegungen finden) und der Genauigkeit in der Ausführung. Da die ausgewählten Einzelbewegungen im Vergleich zu denen in der Realsituation fast vollständig wiederkehren und mit diesen auch weit gehend übereinstimmen (vgl. etwa: „Klinke nicht zerdrücken oder verbiegen!"), sind Gestaltungselemente wie *Abstraktion* oder *Surtraktion*, Dehnung oder

Straffung kaum gefragt. Es gibt nur einen entsprechenden Hinweis: Pantomimische Türen fallen meist schmaler aus. Wichtig ist es hier, die richtigen Bewegungen genau auszuführen.

Türen im Speziellen (BARTUSSEK [4]1998).

„Bei der nächsten Aufgabenstellung geht es ... um alle praktischen Probleme, die anläßlich der Benützung einer Türe auftreten können.
Anleitung: Es geht um die Erarbeitung einer abgeschlossenen Geschichte für 2 bis 3 Spieler, in deren Mittelpunkt eine Türe steht. Einzige Bedingung ist, daß diese Türe von jedem Spieler im Verlauf der Handlung mindestens einmal (erfolgreich oder auch nicht) benützt wird.
Hinweise: Auf der Suche nach einer interessanten Situation können folgende Überlegungen von Nutzen sein:
Was trennt die Tür?
Eine Türe trennt immer zwei ‚Räume' bzw. steht zwischen außen und innen. Dementsprechend ist sie auch gebaut (riesig und schwer, versperrbar oder mit Riegel, niedrig oder schmal, massiv oder mit ‚Durchblick', als Schiebetüre oder Drehtüre usw.).
- Was befindet sich dahinter?
- Welchen Raum verschließt sie?
- Was verbindet oder trennt sie?
- Wohin führt die Türe?

Diese unterschiedlich formulierten Fragen lassen unterschiedliche Ideen und Möglichkeiten als Antworten bzw. Themen auftauchen.
Wen trennt die Tür?
2 oder 3 Personen wollen oder sollen durch die Türe.
- Wer will (soll) hinein bzw. heraus und warum?
- Kennen sie sich und wissen sie voneinander?
- Wann benützt jeder die Türe?
- Begegnen sie einander oder gerade nicht?
- Ist es eine ‚eigene' oder ‚fremde' Türe?
- Will man durch und kann nicht, oder soll man durch und will nicht?
- Darf man überhaupt durch?

Die Vielfalt der aus diesen Überlegungen resultierenden möglichen Geschichten ist faszinierend und könnte allein einen ganzen Abend füllen" ([4]1998, 88-90).

Dieses Beispiel zeigt den nächsten methodischen Schritt bei der Erarbeitung einer Geste. Wenn die Zweckbewegungen pantomimisch beherrscht werden, können jetzt auch die zusätzlichen Elemente erarbeitet werden: Elemente des Kontextes, in dem die Handlung stattfindet, sowie individuelle Ausführungen, Einstellungen und Motive.

So ist das methodische Vorgehen offenkundig: Ausgangspunkt ist eine Alltagshandlung, die jeder kennt, mit der jeder auch praktisch vertraut ist. Der Gegenstand der Handlung ist also klar ersichtlich. Die Standards der Ausarbeitung werden pedantisch beachtet, zumal nicht nur auf Eignung und Genauigkeit geachtet wird, sondern nahezu alle Teilbewegungen der Realhandlung mimetisch berücksichtigt werden. Es stellt sich also nicht das Problem, welche Teilbewegungen das Ganze besser repräsentieren können als andere. Man könnte formulieren: Die Geste des Türöffnens, Durchschreitens und Schließens wird *buchstäblich* präzise erarbeitet, aber sie bleibt zunächst noch leer. Zur vollen Geste wird sie erst in einem zusätzlichen Verfahren.

Diese abteilende Vorgehensweise widerspricht eigentlich unserer Vorstellung von einem spielgemäßen methodischen Konzept. Ein solches Konzept erfordert vielmehr, eine Aufteilung in instrumentelle, vorbereitende und in Spielhandlungen zu vermeiden. Zur Ausarbeitung einer vollen Geste gehören von vornherein auch die kontextuellen und die expressiven Elemente.

Andererseits dürfen spezielle Argumente aus pantomimischer Sicht nicht außer Acht gelassen werden. Vernachlässigt das Bewegungstheater nämlich zu Gunsten von Improvisation und Spiel die Ausarbeitung der Gesten zu rigoros, kann das Spiel an Verständlichkeit und Glaubwürdigkeit verlieren. Die „physischen Aufgaben" müssen „logisch und folgerichtig" bewältigt werden. Das gilt nicht nur für die größeren Zusammenhänge, sondern auch für die scheinbar weniger bedeutenden Details. Nur so kann eine Geste „Wahrhaftigkeit" und „Glaubwürdigkeit" erreichen (vgl. STANISLAWSKI [5]1999, 325ff.).

Auch die beiden nächsten Autorinnen machen Gesten zum zentralen Thema des Unterrichts. HASELBACH beschränkt sich dabei auf Bewegungen der Hände, während REICHEL auch Füße und „andere körperliche und nichtsprachliche Ausdrucksmittel" einbezieht. Gemeinsam verfolgen beide das Ziel, das Sichverständlichmachen durch Gesten und das Verstehen von Gesten mit besonderen Maßnahmen abzusichern (Gespräche, Raten und Deuten, Vormachen und Nachmachen; Erklärungen des Lehrers).

Gesten/Einstieg und Aufgaben (HASELBACH 1976)
„Einstieg

Der Leiter wendet sich mit einer nonverbalen Aufforderung an die Gruppe. Zum Beispiel: Er bedeutet ihr, näher zu kommen, Platz zu nehmen, einen bestimmten (imaginären) Gegenstand anzusehen und in die Hand zu nehmen. Er demonstriert seine Freude oder seinen Ekel, diesen Gegenstand betreffend, d.h., er kommuniziert mit allgemein verständlichen, nonverbalen ‚Kürzeln'.

In einem kurzen Gespräch werden solche Kürzel entschlüsselt, wird die Tatsache einer verständlichen Körpersprache betont. Wodurch ‚spricht' der Körper? Neben seiner Haltung vorwiegend durch Gesten, aber auch durch die Mimik.

Aufgaben

Mit verschiedenen Teilen des Körpers sind gestische Bewegungen zu versuchen (z.B. Nicken, Kopfschütteln, Achselzucken, Trommeln mit den Fingern, aber auch Kreisen des Kopfes, der Hand oder des Fußes, Klatschen usw.)

Welche dieser Gesten bedeuten etwas, welche sind formal oder abstrakt, haben also keinen ‚Inhalt'? Mit demselben Körperteil sollen inhaltsgebundene, dann abstrakte Gesten ausgeführt werden (z.B. Winken mit der Hand – Zeichnen eines kurvigen Raumweges in der Luft). Arbeitsbewegungen (verschiedene Haushaltstätigkeiten, charakteristische Berufsbewegungen usw.). Der beobachtende Leiter gibt Hilfestellungen, um Vorstellung und Absicht mit der tatsächlichen Ausführung zu koordinieren. Nachdem jeder einzelne mehrere Lösungen ausprobiert hat, wird eine Art ‚Gestenquiz' veranstaltet, bei dem typische Gesten gezeigt und von den jeweiligen Zuschauern erraten und interpretiert werden. (Einzel- und Gruppenaufgabe).

Kommunikationsgesten

Partner oder eine Kleingruppe suchen gemeinsam einige Gesten, die eine bekannte Bedeutung haben. Durch Verteilung auf alle Teilnehmer soll ein Handlungsablauf entstehen, der alle gleichermaßen einbezieht (Gruppenaufgabe)" (1976, 38).

Interview, Zerrspiegel, Gesten weitergeben und raten (REICHEL o. J.)

„Nonverbales Interview

Die Teilnehmer stellen einander nur mit Händen, Füßen und anderen körperlichen und nichtsprachlichen Ausdrucksmitteln vor, befragen einander. Dies soll zu zweit passieren und mit Partnerwechsel. Nach jedem Interview Gespräch über Verstandenes und Nichtverstandenes.

Die Gruppe bespricht nun die verschiedenen Formen, die zur Verständigung verwendet wurden – welche Körperteile, Bewegungen usw.

Zerrspiegel

- zu zweit: einer macht Gesten deutlich und möglichst langsam vor, der andere macht sie nach:

8 Bewegungstheater – spielen und lernen 161

entweder vergrößert oder verkleinert -
Wechsel.
Einige Gesten davon können auch aneinandergereiht gut für eine Darstellung verwendet werden.
Gesten weitergeben
Die Teilnehmer stehen einander gegenüber. Der erste beginnt, indem er zu seinem Gegenüber geht und eine Geste macht, z.B. Hände schütteln, und geht wieder zu seinem Platz zurück. Der zweite nimmt nun die erhaltene Geste und gibt diese an sein Vis-à-vis weiter, macht jedoch eine neue Geste, geht wieder zurück. Bei diesem Spiel wird immer die letzte Geste weitergegeben und eine neue dazugemacht.
Variation: Dieselbe Geste weitergeben, jedoch verstärken, vergrößern.
Auswertung: Gespräch über die Gesten, die in der Gruppe weitergegeben wurden (aggressive, zarte, höfliche ...) Rückschlüsse auf den Alltag.
Gesten raten
Reihum werden Gesten gezeigt und die anderen raten, was sie jeweils beim einzelnen Teilnehmer auslösen.
Kleinere Gruppen bilden und aus den gesammelten Gesten Handlungen machen, diese vorerst nicht so sehr auf Darstellung hin gestalten, sondern einfach spielen lassen. Die Gruppen entscheiden dann, wie sie die Handlung gestalten oder zeigen wollen" (11f.).

Die in diesem Kapitel behandelten Beispiele zeigen drei Schwerpunkte, unter denen Gesten im methodischen Aufbau des Bewegungstheaters thematisiert und erarbeitet werden können:
- Als Gegenstand spielerischer Auseinandersetzung und Annäherung.
- Als Gegenstand methodisch ausgefeilter Arbeit, insbesondere an den *buchstäblichen*, aber auch an den expressiven Aspekten der Bewegungen.
- Als Förderung von Körperkommunikation.

Die hier zitierten Beispiele setzen ihren jeweiligen Schwerpunkt voneinander abweichend, was jedoch im Blick auf die jeweiligen Adressaten zu erklären ist. So haben KEYSELL und NEUBER kleine Kinder im Auge, BARTUSSEK den pantomimischen Nachwuchs, während sich HASELBACH und REICHEL an Möglichkeiten halten, die insbesondere in Schulen zu realisieren sind und eine Grundlage auch für anspruchsvollere *Kompositionen* und *Gestaltungen* bereiten können.

Im Sportunterricht an allgemein bildenden Schulen, in dem auch das Bewegungstheater zu den Kernbestandteilen gehört, sollten einseitige Ausrichtungen vermieden werden. Gerade bei einer Einführung, die – wie hier – mit den Gesten beginnt, gilt es, einen Ausgleich zwischen den Ansprüchen zu finden:

Gesten sind spielgemäß zu vermitteln. Sie sollen als originale, als Körperkommunikation erfahren werden, die zwar ohne eine gewisse Bewegungsgenauigkeit nicht auskommt. Diese sollte aber nicht in sich verselbstständigenden Übungsprozessen erarbeitet werden, bei denen sich die Bedeutung von den Bewegungen ablöst, sondern möglichst im Kontext erlebter Situationen und expressiver Ausgestaltungen. Die Themen sollten in der Lebenswelt gesucht werden, und zwar in der komplexen und schwierigen Welt, wie sie im Alltag, insbesondere auch in Vorstellungen, Wünschen und Fantasien erlebt und verarbeitet wird.

8.2 Der Raum als Basisthema

Das Thema **Raum** erschließen wir vor allem über die **symbolischen Räume**, mit denen wir uns oben ausführlich befasst haben. *Raum wurde dort vor allem als ein Prozess verstanden, in dem sich die Spieler ihren Raum schaffen*, sich dabei auf ihre soziale und kulturelle Umwelt sowie auf die eigenen gestalterischen Potenziale im Handeln, Wahrnehmen und Erleben besinnen und diese vertiefen. Wie überall im „gelebten Raum" (STRÖKER ²1977, 17) durchdringen sich diese Aspekte ebenso im Symbolspiel. Auch das Bewegungstheater kann diese Verflochtenheit nicht prinzipiell außer Acht lassen. Wohl aber ist es möglich, Schwerpunkte zu bilden, dem Spiel mit dem Raum besondere Richtungen zu geben und bestimmte Motive hervorzuheben.

Nach welchen Gesichtspunkten können solche Schwerpunkte ausgewählt werden? Im Vordergrund der didaktischen Überlegungen steht der *Spielraum* des Bewegungstheaters, wie er als Raum möglicher Spielhandlungen erschlossen werden soll. Wie andere Räume auch – etwa des Alltags-, des Berufslebens, des Wohnens – besteht er aus Orten und Gebieten, in denen Personen und Objekte ihren Platz haben. Sie nehmen engere oder losere Beziehungen auf, die allerdings bei diesem Basisthema noch nicht zu einer dramatisch ausgefeilten Handlung weiterentwickelt werden. Sie haben einen eher unverbindlichen Charakter. Offenheit und Veränderbarkeit der Beziehungen müssen gewährleistet sein.

Im Vordergrund stehen das Erkunden und Experimentieren mit räumlichen Erfahrungen. Auch die Objekte im Raum sollten so gewählt werden, dass sie das Spiel mit dem Raum fördern, ohne es vorzustrukturieren. Sie dürfen also weder zu eng gefügt noch in ihrem Aufbau fixiert sein, z.B. durch feste Installationen oder baukastenförmige Strukturen.

Spielraum ist immer auch der Raum möglicher Alternativen, die freizügig gewählt werden dürfen. Insofern müssen die Orte eine gewisse „Unexaktheit" aufweisen und sich als „Gegend möglicher Verrückungen" (STRÖKER ²1977, 63) anbieten. Aus der Perspektive der Spieler betrachtet, stellt sich der Raum des Spiels also nicht als fertiger Raum dar, der sich in Funktionen und Bedeutungen seiner Elemente aufdrängt, sondern als Angebot und Herausforderung, ihn gemäß eigenen Vorstellungen und mit Fantasie zu gliedern und zu ordnen.

Thematische Schwerpunkte

Betrachtet man die Vielzahl der vorliegenden Ansätze und Veröffentlichungen unter der Fragestellung, in welchen Räumen sich das Spiel entwickeln soll, lassen sich drei Schwerpunkte herauskristallisieren.

Erstens: Umgebungsräume. Die Spielhandlungen finden in der Auseinandersetzung mit gegebenen Räumen statt. Wir nennen sie Umgebungsräume, weil das Spiel auf die konkreten Gegebenheiten Bezug nimmt. Das betrifft z.B. Abstände und Gliederungen, Enge und Weite des Raums, Beziehungen zwischen den Objekten sowie Ebenen und Profile. Umgebungsräume werden von den Spielhandlungen also erfasst, in ihren Merkmalen zu den Zwecken des Spiels ausgedeutet und gewissermaßen „ausgezeichnet" (STRÖKER ²1977, 82). „Auszeichnen" bedeutet, dass die potenzielle Mehrdeutigkeit vorgefundener räumlicher Verhältnisse und Strukturen zu Gunsten bestimmter Möglichkeiten aufgelöst wird. Die so entstehenden Räume sind mit den Räumen des Regelspiels grundsätzlich vergleichbar. Allerdings tritt in ihnen die Bedeutung von vorab fixierten, konstituierenden Handlungsregeln zurück.

Zweitens: Körperräume. Die Spielhandlungen finden innerhalb des Körperraums statt. VON LABAN bestimmt diesen Raum als „Kinesphäre", d.h. als „die Raumkugel um den Körper, deren Peripherie mit locker gestreckten Gliedmaßen erreicht werden kann, ohne daß man den Platz verlässt ..." (1991, 21).

Drittens: Fantasieräume. Die Spielhandlungen finden weder in dem einen noch in dem anderen Raum statt, sondern in Fantasieräumen. Sowohl der Körperraum der Spieler als auch ihr Umgebungsraum werden weit gehend getilgt, um den erzeugten Fantasieraum von den Bewegungen der Spieler unabhängig zu machen (Schattenspiel, Schwarzes Theater).

Die drei genannten Varianten lassen eine systematische Abstufung erkennen:
- *Spiele mit dem Umgebungsraum.* Sie fordern selektives Sehen und kreatives Gestalten besonders stark heraus. Im Raum sind alle gegebenen Verhältnisse dem Blick mehr oder weniger zugänglich. Die Spieler müssen die Fähigkeit entwickeln, nur das hervorzuheben, was für sie im Rahmen der Handlung von Bedeutung ist, und anderes, was im Raum mitgegeben erscheint, weniger zu beachten. Diese Fähigkeit zu entwickeln, wird erschwert, wenn die Dinge im Raum dichter zusammengerückt, wenn die Bewegungsmöglichkeiten eingeschränkt werden und die Strukturen strenger gefügt sind. Im Umgebungsraum brauchen die Spieler also sowohl ausreichend Freiraum und Platz als auch genügend Anregungen, die von Objekten und Strukturen, also von vorgefundenen Verhältnissen ausgehen.
- *Spiele im Körperraum.* Sie benötigen im Wesentlichen Platz. Anschauliche Fotos bei HASELBACH (1976, 54ff.) zeigen Bewegungsräume (Gymnastikräume, Säle), die schlicht und karg ausgestattet sind. Sie liefern ersichtlich keine auffälligen Anhaltspunkte, die die Spieler von ihrer Aufgabenstellung ablenken könnten.
- *Spiele im Fantasieraum.* Spiele im Fantasieraum wie beim Schwarzen Theater benötigen aufwändige Konstruktionen und Ausstattungen (Spannseile, Gerüste, Tücher, Bodenbeläge, spezielle Beleuchtungseinrichtungen, reflektierende Materialien), einzig um den Zweck zu erfüllen, vorhandenen Raum verschwinden und neuen Raum entstehen zu lassen. So wird es möglich, Abstände, Größendimensionen, Objektbeziehungen von gegebenen Verhältnissen unabhängig zu machen. Z.B. spielt die messbare Entfernung zweier das

Schwarzlicht reflektierender Objekte nur eine untergeordnete Rolle bei der Wahrnehmung ihrer Nähe. Ein großes Objekt im Hintergrund des Bühnenraums kann meterweise von einem kleineren Objekt im Vordergrund entfernt sein. Dennoch kann der Eindruck erweckt werden, dass das große Objekt kleiner, das kleinere größer und beide einander sehr nahe sind – wenn die Spieler es so einrichten wollen.

Es verlangt den Spielern ein Höchstmaß an Abstraktionsfähigkeit ab, solche Fantasieräume zu erzeugen. Sie müssen vor dem Raum, in dem sie als Handlungsraum agieren, der nicht sichtbar sein darf, also vor dem Raum der eigenen – produzierenden – Aktionen einen anderen Raum in Erscheinung treten lassen, nämlich den eigentlichen *Spielraum* – wie ihn die Zuschauer sehen sollen.

Gestisches Interpretieren des Raums

Aus unseren Ausführungen im letzten Kapitel über die Geste ging hervor, dass wir diese als Grundeinheit des Bewegungstheaters betrachten. Dies hat für den weiteren didaktischen Aufbau, also auch für die Erarbeitung des Raumthemas, Konsequenzen. Spielräume sollten nicht nach formalen und funktionellen Gesichtspunkten des Bewegens erschlossen werden, sondern im gestischen Spiel. Dies ist z.B. zu erreichen, wenn Themen gefunden werden, die den Raumaspekt aus Lebens- und Erfahrungszusammenhängen entwickeln. Die Alltagswelt der Schüler bietet dafür zahlreiche Anknüpfungspunkte.

Am Ende des Weges

Heißt das Thema etwa „Am Ende des Weges", werden gestische Handlungen aufgerufen, die bestimmte Erfahrungen und Vorstellungen modellieren. „Am Ende des Weges" ist z.B. jemand angelangt, nachdem er ein Ziel verfolgt hat, das er jetzt erreicht. Es kann auch sein, dass der Weg überraschend nicht weiterführt, also vielleicht ein falscher Weg ist und nun als solcher erkannt wird. Wie hat der Spieler seinen Weg verfolgt? Was ist ihm dabei widerfahren? Wie verläuft der Weg? Ist er geradlinig, übersichtlich oder gilt das Gegenteil? Was gibt es rechts und links des Weges? Was geschieht, wenn der Spieler „am Ende" sein Ziel erreicht hat oder wenn er nicht weiter weiß und ratlos ist, aufgibt oder einen anderen Weg einschlägt? – Im gestischen Spiel werden Richtungen, Achsen, Ebenen und dergleichen – also formale Aspekte – nur beiläufig erfahren. Im Vordergrund steht aber die durch die Geste interpretierte Situation. Die didaktische Forderung lautet also, Raumthemen gestisch einzukleiden.

Damit ist auch zwangsläufig ein weiterer Gesichtspunkt berührt. Da die Geste immer auch expressive Eigenschaften hat, also *Stimmungen* vermittelt, ist der gestisch erschlossene Spielraum zugleich *gestimmter* Raum. Er wird nicht bloß in seinen geometrischen Verhältnissen in Bewegungen übersetzt und verhält sich gegenüber dem Erleben und Empfinden nicht neutral. Die raumerschließenden Handlungen sind vielmehr von Stimmungen durchzogen. Sie bilden die Atmosphäre des Raums. Sie haften nicht an objektiven Verhältnissen, sondern treten als subjektive Merkmale in Erscheinung. So hat der Raum z.B. eine andere atmosphärische Qualität, wenn der Spieler sein Ziel „am Ende des Weges" erreicht hat und dieser erfolgreich beendet wurde oder wenn er sich etwa plötzlich im unübersichtlichen Gelände verliert und sich nun zeigt, dass alle Mühen, das Ziel zu erreichen, vergeblich waren.

Auch im *Körperraum* können Themen des Symbolspiels gefunden werden, können Bewegungen gestische Funktion gewinnen. Diese leiten sich allerdings nicht aus Alltagserfahrungen ab, sondern haben eher den Charakter von Projektionen statischer oder fließender Formen und Figuren. Sie können von einer einzelnen Person oder auch von mehreren Personen ausgehen, die sich in einem gemeinsamen Raum, zu einem geschlossenen Körperraum einer Gruppe zusammenfinden. Die Spieler knüpfen dabei einerseits an die funktionellen und physiologischen Möglichkeiten des Körpers an. Andererseits erfüllt sich der Sinn ihrer Bewegungen aber nicht in der Demonstration dieser Möglichkeiten. Bedeutung erhalten die Bewegungen erst, wenn sie transformiert und von einer *Stimmung* getragen werden.

Am Anfang stehen keine ähnlich schlüssigen und anschaulichen Themen wie das zuvor behandelte Thema „Am Ende des Weges", sondern eher vage Hinweise und Anregungen, die sich z.B. auf räumlich-formale Merkmale (wie Richtungen, Raumebenen usw.) und Objekte (Reifen, Stäbe usw.) beziehen. Solche Merkmale und Objekte sollen in einer mehr oder weniger vorgegebenen Weise in das Spiel einbezogen werden. Sie liefern Assoziationen, durch die die Spielprozesse ausgelöst werden. Sie kommen in Gang, wenn es den Spielern gelingt, die benannten Merkmale und Objekte in die

Bewegungen des individuellen oder des Gruppenkörpers quasi einzuschreiben.
Wir wollen das anhand eines Beispiels veranschaulichen.

Spiel mit Reifen
Eine Gruppe von sechs Spielern erhält einen Gymnastikreifen und die Aufgabe, Bewegungs- und Haltungsfiguren zu entwickeln, die den Bewegungen des Reifens folgen und sich seiner Form angleichen. Die Bewegungen des Reifens sollen von den Spielern auf verschiedenen Ebenen und in verschiedene Raumrichtungen geführt werden (hoch – tief, vor und zurück, diagonal, im Kreis). Es dürfen auch kreisförmige Bewegungen und Figuren entwickelt werden, ohne dass der Reifen dabei mitgeführt wird. Die Spieler entwickeln folgende Lösungen:
- Sie gruppieren sich in gleichen Abständen um den Reifen, halten ihn in Brusthöhe und drehen sich nach links oder rechts im Kreis.
- Sie variieren diese Bewegung, indem der Reifen auf verschiedene Höhenebenen geführt wird.
- Sie stehen und versetzen den Reifen in Bewegung. Sie variieren auch hier die Höhenebene, auf der der Reifen bewegt wird.
- Die Achse des Reifens wird um die Vertikale herum in verschieden großen Distanzen geführt, sodass diagonale und girlandenförmige Bewegungen entstehen. Die Gruppe folgt diesen Neigungen.
- Ein Spieler steht und bewegt sich in der Mitte des Reifens. Er stellt seine Achse dar. Dabei folgt die Achse zunächst den Bewegungen des von den anderen geführten Reifens. Dann bewegt er selbst den Reifen und lässt die anderen sich um diese Achse bewegen.
- Aus dieser Konstellation ergeben sich weitere Varianten: Der Reifen bewegt sich gegen die Achse und ihre Bewegungen (Neigen des Reifens, die Achse vertikal; Drehen der Achse in der einen, Bewegen des Reifens und der anderen Spieler in der Gegenrichtung).
- Die Spieler bilden kreisförmige Figuren um den Reifen herum, auch ohne Anlehnung an den Reifen. Seine Ebene wechselt zwischen der Horizontalen und der Vertikalen.
- Die Bewegungen verschiedener Gruppen beim „Spiel mit dem Reifen" werden räumlich in Beziehung gesetzt und choreografisch inszeniert. Es entsteht eine Art Räderwerk, in dem parallele, gegenläufige oder individuelle Gruppenbewegungen zu Stande kommen.

Auch hier entsteht bei einigen der verschiedenen Realisierungen der Eindruck von *Stimmung* und Atmosphäre. Die Spieler verstärken diesen Eindruck, nachdem ihre Bewegungen eine gewisse Sicherheit und Regelmäßigkeit des Ablaufs erst einmal erreicht haben und von einer rhythmischen Schwingung getragen werden. Die Möglichkeiten, unter diesen Voraussetzungen nun auch rhythmische Varianten und figurale Modulationen zu finden, werden intensiv ausgelotet (Beschleunigung, Verlangsamung, Akzente, Pointierung; Weite und Enge).

Auch im *Fantasieraum* des Schwarzen Theaters geht es um gestische Interpretation, um *Stimmung* und *Atmosphäre*. Sie können sich nicht an die – nicht gezeigten – produzierenden Bewegungen der verhüllten Akteure heften, sondern nur an die aus der Tiefe des Raums auftauchenden Figuren und Objekte. Es sind meist Fragmente, die erscheinen und Zug um Zug zu Figuren und Objekten gefügt werden. Sie können auch schnell wieder auseinander fallen und sich zu neuen Figuren und Objekten zusammenfinden oder auch ebenso unvermittelt, wie sie auftauchen, wieder verschwinden. Aus dreidimensionalen Aktionen der Spieler entstehen so zweidimensionale Bilder, Bildfragmente. Sie fordern die Zuschauer heraus, sie in eine eigene Vorstellungs- und Fantasiewelt aufzunehmen. Die Möglichkeiten, Räume erscheinen zu lassen und sie in eine bestimmte Atmosphäre zu tauchen, sind unbegrenzt.

So entwickelten Studenten in einem Grundkurs bereits nach wenigen Stunden Szenen von großer räumlicher Prägnanz und dichter Atmosphäre, der sich die Zuschauer nicht entziehen konnten:
- Gebirge, in dem gefährliche Wanderungen unternommen wurden.
- Strände, an denen gespielt wurde.
- Landschaften unter sengender Sonne.
- Räume des Hauses, in die unbemerkt eingebrochen werden konnte.
- Bar, Spielfeld, Strandpromenade.
- Bühne mit Sängergruppe.
- Raumgreifende Bewegungen eines tanzenden „Kopffüßlers", der nur aus Hut, Gesicht, überdimensionalen Händen und Füßen zusammengefügt war.

8.3 Die Zeit als Basisthema

Beim Thema **Zeit** spielen die oben näher ausgeführten Paare **Bewegungsspielzeit** und **symbolische** Zeit bzw. **offene** und **geschlossene** Zeit eine wesentliche Rolle.
In ein Spiel einzutreten, bedeutet immer, sich in seinen zeitlichen Rahmen, seine gegliederten Abläufe, seine Ordnung, Dynamik, seine

spezifischen Rhythmen und seine jeweilige *soziale Dauer* einfügen zu können. Unter dem Gesichtspunkt der Entwicklung von Kindern und der entwicklungsgerechten Ausdifferenzierung von Spielformen sowie auch unter den Gesichtspunkten der Spontaneität und Kreativität kommt vor allem die Unterscheidung zwischen *offener* und *geschlossener* Zeit zum Tragen.

Wie wir gesehen haben, ist dem Kinderspiel eine eher *offene* Zeitgestaltung eigen, ein Herantasten und Experimentieren innerhalb eines latenten Zeitrahmens und eine weniger verbindliche Ordnung, die das Spiel gegenüber neuen Einflüssen, Unterbrechungen und überraschenden Wendungen nicht strikt abschirmen. Dieser Rahmen und diese Ordnung sind mehr als Folgen und weniger als Bedingungen wachsender Spielkompetenz anzusehen. Systematische Spielbeobachtungen belegen, dass sich diese Faktoren im freien Spiel erst herausbilden und nicht als Vorgaben in das Spiel eingebracht werden müssen.

Ähnlich wie beim Basisthema **Raum** argumentieren wir auch hier. Notwendig ist ein *Spielraum* zur Entwicklung von *Spielzeit*. Kinder benötigen Zeit, um den eigenen zeitlichen Rahmen, die eigenen zeitlichen Strukturen und Rhythmen herauszufinden und zu entwickeln. Der gewissen „Unexaktheit" des Ortes steht hier eine gewisse „Toleranz der Dauer" (MOGEL ²1994, 14) und ihrer gliedernden Elemente gegenüber, was wir vorsichtig mit den heute in Vergessenheit geratenen Begriffen der *Muße* und der *langen Weile* umschreiben wollen – als Ausdruck von Freiheit der Entscheidungen und Entlastung vom Druck fremder Erwartungen.

Das Entwicklungsargument darf nun allerdings nicht dazu dienen, die *geschlossene* Zeit gegen die *offene* Zeit didaktisch auszuspielen. Wir haben oben an einer Reihe von Beispielen ausgeführt, dass die Entwicklung des Symbolspiels Formen hervorgebracht hat, die auch an ihrer besonderen *Zeitorganisation* zu erkennen sind – und zwar sowohl hinsichtlich der Organisation von Bewegungen als auch hinsichtlich der in den Bewegungen dargestellten Inhalte. Als Beispiele dienten uns clowneske und pantomimische Bewegungen, Metaspiele (z.B. Darstellung von Mannschaftsspielen wie des Fußballspiels) und neue Sportspiele wie das Streetballspiel.

Im Unterschied zu den *offenen* Kinderspielen stellen solche Spielformen Bezüge zu kulturellen Entwicklungen her, die im Sinne von GEBAUER/WULF (1998b, 69 und 267) auf eine „gesellschaftliche Praxis" verweisen oder im Sinne von OERTER (1993, 21) auch als „Produkte gesellschaftlicher Interaktion" aufgefasst werden können, und zwar unabhängig davon, ob sie eher traditionell sind (Clownerie und Pantomime) oder Formen, in denen z.B. eine Jugendkultur spezielle Vorstellungen von Spannung, Geschwindigkeit und Zeiterleben ausdrückt.

Aus pädagogischer Sicht ist das kulturbezogene Argument darum von Bedeutung, weil sich in den verschiedenen Spielformen des Symbolspiels auch Zeitstrukturen und Muster des Zeiterlebens und Zeitgestaltens verdichten, die ihrerseits gesellschaftliche Praxis reflektieren und zur Darstellung bringen. Die Spielformen sind Angebote, sich mit solchen Strukturen und Mustern auf eine vielfältige Weise auseinander zu setzen. In welche Richtungen diese Auseinandersetzung geführt werden und wie dabei verschiedene Erfahrungsebenen berücksichtigt werden können, ist eine Frage nach möglichen thematischen Schwerpunkten. Wie beim Thema *Raum* orientieren wir uns auch hier an Ansätzen und Veröffentlichungen, die die pädagogische Praxis des Symbolspiels geprägt haben. Drei Schwerpunkte lassen sich hervorheben.

Erstens: Die Spielhandlungen finden in der Auseinandersetzung mit solchen Vorgängen statt, die z.B. unseren Lebensalltag bestimmen; in die unser Lebensalltag eingefügt ist; die lange zurückliegen können, aber als Geschichte unsere Gegenwart noch tangieren; oder als Zeit von Angehörigen fremder Kulturen, mit denen wir in Berührung geraten.

Zweitens: Die Spielhandlungen gründen in körpereigenen Zeiterfahrungen. Sie entstehen in der „Dynamosphäre" (VON LABAN 1991, 37; HASELBACH 1976, 41ff.). Zeitgestaltung ergibt sich hier aus den körperlich verfügbaren Möglichkeiten. Wir nehmen Zeit als Zeit des Körpers auf und gestalten sie in seinen Rhythmen und Spannungsverläufen.

Drittens: Die Spielhandlungen finden weder in der einen noch in der anderen Zeit statt, sondern in Fantasiezeiten – wie sie z.B. in Geschichten und Fabeln, im Märchen oder im Traum erlebt werden kann.

Wie diese Themenschwerpunkte konkret abzudecken sind, ergab sich bereits in Kapitel 5. Anhand etlicher einschlägiger Beispiele wurde hier insbesondere der Aspekt der gestischen Interpretation von Zeit ausgearbeitet.

8.4 Das Spielobjekt als Basisthema

In Kapitel 6 befassten wir uns ausführlich mit den Eigenschaften von Spielobjekten. Es sind Eigenschaften, die Objekte nicht besitzen, sondern die nur in der spielend-motorischen Auseinandersetzung präsent werden. Erst in dieser Auseinandersetzung zeigen sie sich bzw. werden sie durch die auf das Objekt einwirkenden Bewegungen aufgezeigt. Wir untersuchten diesen Zusammenhang zunächst im Blick auf das sich bewegende Subjekt, das dem Objekt gegenüber explorierend, experimentierend und interpretierend auftritt und es nach seinen Vorstellungen gewissermaßen entwirft.

Zum anderen wurden Kontexte untersucht, in denen das Spielobjekt als schon interpretierter, entworfener Gegenstand vorhanden ist. Diesen Aspekt behandelten wir insbesondere im Hinblick auf verschiedene Spielformen. Als Gegenstände der spontanen Zuwendung und der Fantasie des Subjekts allein werden Spielobjekte nicht ausreichend erfasst. Sie sind – über die verschiedenen Spielformen – auch *kulturökologisch* definiert. Dieser Definition können die Spieler nicht ausweichen. Sie müssen an spielformtypische Bedeutungen und Funktionen des Objekts anknüpfen.

Ein dritte Überlegung galt der Frage, wie Spielobjekte als physikalische Gegenstände hergestellt werden und welche Kriterien dabei eine Rolle spielen können. Dieser Frage gingen wir insbesondere beim Regelspiel und beim akrobatischen Spiel nach. Hier zeigte sich, dass auch andere – nicht spiel(form)typische, gelegentlich sogar spielfremde – Faktoren mitwirken. So sollen Objekte etwa schön, perfekt, möglichst unverändert stabil bzw. haltbar und sicher sein.

Nach einer vergleichenden Betrachtung der Spielobjekte in verschiedenen Spielformen konzentrierten wir uns auf Eigenschaften, die ihre Bedeutung im Symbolspiel ausmachen. Es kann hier als Requisit oder als imaginärer Gegenstand in Erscheinung treten, verliert seinen *Dingcharakter* und gewinnt besondere *dramatische Qualitäten*. Wie es in den Spielprozess eingebunden wird, bestimmt sich vorrangig nach *mimetischen* Absichten. Unabhängig davon, ob das Objekt als Requisit oder als imaginärer Gegenstand erzeugt wird, geht es immer darum, mit bzw. an dem Objekt etwas zu zeigen, zu demonstrieren oder es selbst – in fiktionalen Handlungen – zum Vorschein zu bringen.

Eine besondere Bedeutung gewinnen im Symbolspiel *metaphorische* Eigenschaften, die den Umgang bzw. das Herstellen von Objekten zusätzlich charakterisieren und z.B. durch Übertreibung, Verfremdung, Zuspitzung, dargestellte Auswirkungen und auch Empfindungen aufgezeigt werden.

Der Begriff der *Objektüberschreitung* erschien uns besonders geeignet, den für das Symbolspiel typischen Umgang mit Objekten zu kennzeichnen.

Schließlich verschafften wir uns einen Überblick über verschiedene Gruppen von solchen Objektüberschreitungen. Objekte können erschaffen, verwandelt und verfremdet, kontextualisiert oder mystifiziert werden.

Welche Schwerpunkte lassen sich aus den vorangegangenen Überlegungen für die praktische Arbeit ableiten? Wie bei den anderen Basisthemen berücksichtigen wir auch hier z.T. Vorgehensweisen, die der einschlägigen Literatur entnommen sind und sich bewährt haben. Drei Schwerpunkte sind hervorzuheben:

Spielanlässe
Spielzeuge, Alltagsobjekte und auch Geräte können als Spielanlässe dienen, wobei besonders auf den improvisatorischen Charakter der Handlungen und auf den fantasievollen Gebrauch zu achten ist. HASELBACH (1976, 68ff.) nennt hier u.a. das Kaleidoskop, Kreisel, Puzzles, Luftballons; ferner Plastikschläuche, Zeitungen, Podeste, Tücher, Folien, Magnete, Steine; ferner Seile, Stäbe und Reifen. Auch Kästen, Kastenteile und Bestandteile der so genannten Bewegungsbaustelle (MIEDZINSKI 1983) u. v. m. können verwendet werden. Die Objekte lösen Assoziationen aus und regen Bewegungen an, die in die Nähe von Symbolisierungen kommen oder schon den Charakter von Darstellungen und kleinen Geschichten annehmen. Die materialen *buchstäblichen* Merkmale der Objekte können dabei zu Gunsten von Fantasieeigenschaften deutlich überschritten werden.

Beispiele:

- Agieren wie ein Kreisel.
- „Imaginäres" Spielen mit Bällen.
- „Improvisation mit Plastikschläuchen: Das Objekt wird von einzelnen oder Paaren erprobt; dabei werden Geräuschmöglichkeiten durch Blasen, Reiben und Schlagen entdeckt. Als Gruppenaufgabe entsteht z.B. ein getanzter Geräuschkanon" (HASELBACH 1976, 74).
- Indianertänze mit Zeitungen (76).
- „Steinartige Körperformen" bilden, ins Rollen bringen und in einzelne Teile „zerbrechen" lassen (als Gruppenaufgabe; 88).
- Brücken und Stege bauen und auf ihnen balancieren.
- Häuser und Höhlen bauen und sich verstecken.
- Flugzeuge bauen und mit ihnen reisen.

Metaspiele

In Metaspielen nutzen wir den weiten Spielraum, in Gesten etwas zum Ausdruck zu bringen, ohne alle Aspekte der vorgezeigten Bewegungen realisieren oder beherrschen zu müssen. Wir können bestimmte Ausschnitte auswählen, ungewöhnliche Spielideen darstellen, wir können das gezeigte Spiel in Teilen verfremden und wir können sogar große Leistungen vollbringen, ohne alle Voraussetzungen der Könnerschaft zu erfüllen. Besonders eignen sich Regelspiele und akrobatische Spiele für solche Aufführungen.

Beispiele:

- Spielideen mit fiktiven Bällen darstellen: den Ball so hin- und herspielen, dass er sicher gefangen werden kann; den Ball so hin- und herspielen, dass er – dem Können des Partners angepasst – unter gewissen Anstrengungen gefangen werden kann; den Ball so hin- und herspielen, dass er ihn unter Aufbietung allen Könnens erreicht und zurückgespielt werden kann. – Besonders zu beachten ist bei dieser dritten Variante, dass die Schüler die Möglichkeit erhalten zu zeigen, was sie gern können würden: zu hechten wie ein Nationaltorwart, zu springen wie Michael Jordan. Sie präsentieren solche Bewegungen trotz der eigenen begrenzten Mittel und können ihre Wirkungen auskosten.
- Je mehr Spieler an Spielen mit fiktiven Bällen beteiligt sind, desto schwieriger wird die Abstimmung. Gegebenenfalls sind kleine Drehbücher zu verabreden, um das zu erleichtern.
- „Neues Volleyball" (THE HEADLANDS PRESS 1979, 111): Die Spieler wechseln ihre Positionen nicht nur im eigenen Feld, sondern auch durch Übergang ins gegnerische Feld.
- Wir zeigen, wie man in heterogenen Mannschaften spielen kann.

- Wir übertreiben: Spiele mit extrem leichten oder extrem schweren Bällen.
- Spiele mit widerspenstigen Bällen: Was kann man tun, wenn sie nicht herunterfallen wollen, nicht angehoben werden können, überdimensional groß sind oder sich auf unberechenbaren Flugbahnen bewegen, sich verselbstständigen?
- Spiele mit Bällen und Spielverderbern, die z.B. den Ball festhalten und nicht herausrücken wollen, ihn wegschlagen usw.
- Spiele mit verrückten Schiedsrichtern.
- Spiele mit haushohen Körben, umfallenden, wandernden, zugemauerten Toren. Solche Spiele sind Spiele, in denen Ungewöhnliches und Überraschendes passiert und in denen man das frei verabreden kann.
- Balancierspiele unter erleichterten Bedingungen: Seiltänzerinnen z.B., die ihre hohe Kunst auf einem Seil darbieten. Das Seil liegt aber auf dem Boden.

Spielobjekte umdeuten

Im Vergleich zu den beiden ersten Schwerpunkten kann das Spielobjekt auch Ausgangspunkt für Spiele sein, in denen eine engere Beziehung zu einer fiktiven Situation gesucht wird, ohne an irgendwelche anderen bekannten Spiele anzuknüpfen. Die Bedeutung des Objekts wird vor allem unter Bezugnahme auf einen selbst geschaffenen Rahmen sichtbar gemacht. Beispiele haben wir oben in Kapitel 6 bereits ausführlich dargestellt. In ihnen zeigte sich, dass hier noch immer assoziative und spontane Verknüpfungen eine größere Rolle spielen und Überlegungen zur szenischen Ausgestaltung der Situation noch nicht im Vordergrund stehen.

Auf den Umgang mit *Requisiten* gehen wir daher hier auch noch nicht ein. Ihre Funktion ergibt sich insbesondere aus solchen Überlegungen. Sie stehen ganz im Dienste szenischer Gestaltungen und sollen daher anhand eines erst später dargestellten Beispiels verdeutlicht werden.

Die didaktische Bedeutung des Objekts als Basisthema liegt in der besonderen produktiven Funktion der Aufgabenstellungen. Während das Objekt in vielen Spielen überwiegend als Herausforderung verstanden wird, sich ihm anzupassen, Sicherheit im Umgang mit ihm zu gewinnen und es schließlich zu beherrschen, richten sich die Erwartungen im Symbolspiel vorrangig auf den fantasievollen und kreativen Umgang. Ihm werden Eigenschaften durch gestische Bewegungen zugeschrieben, wobei einerseits ein großer Spielraum für spontanes Handeln besteht und andererseits Form und Gebrauch des Objekts aus einem selbst geschaffenen Kontext, aus selbst definierten Situationen heraus, entwickelt werden.

Kinder lernen in diesen Als-ob-Spielen mit Objekten, welchen Einfluss sie selbst als Schöpfer ausüben können und welche Bedeutung es hat, Sensibilität für das Verhalten des Spielobjekts in unterschiedlichen Kontexten zu entwickeln. Indem sie diese Kontexte auswählen und ausgestalten, erfahren sie, dass das Spielobjekt selbst angepasst und quasi gemanaged werden kann.

8.5 Das Bewegungsdrama als Ziel

Von der Geste zum Bewegungsdrama

Die Didaktik des Symbolspiels stellt die Geste an den Anfang des methodischen Aufbaus. Sie steht weiterhin im Zentrum aller Entwicklungen, die schrittweise auch den Raum, die Zeit und das Spielobjekt erreichen. Diese Entwicklungen legen sich wie Jahresringe umeinander, sodass sich das Bestreben erfüllt, immer differenziertere und intensivere Gestaltungen zu schaffen. Dieses Teilkapitel bildet nun den Abschluss der didaktischen Überlegungen und zeigt das Ziel, auf das die Bemühungen zulaufen. Die eher spontan und assoziativ aufgegriffenen Themen, die der jeweils erreichten Stufe zugeordnet sind, werden überschritten. Es entsteht jetzt ein Bewegungsdrama. Dieses nimmt die vorher berührten Gesichtspunkte auf, entwickelt sie aber zu einer durchgestalteten Form mit einer Gesamthandlung weiter. Diese Form wird zur Aufführung gebracht.

Damit sind wir auch im didaktischen Teil an jenem Punkt angekommen, der uns insbesondere in Kapitel 7 beschäftigte. Dort arbeiteten wir drei Aspekte heraus, die ebenso den Begriff des Bewegungsdramas kennzeichnen.

Erstens: Ein Bewegungsdrama konstituiert sich durch Themen bzw. Gegenstände, die in Bewegungssymbolen hervorgebracht werden. Von besonderer Bedeutung sind hier die beschriebenen Gruppen von Gesten.

Zweitens: Ein Bewegungsdrama verfügt zwar auch über einen *Grundriss*. In diesen sind die räumlich-zeitlichen Interpretationen sowie die verwendeten Requisiten bzw. die imaginären Spielobjekte eingeordnet. – Der *Grundriss* kann z.B. die szenisch gegliederte Gestaltung eines Stücks enthalten oder einen Gesamtrahmen, in dem sich die Handlungsteile in der Form von *Bildern* verbinden. Bei „Spielstücken" (SCHMOLKE 1976, 36f.) folgt die Handlung einem strengeren Aufbau, bestimmten Motiven und strebt einem Ziel zu. Bei *Bildern* wird der Zusammenhang mehr durch Ähnlichkeit und Vervollständigung in Form von Facetten oder Mosaiksteinen hergestellt.

Drittens: Ein Bewegungsdrama wird schließlich aber vor allem durch ein bestimmtes Verständnis von Dramatisierung gekennzeichnet. Die Spieler folgen keinem Quasitext- oder Rollenbuch. Sie entscheiden möglichst eigenständig über die anzuwendenden Regeln, die sie dann konsequent befolgen. – Zum Bewegungsdrama gehören die oben beschriebenen *inquisitiven, transitivischen* und *quasidialogischen* Prozesse als konstitutive Bestandteile. In ihnen formen sich die spontanen Empfindungen und Einfälle der Spieler zu Elementen der Aufführung. Diese stellt aber dennoch keine endgültige und fertige Form dar. Sie kann vielmehr durch weitere Gestaltungsprozesse verändert werden.

In einem Bewegungsdrama ist es den Spielern also gelungen,
- einem roten Faden zu folgen, der gestische Motive, Raum, Zeit und Spielobjekte verbindet und ordnet, und zwar durch
- gestische Bewegungen mit klar *verankerten* und *konsistenten* Symbolen.
- ferner kreative Handlungen in Gang zu halten,
- auf deren Grundlage Regeln für den Aufbau und die Aufführung des Dramas entstehen, das aber keine endgültige Form erhalten muss.

Mit diesen Bestimmungen sind noch keine Aussagen über die Länge und die spezielle Bauform eines Bewegungsdramas getroffen. Sie können sehr unterschiedlich ausfallen.

Beispiel: „The Day after"

Dieses kleine Drama ist eine Kurzform innerhalb einer Folge von *Bildern* zum Thema „Mallorca & Co". Es wurde von Sportstudierenden zum Abschluss ihrer Praxisausbildung im Bereich „Darstellendes Bewegungsspiel" erarbeitet und vorgeführt. Das Thema zielte auf besondere oder charakteristische Erlebnisse und Erfahrungen bei Standardurlaubsreisen des oben bezeichneten Typs.

"The Day after" wurde von einer fünfköpfigen Gruppe[6] selbstständig entwickelt. Es verbindet Elemente des Bewegungstheaters und des Schwarzen Theaters innerhalb einer einzigen Szene. Sie spielt in einem Hotelzimmer, in dessen Mitte ein breites Bett steht. Links neben diesem steht ein Nachttisch, auf ihm ein Vase. Diese wie auch Füße und Hände der beiden Spieler (ein Hotelgast und eine Diebin) reflektieren weiß.

Schwarzes Theater (Musikbegleitung): Ein Mann liegt im Bett und schläft seinen Rausch aus. Man sieht auf die weißen Füße, erkennt die Hände, hört leises Schnarchen. – Zwei andere Hände und Füße bewegen sich am oberen rechten Bühnenrand. Eine Tür wird vorsichtig mit einem imaginären Dietrich geöffnet. Eine Diebin schreitet langsam und äußerst behutsam in das Zimmer, vorn um das Bett herum und zum Nachttisch. Zu sehen ist eine Vase. Die Diebin tastet sie ab, umschließt sie und hebt sie an. Auf dem Rückweg bleiben die Füße offensichtlich an einem herumliegenden Kleidungsstück hängen. Die Diebin stolpert. Der Mann schrickt auf und schaltet das Licht ein, während sich die Diebin gerade noch hinter dem Nachttisch verstecken kann.

Bewegungstheater (schwaches Licht): Der Mann sitzt nun aufgerichtet auf dem Bettrand und schaut langsam nach allen Seiten. Er glaubt, etwas gehört zu haben. Er greift sich an den Kopf, reibt die Stirn mit den Fingerspitzen, fährt mit einer Handfläche über den Bauch. Er hat Kopfschmerzen, verspürt Übelkeit, fühlt sich aufgestört. Beim ersten Versuch hochzukommen, fällt er zurück. Dann steht er doch und bewegt sich unsicher und leicht taumelnd nach rechts. Er schiebt eine Tür zur Seite und erreicht das Badezimmer. Er öffnet den Wasserhahn und erfrischt sein Gesicht, dabei in den Spiegel blickend. Raumstrukturen und Objekte sind imaginär. Alles geschieht sehr langsam und mit Unterbrechungen. – Währenddessen erhebt sich die Diebin und prüft die Situation. Sie setzt sich (bei erneut einsetzender Musik) in Bewegung. Aber der Mann kommt zu früh zurück. Die Diebin reagiert mit hektischen Fluchtbewegungen, kann sich aber gerade noch rechtzeitig in das Bett retten, hinlegen und schlafend stellen. – Er tastet sich – noch immer unsicher, unbeholfen, Stirn und Bauch berührend und reibend - ins Bett. Er stößt unversehens an den Körper der Diebin, schrickt wieder hoch, stiert in Richtung Publikum, springt plötzlich auf, tastet sich prüfend zur fremden Person vor und sieht nun seinen ersten Eindruck bestätigt. Es folgt eine kurze Phase des Überraschtseins und der Ratlosigkeit. Der Mann schaut ins Publikum, in Richtung der Diebin. Er fasst sich an den Kopf, kratzt sich und streicht dann mit einer Hand sanft über das Kinn. Er scheint unsicher zu sein, staunt. Er legt die Finger der einen Hand seitlich an den Kopf. Nach anfänglichem leichten

---

[6] Okan Cagpar, Kai Dziengel, Antje Laube, Kathrin Pezl, Sven Stuhrmann.

Wiegen des Kopfes beginnt er andeutend zu nicken. Der Mann denkt wohl: „Ja, so muss es gewesen sein."

Schwarzes Theater (einschmeichelnde Musik): Wir sehen zwei Hände, die zwei Sektgläser hin- und her-, auf- und abbewegen und schließlich anstoßen lassen. Zwei weitere Hände ergreifen sich langsam und halten sich fest.

Bewegungstheater (kurz aufleuchtendes Licht): Der Mann zeigt durch Handhochheben und Nicken an, dass er nun verstanden hat. Er wirft sich mit etwas mattem Schwung neben die Frau und führt – ebenfalls mit müder Bewegung – einen Arm um sie herum. Das Licht erlischt. – Bald wird es still. Nur schwaches Schnarchen ist wieder zu hören.

Schwarzes Theater: Die Hand der Diebin hebt den Arm des Schläfers und legt ihn zur Seite. Man sieht die Hände die Vase umschließen. Wie sie gekommen ist, so bewegt sich die Frau, vorsichtig schreitend, die Vase nach vorn haltend, zur Tür. Es wird dunkel.

Die Aufführung dieses kleinen Stücks bereitete den Zuschauern – Studenten und Dozenten – Vergnügen. Trotz der kurzen Zeit eines Sommersemesters, die für den gesamten Kurs zur Verfügung stand, war ein stimmiges und verhältnismäßig gut durchgeformtes Produkt entstanden. Das zeugte nicht zuletzt von einer gelungenen Zusammenarbeit der Studierenden, die von der Idee bis zur Aufführung selbstständig und konstruktiv funktioniert hatte. – Diese Erfahrung war dann auch der Anlass, sich noch einmal später mit einigen Aspekten der Zusammenarbeit näher zu befassen – und zwar mit Vorstellungen und Absichten, die eine Rolle gespielt hatten.

Alle Gruppenmitglieder erhielten einen Fragebogen. Sie wurden gebeten, sich ohne Absprache insbesondere zum Inhalt und zu den Gesten des Stücks zu äußern. Ergebnisse:

Erstens: Der Inhalt und sein Aufbau stehen den Spielern übereinstimmend und klar vor Augen. Er gliedert sich in drei Phasen – in eine Eingangsphase (Einbruch und Unterbrechung), eine Phase mit einer schrittweise gesteigerten Entwicklung zu einem Höhepunkt (Selbsttäuschung und Versagen des Gastes) und eine Phase, in der sich der Geschehensablauf der Eingangsphase umkehrt. Deutlich wird auch, dass die Mittel des Bewegungstheaters und des Schwarzen Theaters ganz bewusst eingesetzt werden, um Elemente einer äußeren und einer inneren Handlung gegeneinander abzugrenzen (Realität und Traum) sowie Handlungsabschnitte, die von kodifizierten Gesten bestimmt sind (Türöffnen, Schreiten, Stolpern), von solchen abzuheben, in denen der körpersprachliche Gehalt und der persönliche Ausdruck von Gesten herauszuarbeiten sind (Bewegungen des Gastes, der eine tragikomische Figur glaubwürdig vermittelt).

Zweitens: Die Phasen 1 und 3 stellen hauptsächlich die Begebenheit dar, insbesondere das Eindringen, das Verstecken und die Flucht als Etappen eines erfolgreichen Diebstahls. Auch die Phase 2 widmet sich der Darstellung der Begebenheit. Der Einbruch gelingt nämlich vor allem deswegen, weil die unbewusste und tätige Beihilfe des Hotelgastes ins Spiel kommt.

Diese Beihilfe allerdings glaubwürdig darzustellen, erfordert eine detaillierte Ausarbeitung der Situation. Sie wird durch die dargestellte Benommenheit des Gastes begünstigt. Allerdings ist sie als tätige Beihilfe immer noch nicht hinreichend verständlich.

Im Spiel beruht die Spannung vielmehr darauf, dass der Gast seine Wahrnehmungsfähigkeit und sein Erinnerungsvermögen zwar zunehmend mobilisieren kann. Aber: Die Wahrnehmung bleibt im entscheidenden Punkt lückenhaft. Und die Erinnerung führt den Gast zwar zu den Erlebnissen der vergangenen Nacht zurück. Jedoch zieht er leider die falschen Schlüsse daraus, um seine jetzige Lage verstehen zu können.

So kommt es zu dem grotesken Annäherungsversuch. Doch auch dieser scheitert. Wie vorher Wahrnehmungs- und Erinnerungsvermögen nicht mitspielten, so spielt jetzt die Vitalität nicht mit. Der Gast schläft vorzeitig ein und ist damit auf der ganzen Linie geschlagen – im Gegensatz zur Diebin, die ihr Handwerk bestens versteht, cool bleibt und sich sogar noch gestisch über den Verlierer lustig machen kann (Zungeherausstrecken).

Drittens: Gefragt wurde auch nach den wichtigsten Gesten des Stücks, von denen bis zu sechs genannt und kurz beschrieben werden sollten.

(1) *Stirnreiben; Bauchreiben* (nach dem Aufwachen) und
(2) *über das Kinn streichen* (Suche nach Erklärung für den Besuch).
   Diese Gesten des Gastes wurden von allen genannt. Es folgten mit drei Nennungen das
(3) *Schreiten* der Diebin und das
(4) *Händehalten* (Traumszene).
   Folgende Gesten wurden jeweils zweimal angeführt:

(5) *Aufspringen* (Entdecken des Besuchs) und das
(6) *Wiegen und Nicken des Kopfs* (die Erklärung ist gefunden), das
(7) gewaltsame *Öffnen der Tür*, das
(8) *Ausstrecken der Hände nach der Vase* und die
(9) *hektische Reaktion* der Diebin beim Aufwachen des Mannes.

In dieser Aufzählung sind alle wichtigen Gesten des Stücks erfasst. Auch ihre Bewertung kommt in den Antworten zum Ausdruck. Die Glaubwürdigkeit der Handlung hängt im Wesentlichen von den Gesten des Mannes ab: Während die Bewegungen der Diebin mehr den Hergang erzählen, vertiefen die Gesten des Mannes auch die Situation, in die beide Figuren geraten. Seine Fehlinterpretation muss überzeugen. Nur so kann das Gelingen des Diebstahls plausibel erscheinen. Und während die Diebin überwiegend durch kodifizierte Gesten in Erscheinung tritt, gewinnen wir im Falle des Mannes auch einen Einblick in innere Vorgänge, die die Situation erklären, die ihrerseits dann den Ausgang des Geschehens erklärt.

Viertens: Gefragt wurde ferner nach Schwierigkeiten, die sich beim Erarbeiten von Gesten ergeben hatten, und nach dem besonderen expressiven Gehalt von Gesten. Die Antworten passen gut zu den bisherigen Aussagen. So ergaben sich Schwierigkeiten vor allem mit solchen Bewegungen des Hotelgastes, die auf die inneren Vorgänge abzielten und eine schlüssige Verbindung zwischen der Gedankenebene und der realen Situation herstellten sollten. Diesen Gesten wurde entsprechend der intensivste Ausdrucksgehalt zugewiesen.

So erscheint es denn auch einleuchtend, dass gerade hier die Mittel des Schwarzen Theaters nicht eingesetzt wurden. Solche Gesten können eher mit den Mitteln des Bewegungstheaters differenziert ausgearbeitet werden, da sie alle drei Ebenen des Symbolisierens erreichen sollen:

- Die Bewegungen sollen ihren Gegenstand klar hervortreten lassen. Was nimmt der Gast wahr? Woran erinnert er sich? Welche Schlüsse zieht er?
- Sie sollen ferner Bewegungen *exemplifizieren*, die zum Teil körpersprachlich codifiziert sind. Wie muss z.B. „Stirnreiben" ausgeführt werden, wenn Benommenheit ausgedrückt werden soll (vgl.

MORRIS 1997, 206ff., der 14 Handbewegungen an der Stirn unterscheidet!)? Ähnlich verhält es sich mit den anderen genannten Gesten.
- Und schließlich sind diese Bewegungen *metaphorisch* bedeutsam. Als Beispiel sei die Bewegung angeführt, mit der der Gast im Bett landet: Zu viel Enthusiasmus wäre fehl am Platze, weil sich niemand die schnell über ihn hereinbrechende Müdigkeit erklären könnte. Aber auch ein müdes Insbettfallen wäre unlogisch, da die Erinnerung – obwohl sie falsch ist – den Gast ja animiert, einem anderen Antrieb zu folgen. Die Frau ist mit ihm gekommen, so glaubt er sich zu erinnern. Also gehört sie in dieses Bett und erwartet ihn. – Wie verbindet man nun die widerstreitenden Empfindungen in einer Gesamtbewegung?

Gegenüber diesen Gesten, die deutlich in das Rampenlicht treten müssen, da es auf Nuancen ankommt, kann z.B. das vorsichtige Schreiten der Diebin, das mit weit hochgezogenen und behutsam aufgesetzten Füßen ausgeführt wird, in das Schwarzlicht des Schwarzen Theaters eintauchen. Die Bewegung erscheint konsistent, auch wenn außer den Händen nur die Füße zu sehen sind. Sie exemplifiziert eindeutig und löst allein durch langsames Tempo und leichtes Übertreiben die gewünschte Wirkung aus: Spannung.

8.6 Ausblick

Im Symbolspiel und im Bewegungstheater gibt es eine Vielfalt an Formen und Themen. Wir haben nicht versucht, diese zu ordnen, um daraus Unterscheidungen nach Gattungen abzuleiten. Stattdessen haben wir uns ihren von H. B. SCHWARTZMAN (1978) so genannten „transformierenden" Funktionen zugewendet und hierin ihre gemeinsame Grundlage erkannt. Diese besteht vor allem im Anspielungscharakter der Handlungen. Anspielungen verbinden die Spieler mit einer *vorgängigen* Welt, ohne diese allerdings zu kopieren oder nachzuahmen. Anspielungen sind zugleich Distanzierungen, weil die Welt, wie sie im Spiel gezeigt wird und wie sie im Spiel gesehen werden soll, „eine andere Welt" ist (GEBAUER/WULF 1998a, 433). SCHWARTZMAN spricht hier von der „eigenen ‚Wirklichkeit'", die das Spiel „hervorbringt und enthält" (328). In beiden Werken wird die Aufmerksamkeit besonders auf die interpretatorischen Vorgänge im Spiel gelenkt. Zu ihnen gehören das Suchen, Untersuchen und Finden, das Erkunden und Experimentieren, das Herstellen und Fortentwickeln von Beziehungen und das Dialogisieren der Körper und ihrer Bewegungen.

Was für die Symbolspiele selbstverständlich ist, gilt auch für die Spiele des Bewegungstheaters. Sie sind Ereignisse, die nach unserem Verständnis nicht auf verbindlichen Vorlagen, fertigen Stücken und Rollenbüchern beruhen. Sie sind Aufführungen *eigener* Welten. Sie entstehen im Symbolspiel der Kinder spontan und im Bewegungstheater spielpädagogisch betreut. „Bewegungstheater – spielen und lernen" ist ein Vorschlag, wie die entwicklungsmäßigen und erzieherischen Möglichkeiten, die dem Symbolspiel innewohnen, aufgegriffen und gewissermaßen mit anderen Mitteln fortgeführt werden sollten.

Dabei darf auch nicht aus dem Auge verloren werden, was Symbolspiele für Kinder ebenfalls selbstverständlich bedeuten. Sie machen Freude. Sie unterhalten. Und sie sind zugleich ernst, weil sie immer auch Aufführungen von Themen und Vorstellungen sind, die die Spieler in ihrer Lebenssituation bewegen. Die Spiele bereiten Vergnügen, weil die Art und Weise, wie sich die Spieler dabei zur Schau stellen, nicht solche Konsequenzen nach sich ziehen wie ihr Handeln in der Alltagswirklichkeit.

Literatur

ALDIS, O.: Play Fighting. New York 1975.

BANNMÜLLER, E.: Neuorientierung der Bewegungserziehung in der Grundschule. Stuttgart 1979.

BARBA, E.: Jenseits der schwimmenden Inseln. Reinbek 1985.

BARBA, E.: Wiederkehrende Prinzipien. In: PFAFF, W./KEIL, E./ SCHLÄPFER, B. (Hrsg.): Der sprechende Körper. Texte zur Theateranthropologie. Berlin o. J.

BARLOEWEN, C. VON: Clown: Zur Phänomenologie des Stolperns. Königstein/Ts. 1981.

BARTUSSEK, W.: Pantomime und darstellendes Spiel. 4. Aufl., Mainz 1998.

BERND, Ch.: Bewegung und Theater. Frankfurt a. M. 1988.

BIRDWHISTELL, R. L.: Kinesics and Context. Philadelphia 1990.

BRECHT, B.: Schriften zum Theater. Frankfurt a. M. 1968.

BRETHERTON, I. (Ed.): Symbolic Play. Orlando 1984.

BUYTENDIJK, F. J. J.: Allgemeine Theorie der menschlichen Haltung und Bewegung. Berlin 1972.

CHRISTIAN, P.: Vom Wertbewusstsein im Tun. In: BUYTENDIJK, F. J. J./CHRISTIAN, P./PLÜGGE, H.: Über die menschliche Bewegung als Einheit von Natur und Geist. Schorndorf 1963.

ECO, U.: Einführung in die Semiotik. 8. Aufl., München 1994.

EGGERT, D.: Theorie und Praxis der psychomotorischen Förderung. Textband. 2. Aufl., Dortmund 1995a.

EGGERT, D.: Theorie und Praxis der psychomotorischen Förderung. Arbeitsbuch. 2. Aufl., Dortmund 1995b.

EHNI, H.: Sport und Schulsport. Schorndorf 1977.

EIBL-EIBESFELDT, I.: Die Biologie des menschlichen Verhaltens. München 1984.

EINSIEDLER, W.: Das Spiel der Kinder. Bad Heilbrunn/Obb. 1991.

ELKONIN, D.: Psychologie des Spiels. Köln 1980.

EPSTEIN, D.: Das Erlebnis der Zeit in der Musik. In: ASCHOFF, J./ASSMANN, J./BLASER, J.-P. u.a.: Die Zeit. Dauer und Augenblick. München 1989.

FLUSSER, V.: Gesten. Frankfurt a. M. 1997.

FUNKE, J.: Bewegungskünste und ästhetische Selbsterziehung oder: „Sieh mal! Kunst!" In: sportpädagogik 11 (1987) 3, 11-19.

FUNKE-WIENEKE, J.: Soziales Lernen. In: sportpädagogik 21 (1997) 2, 28-39.

GEBAUER, G.: Drama, Ritual, Sport – drei Weisen des Welterzeugens. In: BOSCHERT, B./GEBAUER, G. (Hrsg.): Texte und Spiele. Sankt Augustin 1996.

GEBAUER, G./WULF, Ch.: Mimesis. 2. Aufl., Frankfurt a. M. 1998a.

GEBAUER, G./WULF, Ch.: Spiel Ritual Geste. Reinbek 1998b.

GEERTZ, C.: Dichte Beschreibung. Frankfurt a. M. 1987.

GLASERSFELD, E. VON: Wissen, Sprache und Wirklichkeit. Braunschweig 1992.

GOFFMAN, E.: Wir alle spielen Theater. 2. Aufl., München 1973.

GOODMAN, N.: Sprachen der Kunst. Frankfurt a. M. 1973.

GOODMAN, N./ELGIN, C. Z.: Revisionen. Frankfurt a. M. 1989.

GREINER, N./HASLER, J./KURZENBERGER, H./PIKULIK, L.: Einführung ins Drama. Bde.1 u. 2. München 1982.

GROTOWSKI, J.: Für ein Armes Theater. 2. Aufl., Berlin 1999.

HALL, E. T.: Die Sprache des Raumes. Düsseldorf 1976.

HAMBLIN, K.: Pantomime. Soyen 1979.

HASELBACH, B.: Improvisation – Tanz – Bewegung. Stuttgart 1976.

THE HEADLANDS PRESS (Hrsg.): new games die neuen spiele. München 1979.

HIRTZ, P./HOTZ, A./LUDWIG, G.: Gleichgewicht. Schorndorf 2000.

JOAS, H.: Die Kreativität des Handelns. Frankfurt a. M. 1996.

JOST, E.: Kulturelles Spiel und gespielte Kultur. Frankfurt a. M. 1990.

JOST, E.: Raum und Raumentstehung in indonesischen Bewegungsspielen. In: EICHBERG, H./HANSEN, J. (Hrsg.): Bewegungsräume. Körperanthropologische Beiträge. Butzbach-Griedel 1996.

JOST, E.: Die Relativierung der Regel im Spiel. In: K. DIETRICH/ K. HEINEMANN (Hrsg.): Der nicht-sportliche Sport. 2. Aufl., Jesteburg 1999.

JOST, E.: Das Objekt der Bewegung im Spiel. In: FUNKE-WIENEKE, J./MOEGLING, K. (Hrsg.): Stadt und Bewegung. Immenhausen 2001.

KERSTEN, R.: Schwarzes Theater. 2. Aufl., Frankfurt a. M. 1996.

KEYSELL, P.: Pantomime für Kinder. Ravensburg 1977.

KIPHARD, E. J./LEGER, A.: Psychomotorische Elementarerziehung. 3. Aufl., Gütersloh 1986.

KRETSCHMER, J.: Bauen und Bewegen. In: sportpädagogik 18 (1994) 4, 26-38.

KUGELMANN, C.: Basketball – ein Spiel im Wandel. In: sportpädagogik 19 (1995) 1, 13-19.

KRUSE, L./GRAUMANN, C. F.: Sozialpsychologie des Raumes und der Bewegung. In: HAMMERICH, K./KLEIN, M. (Hrsg.): Materialien zur Soziologie des Alltags. Opladen 1978.

LABAN, R. VON: Choreutik. Wilhelmshaven 1991.

LABAN, R. VON: Die Kunst der Bewegung. 2. Aufl., Wilhelmshaven 1996.

LANGER, S.: Philosophie auf neuem Wege. 2. Aufl., Mittenwald 1979.

LEWIN, K.: Grundzüge der topologischen Psychologie. Bern 1969.

LÖSCHENKOHL, E.: Leistung, Lernprozeß und Motivation im Kinderspiel. Wien 1981.

MAUSS, M.: Soziologie und Anthropologie. Bd. 2. München 1975.

MEAD, G. H.: Geist, Identität und Gesellschaft. 1. Aufl., Frankfurt a. M. 1973.

MERLEAU-PONTY, M.: Phänomenologie der Wahrnehmung. Berlin 1966.

MIEDZINSKI, K.: Die Bewegungsbaustelle. Dortmund 1983.

MOGEL, H.: Psychologie des Kinderspiels. 2. Aufl., Berlin 1994.

MORRIS, D.: Bodytalk. Körpersprache, Gesten und Gebärden. München 1997.

MÜLLER-SIEVERTS, H.: Reading the Quarterback's Eyes. American Football als Spiel des Verstehens. In: BOSCHERT, B./GEBAUER, G. (Hrsg.): Texte und Spiele. Sankt Augustin 1996.

NEUBER, N.: Kreative Bewegungserziehung – Bewegungstheater. Aachen 2000.

NICKEL, F. U.: Pädagogik der Pantomime. Weinheim 1997.

NOSCHKA, A./KNERR, G.: Bauklötze staunen. München 1986.

OERTER, R.: Psychologie des Spiels. München 1993.

OERTER, R.: Kindheit. In: OERTER, R./MONTADA, L. (Hrsg.): Entwicklungspsychologie. 3. Aufl., Weinheim 1995.

PAWELKE, R.: Schwarzes Theater aus der Traumfabrik. Regensburg 1995.

REICHEL, G.: Bewegungstheater. Darstellen und pantomimisch spielen. Karlsruhe o. J.

REINHARDT, F./REINHARDT, U.: Schwarzes Theater. München 1991.

ROSENBERG, CH.: Praxis für das Bewegungstheater. Aachen 1990.

SBRZESNY-KLEIN, H.: Der Melonenspieltanz der Kalahari-Buschleute – Versuch eines Brückenschlags. In: JOST, E. (Hrsg.): Spielanregungen – Bewegungsspiele. 2. Aufl., Frankfurt a. M. 1991.

SCHERLER, K.: Geräte und Objekte. In: sportpädagogik 9 (1985) 1, 5-18.

SCHIERZ, M.: Spielregeln – Spiele regeln. In: sportpädagogik 10 (1986) 4, 7-14.

SCHLAEGER, J.: Nachwort. In: GOODMAN, N.: Sprachen der Kunst. Frankfurt a. M. 1973.

SCHLIEBEN-LANGE, B.: Sport als symbolische Form? In: FRIEDRICH, G./HILDENBRANDT, E./SCHWIER, J. (Hrsg.): Sport und Semiotik. Sankt Augustin 1994.

SCHMOLKE, A.: Das Bewegungstheater. Wolfenbüttel 1976.

SCHWARTZMAN, H. B.: Transformations. New York and London 1978.

SCHWIER, J.: Spiele des Körpers. Hamburg 1998.

SEEWALD, J.: Leib und Symbol. München 1992.

SIEBEL, H.: Der Traum des Puppenspielers. In: sportpädagogik 7 (1983) 3, 14-18.

SMIDT, T.: Fußball als Theaterspiel. In: DIETRICH, K. (Hrsg.): Sportspiele. Reinbek 1985.

SLUCKIN, A.: Growing up in the Playground. London 1981.

SPORTPÄDAGOGIK 7 (1983) 1. (Thema: Bewegungsspiele)

SPORTPÄDAGOGIK 7 (1983) 3. (Thema: Darstellen)

STANISLAWSKI, K. S.: Die Arbeit des Schauspielers an sich selbst. Teil II. 5. Aufl., Berlin 1999.

STREICHER, M.: Ausdruck und Darstellung im Schulturnen. In: Natürliches Turnen. Gesammelte Aufsätze. Band 2. Wien 1949.

STRÖKER, E.: Philosophische Untersuchungen zum Raum. 2. Aufl., Frankfurt a. M. 1977.

TAMBOER, J.: Sich-Bewegen – ein Dialog zwischen Mensch und Welt. In: sportpädagogik 3 (1979) 2, 14-19.

TIEDT, W.: Bewegungstheater. Bewegen und Darstellen. In: sportpädagogik 7 (1983) 3, 69.

TIEDT, W.: Bewegungstheater, Bewegung als Theater, Theater mit Bewegung. In: sportpädagogik 19 (1995) 2, 15-24.

TREBELS, A.: Spielen und Bewegen an Geräten. Reinbek 1983.

TREBELS, A.: Turnen und Akrobatik. In: sportpädagogik 16 (1992) 6, 12-18.

WEIZSÄCKER, V. VON: Der Gestaltkreis. 4. Aufl., Stuttgart 1968.

ZWIEFKA, H. J.: Pantomime Ausdruck Bewegung. 3. Aufl., Moers 1997.